3일만에 끝내는 히브리어의 뼈대 시리즈

최고로 쉬운
요나서 히브리어 강독

최고로 쉬운 요나서 히브리어 강독

2024년 12월 5일 1쇄 인쇄
2024년 12월 9일 1쇄 발행

지은이 | 박철현
펴낸이 | 박영호
펴낸곳 | 도서출판 솔로몬

주소 | 서울시 동작구 사당로 143
전화 | 599-1482
팩스 | 592-2104
직영서점 | 596-5225

등록일 | 1990년 7월 31일
등록번호 | 제 16-24호

ISBN 978-89-8255-634-0 03230

3일만에 끝내는 히브리어의 뼈대 시리즈

최고로 쉬운 요나서 히브리어 강독

요나서의 절별 해설 및 기타 자료들

박철현 지음

차례

요나서 강독

헌정사

하나님께서 주신 네 자녀, **하겸**, **하율**, **하윤**, **하결**이에게 이 책을 헌정합니다. 네 아이의 이름은 제가 구약의 어느 특정 부분을 열심히 들여다 보던 시기와 상응합니다.

하겸은 "하나님께 겸손"이라는 뜻을 담고 있으며, 제가 지혜서 공부하던 시기와 상응합니다. 하율과 하윤은 각각 "하나님의 율례", "하나님이 주신 윤리"라는 뜻을 담고 있으며, 저의 오경 율법 공부 시기와 상응합니다. 막내 이름인 하결은 "하나님 앞에서 성결하라"는 뜻을 갖고 있으며, 저의 레위기 공부 시기와 상응합니다. 네 아이의 이름이 반영하고 있는 저의 구약 이해는 "하나님과의 바른 관계가 모든 것에 우선한다"는 것입니다. 우리 아이들이 하나님과 바른 관계를 갖고 사는 사람들로 성장하기를 소망하며, 저와 제 아내에게는 이 아이들의 모범이 되는 삶을 살 수 있는 힘을 하나님께서 공급해 주셨으면 합니다.

이름을 짓다 보니 우리 아이들의 이름은 태어난 순서를 따라 교차대조법을 이루고 있습니다. 아래 구조에서 보듯이 "하"는 다 공통이고, 외곽의 첫째와 넷째는 "겸-결", 둘째와 셋째 역시 "율-윤"으로 각 쌍이 받침 외에는 완전히 상응합니다. 제 구약 공부 시기와 아이들이 태어나던 시기가 수사법적으로 잘 어우러지는 것이 제가 구약학자로서 소명 받은 것을 증명해주는 듯 해서 하나님께 감사합니다.

A. 하겸
    B. 하율
    B′. 하윤
A′. 하결

"자식들은 여호와의 기업이요 태의 열매는 그의 상급이로다"

(נַחֲלַת יהוה בָּנִים שָׂכָר פְּרִי הַבָּטֶן) (시 127:3 [Heb. 4])

참고문헌 약어표

3일 뼈대	박철현, 3일만에 끝내는 히브리어의 뼈대 (용인: 목양, 2013).
윌리엄스	로날드 J. 윌리엄스, 윌리엄스 히브리어 구문론 (서울: 그리심, 2012).
AC	Bill T. Arnold and John H. Choi, *A Guide to Biblical Hebrew Syntax* (Cambridge: Cambridge University Press, 2003).
Allen	Leslie C. Allen, Joel, Obadiah, Jonah, and Micah (New International Commentary of the Old Testament [NICOT]; Grand Rapids: Eerdmans, 1976).
BDB	F. Brown, S. R. Driver, and C. A. Briggs, *A Hebrew and English Lexicon of the Old Testament* (Oxford: Clarendon, 1907).
Dawson	David A. Dawson, *Text-Linguistics and Biblical Hebrew*. (JSOTS 177: Sheffield: Sheffield Academic Press, 1994).
DG	James Martin, *Davidson's Introductory Hebrew Grammar* (27th ed.; Continuum International, 1993).
Gesenius	Emil Kautzsch (ed.), *Gesenius' Hebrew Grammar* (Trans. and rev. by A. E. Cowley; 2nd English ed.; Oxford: Clarendon, 1910).
HALOT	Köhler, Ludwig, and Walter Baumgartener, *The Hebrew and Aramaic Lexicon of the Old Testament* (Leiden: Brill, 2000).
J-M	Paul Joüon and T. Muraoka, *A Grammar of Biblical Hebrew* (Rome: Editrice Pontificio Istituto Biblico, 2006).
Magonet	Jonathan Magonet, *Form and Meaning: Studies in Literary Techniques in the Book of Jonah* (Sheffield: The Almond Press,

1983).

Miller Cynthia Miller, *The Representation of Speech in Biblical Hebrew Narratvie: A Linguistic Analysis* (Harvard Semitic Monongraphs 55; Winona Lake: Eisenbrauns, 1999).

MNK Christo H. J. van der Merwe, Jackie A. Naudé, Jan H. Kroeze, *A Biblical Hebrew Reference Grammar* (Sheffield: Sheffield Academic Press, 1999).

NET The NET Bible (인터넷이나 BibleWorks 등에서 내용을 볼 수 있으며, 종이책 구입시 반드시 First Edition 구입할 것. 새물결플러스에서 번역 중인 것으로 알고 있음. 원문 해석 및 사본의 문제에 대한 해설이 압권. ESV 주석성경과 짝을 이루면 최상의 성경 자료가 될 수 있음.)

NIDOTTE Willem A. VanGemeren, New International Dictionary of the Old Testament Theology and Exegesis (6 vols.; Grand Rapids, Zondervan, 1997).

Niccacci Alviero Niccacci, *The Syntax of the Verb in Classical Hebrew Prose* (Sheffield: Sheffield Academic Press, 1990).

Rocine Bryan M. Rocine, *Learning Biblical Hebrew: A New Approach Using Discourse Analysis* (Macon, Ga.: Smyth & Helwys, 2000).

Sasson Jack M. Sasson, *Jonah: A New Translation with Introduction, Commentary, and Interpretation* (Anchor Bible: New York: Doubleday, 1990).

Snaith Norman H. Snaith, *Study Notes on the Hebrew Text of the Book of Jonah* (Study Notes on Bible Books; London: The Epworth Press, 1945).

Stuart Douglas Stuart, *Hosea-Jonah* (Word Biblical Commentary 31;

	Waco: Word Books, 1987).
Trible	Phyllis Lou Trible, *Studies in the Book of Jonah* (Ph. D. diss.; Columbia University, 1963).
Tucker	W. Dennis Tucker, *Jonah: A Handbook on the Hebrew Text* (Waco: Baylor University Press, 2006).
WO	Bruce K. Waltke and M. O'Connor, *An Introduction to the Biblical Hebrew Syntax* (Winona Lake, In.: Eisenbrauns, 1993).
Wolff	Hans Walter Wolff, *Obadiah and Jonah* (A Continental Commentary: Minneapolis: Augsburg Publishing House, 1986).

문법 용어 약어표

(가나다 순)

간명: 간접 명령형(jussive)

남: 남성형

능: 능동형

단: 단수

명: 명령형

미완: 미완료형

복: 복수

봐연: 봐브 연속법 + 미완료형 형태

부연: 부정사 연계형

부절: 부정사 절대형

분: 분사

수: 수동형

완: 완료형

서문

3일만에 끝내는 히브리어 뼈대 프로젝트의 세 번째 책인 이 책을 이제 그만 세상에 내놓아야 하겠습니다. 이 책은 저의 이전의 두 책인 **3일만에 끝내는 히브리어의 뼈대**와 **직독직해를 위한 히브리어 400 단어장**의 자매서입니다.

이 책은 저의 컴퓨터에서 원고 상태로 가장 오래 묵은 책입이다. 원래는 히브리어 교재로서 제가 생각한 책은 이 요나서 강독집 하나뿐이었습니다. 제가 이전의 두 책을 통해 선보인 저의 히브리어 교육 시스템을 최대한 반영하고, 거기에 히브리어 구약 원문 공부까지 가능한 한 쉽게 가르쳐 보고자 해서 집필을 시작한 것이 이 책입니다. 그런데 결과적으로 원래 계획에도 없던 두 책이 먼저 세상에 빛을 봤고, 이제 이 가장 오래 묵은 원고가 가장 마지막으로 세상에 나오게 되었습니다.

원래 저의 생각은 요나서 강독집에 저의 히브리어 교육 시스템을 최대한 쉽고 명쾌하게 담아서 가르치면 학생들이 히브리어를 편안하게 배울 수 있으리라는 것이었습니다. 그러나 저의 머리 속에서는 아주 간단하게 작동하는 이 시스템을 반영한 교재들이 없는 상황 속에서 이 강독집의 내용을 효율적으로 구성하는 것도 힘들었고, 학생들에게 말로 설명하는 것도 생각만큼 효과적이지 않았습니다. 그래서 부득이하게 먼저 히브리어를 쉽게 배울 수 있는 원리를 담은 초급 교재로 작성된 것이 **3일만에 끝내는 히브리어의 뼈대**였습니다. 그리고 이 책에서 배운 원리를 활용하면서 기초 히브리어 단어도 효과적으로 암기할 수 있게 도와주는 책이 **직독직해를 위한 히브리어 400 단어장**이었습니다. 이런 연유로 해서 쓰여진 이 두 권의 책을 잘 공부함으로써 구약 히브리어 원문을 읽을 준비가 된 학생들에게 정말 히브리어 본문을 읽는 맛을 느끼게 하고, 기타 히브리어 본문에서 만날 수 있는 여러 문제들에 대처할 수 있게 해주고자 하는 책이 바로 이 요나서 강독집입니다.

물론 앞의 두 책처럼 역사상 출판된 모든 히브리어 책들 중에서 가장 학생들에게 친절한 책이 되게 만들자 하는 것이 이 책의 주목적이라는 점은 저의 3일 히브리어 뼈대 프로젝트에 속한 책들이 공유하는 일관된 목표입니다. 이 책의 내용은 신학교에서 기초 히브리어 문법을 배운 학생들은 누구라도 큰 고통 없이 이해할 수 있으리라고 생각합니다. 그러나 3일 히브리어 프로젝트에 속한 나머지 두 책으로 먼저 히브리어 단어들의 변화 원리를 정확하게 공부한 사람이 읽어야 가장 큰 효과를 볼 수 있을 것입니다. 또한 제가 기존의 원고 상태의 요나서 강독집을 가지고 진행한 강의를 유투브에서 찾아서 들으면서 공부하시면 훨씬 더 쉽게 이 책의 내용을 이해하실 수 있을 것입니다.

사실 이 요나서 강독집을 책으로 내는 것에 대해서는 지금도 망설여지는 바들이 좀 있습니다. 제가 지난 강의들을 통해서 발견했던 보완점들을 반영해서 지난 몇 달 동안 계속 손질을 가했음에도 불구하고 여전히 다듬어야 할 것들이 참 많이 남은 것 같습니다. 또 이 책이 이제는 거의 10년에 이르는 동안 기획되고 틈틈히 손질된 원고라는 측면에서 시간의 나이테가 층을 이루고 있고, 이 나이테의 층들 사이에 충분히 역할 분담이 안 된 측면들이 있다는 점도 아쉬운 측면입니다. 특히 제가 최근에 가장 마지막으로 추가한 내용이 요나서 매 절 서두에 그 절에 해당하는 어휘들을 소개하는 부분인데, 이 부분의 내용들은 제가 예전에 “단어 및 구문 해설”이란 항목을 통해 다루었던 내용들과 좀 중복이 되는 경향이 있습니다. 이런 각 부분들 사이의 역할 분담이라든지 내용 재배열이라든지 하는 사항들에 대해서 좀 더 다듬었으면 하는 생각이 저로 하여금 출판을 망설이게 하기도 합니다.

그러나 이 책의 출간에 발목을 잡았던 지난 몇 년 동안의 상황들로 인해 출판이 너무 늦어지고 있고, 앞으로도 당분간은 여러 가지 사유로 인해 이 책에 많은 시간을 할애할 수 없다는 점 때문에 지금 이 책을 출판하지 않는다면 앞날을 기약할 수가 없는 상황입니다. 그런 와중에 저의 3일 히브리어 교육 시스템으로 공부하신 많은 분들이 유투브를 통해 저의 이 요나서 강의안과 강의를 접하고는 계속 이 책의 출판을 재촉하고 있습니다. 이런 사정으로 인해 저는 일단 이 요나서 강독집을 이 정도 선에서 출판하고, 이후로 계속적인 작업을 진행하여 언젠가는 훨씬 업그레이드 된 개정판을 내는 것이 좋지 않겠는가 하는 생각을 하게 되었습니다. 저의 기존의 두 책 역시 저의 평가로는 아직 완성본에는 미치지 못했지만 상당히 많은 독자들이 정말 많이 좋아해 주셨고, 또 많은 도움을 받았다고 말씀해 주신 것처럼 이 책 역시 진정한 완성은 한참 멀리 있기는 하지만 그럼에도 불구하고 그 나름의 역할을 해주지 않겠는가 하는 소망을 가져 봅니다.

이제 이 책의 출판의 변에 대해서는 이 정도로 하고, 이 책의 구성에 대한 약간의 설명을 해드리고자 합니다. 이 책은 요나서를 매 절별로 나누어서 해설을 하고 있습니다. 매 절의 해설 내용은 다음과 같은 순서로 구성되어 있습니다.

어휘 이 섹션은 매 절에 나온 단어를 소개하고 있습니다. 몇 년 동안의 강의를 통한 경험으로 볼 때 학생들에게 어휘와 그 변화형에 대한 사전 준비 없이 바로 구절로 들어가면 확실히 무리가 따랐습니다. 그래서 이 번 출판을 위해 작성한 부분이 이 섹션입니다. 아마 이 책에서 가장 학생들에게 도움이 되는 부분이 될 것으로 생각합니다. 유투브 강의와 이 책을 병행하고자 하시는 분은 이 부분이 새로 추가되었다는 점을 유의하시면 좋겠습니다.

본문 이 섹션은 요나서 히브리어 본문을 옮겨 놓은 것입니다. BHS의 본문을 그냥 가져온 것이 아니라 최대한 문장 단위로 행을 바꿔 쪼개 놓은 것입니다. 또한 주어, 동사, 목적어, 그리고 구와 절에 색깔을 입혀 학생들이 원문의 필수적인 문법적 구조를 시각적으로 파악할 수 있게 도와주려고 시도했습니다.

음역 이 섹션은 BibleWorks 프로그램의 표준 음역 표기를 옮겨 놓은 것입니다. 한국어 음역을 제가 직접 다는 것도 고려했지만, 한국어 음역은 히브리어 초급 과정에서 도움을 주기 보다는 오히려 방해를 할 가능성이 높기 때문에 피했습니다. 대신 학생들이 구해 볼 수 있는 자료들중에서는 가장 정확도가 높은 음역 자료인 BibleWorks의 자료를 가져왔습니다. 히브리어 원문을 아무 부담 없이 정확히 읽을 수 있는 분은 상관 없지만 혹시 불확실하게 여겨지는 경우들이 있다면 이 음역 표기를 참고하시면 공부에 도움이 될 것입니다. 물론 이 음역 표기는 제가 *3*일만에 끝내는 히브리어의 뼈대에 제시한 음역 표기와 조금씩 다른 부분들이 없지 않습니다. 예를 들어 단어 끝의 소리값이 없는 ה를 BibleWorks는 ^{h} (h의 윗첨자)로 표기하는데 반하여 저는 제 책들에서는 따로 표기하지 않는 방식을 취했습니다. 따라서 이 책에서 BibleWorks의 음역 표기를 보는 분들은 혼란스러움을 느낄 수도 있습니다. 그러나 이런 차이점들이 그다지 크지는 않기 때문에 학생들이 이 문제에 대해서 별로 어려움을 느끼지는 않을 것입니다. 한 가지 유의할 점은 이 BibleWorks의 음역 표기가 결코 완벽하지는 않다는 것입니다(예를 1:5의 "바오니야"). 결국은 학생들이 히브리어 원문의 발음 원리를 터득해서 이 점을 극복해야 한다는 것을 기억하시기 바랍니다. 제가 3일 히브리어 프로젝트를 통해 학생들에게 심어주고 싶은 사항이 바로 이런 것들이라는 점을 기억하십시오.

간역 간역은 히브리어 본문의 각 행 아래에 한글 번역을 병치시켰습니다. 학생들은 각 히브리어 단어가 어떻게 한국어로 번역되는지를 이 섹션을 통해서 파악할 수 있습니다.

윤문 앞의 간역이 최대한 직역을 지향한다면 이 윤문은 최대한 매끄러운 한국어를 지향합니다.

단어 및 구문 해설 이 마지막 섹션은 각 구절의 히브리어 원문에 대한 다양한 설명을 담고 있는 부분입니다. 때로는 각 구절 서두의 **어휘** 항목에서 보았던 내용의 반복에 그치기도 하지만 때로는 아주 깊은 구문론적 내용들을 다루고 있기도 합니다. 또 때로는 본문이 가진 문제 등에 대해서 상당히 심층적으로 다루기도 합니다.

이제 부록의 내용들에 대해서도 잠깐 소개하고자 합니다. 이 부록의 내용들 역시 강독 자료 부분과 마찬가지로 굉장히 오랜 세월 동안에 여러 단계로 쓰여진 것이라 세월의 나이테를 그대로 노출하고 있습니다. 이런 것들을 좀 손질하려고 해봤지만 웬만한 시간을 들여서는 어림도 없고, 오히려 내용을 망가뜨리는 경향이 있었습니다. 그래서 일단은 원래의 형태를 최대한 건드리지 않는 쪽으로 가닥을 잡았습니다.

부록 1의 "요나서의 단어 목록"은 요나서에 나오는 어휘들을 10번 이상 나오는 것부터 시작해서 빈도수별로 정리를 했습니다. 요나서 강독을 원활하게 하기 위해서 이 목록의 단어들을 빈도수 높은 것부터 익히시면 도움이 될 것입니다.

부록 2의 "요나서 번역 종합(중요 히브리어 병기)"는 앞의 강독 부분의 해설을 바탕으로 해서 요나서 원문을 사역한 것에 필수 히브리어 어휘들을 병기하고, 거기에 약간의 해설을 가미한 것입니다. 이것은 요나서를 한국어로 즐기면서도 원문상으로 어떤 점들에 유의해야 하는 지를 파악하기 좋게 하기 위한 것입니다.

부록 3의 "요나서 해설"은 예전의 소선지서 강의안의 일부로 작성된 것입니다. 이것은 요나서와 관련된 학술적 주제 등을 일목요연하게 살펴 보는데 도움이 될 것입니다.

부록 4의 "요나 1:9의 요나의 말을 어떻게 이해할 것인가?"란 글은 원래 한국설교학회에서 발표한 글을 그 학회의 학회지인 〈설교한국〉에 게재한 것을 옮겨 실은 것입니다. 이 글은 "나는 여호와를 경외하는 자로라"는 요나의 자기 선언과 관련하여, 요나 자신의 생각은 무엇이고, 요나서 저자의 시각은 무엇인지를 내러티브 이론의 등장인물 분석 방법과 내레이터에 대한 이론을 종합하여 분석한 것입니다. 기존의 요나서 분석가들의 1차원적인 이해를 넘어 서서, 다층적이고 심층적 차원의 이해를 추구한 것입니다. 성경의 인물 분석 및 설교에 관심을 가진 독자라면 이 글을 통해서 많은 것을 배울 수 있으리라고 생각합니다. 제가 2013년 7월부터 2014년 1월까지 〈목회와신학〉에 게재한 "박철현 교수의 설교를 위한 내러티브 본문 이해"란 글을 읽으시면 이 부록 4의 내용으로부터 좀 더 많은 것들을 얻어낼 수 있으실 것입니다.

이 책의 내용을 공부하는 과정에서 유투브의 요나서 강의 동영상을 참고하시면 많이 도움이 되실 것입니다. 저도 앞으로 시간과 장비가 허락한다면 다시 이 출판된 책으로 요나서 강의를 해보고자 합니다. 그러나 현재로서는 정확한 기약을 하기가 쉽지 않습니다. 새로운 강의 동영상이 등장하기 전까지는 아쉬운 대로 기존 동영상의 도움을 받으셨으면 합니다.

이제 서문의 마지막으로 감사와 헌정의 말들을 담고자 합니다. 이 책이 이렇게 출판되어 나올 수 있게 도움을 주신 분들 중의 하나로 꼭 언급해야 하는 분은 네오와인의 대표이사이신 이효승 집사님입니다. 집사님께서 공간과 촬영 장비들의 사용을 허락해주셔서 저의 3일 히브리어 뼈대 프로젝트의 강의 내용 동영상들을 유투브에 올릴 수 있었고, 그것을 통해서 많은 분들이 이 프로젝트를 접할 수 있게 되었습니다. 그런 면에서 이 집사님은 이 책이 세상에 나오는데 있어서 가장 크게 기여하신 분이라고 할 수 있습니다. 또 이영애 권사님께도 깊은 감사를 드립니다. 제가 영적, 육적으로 가장 힘 든 시기에 이 권사님은 큰 금액을 희사하셔서 제가 10여년만에 영국 방문을 하고, 거기 은사님들과 만남을 가지면서 여러 가지로 다시 한 번 힘을 내며, 새로운 추진력을 가질 수가 있게 도와 주셨습니다. 또 도서출판 솔로몬의 박영호 사장님과 박준혁 과장님께도 감사합니다. 두 분이 저의 게으름을 많이 인내해 주셔서 이 책이 빛을 볼 수 있게 되었습니다.

마지막으로 이 책을 저는 하나님께서 우리 부부에게 주신 선물인 하겸, 하율, 하윤, 하결이 네 자녀에게 헌정하고자 합니다. 이 책이 처음 기획되었을 때는 제가 웨스트민스터신학대학원 대학교에서 봉직하고 있던 시절이었는데, 이후로 그 학교를 사임하고 새로 총신에 자리를 잡기까지 정말 복잡다단한 삶을 사느라 충분히 좋은 아빠가 되지 못했음에도 불구하고 이 아빠를 사랑해주고 신앙 안에서 잘 자라 준 우리 네 아이들의 이름을 이 책의 첫 자리에 새김으로서 그들의 인내와 손실에 대한 보상을 해주고자 합니다. 앞으로 이 네 아이들과 좀 더 많은 시간을 함께 하는 아빠이고자 합니다.

박철현

안내

* 이 책은 문장의 중요 요소인 주어-동사-목적어를 색깔별로 다음과 코드화했습니다. (단어 옆에 *를 표시한 경우는 논란의 여지가 있는 경우들)

주어: 녹색

동사: 파란색

(원래 주동사 역할을 하는 분사는 히브리어 구문론에서는 동사로 간주하지 않지만 영어 구문론에 익숙한 분들을 위해, 그리고 분명히 이 분사들이 주어의 동작을 나타내는 동사 역할을 하고 있는 것이 분명하므로 이 책에서는 파란색으로 표기함)

목적어: 빨간 색

부정사구: 밤색 (단독은 무색)

관계대명사 절/동사 목적절/분사 수식구/부정사 연계형 구절 등 한 단어 이상으로 이루어진 사항들 표시: 노란색 하일라이트

* 관계대명사 절 안에 다시 부정사 연계형 구절 등이 들어 있는 경우 구분을 위해 부정사 연계형 구절은 구분을 위해 네모 상자에 넣겠음.

* 이 책은 꼭 필수적인 경우 3일만에 끝내는 히브리어의 뼈대 책을 살펴 볼 수 있도록 해당 페이지를 찾아보게 했습니다.

	단순형		강조형			사역형	
	칼 [פָּעַל]	닢알 (נִפְעַל)	피엘 (פִּעֵל)	푸알 (פֻּעַל)	히트파엘 (הִתְפַּעֵל)	히필 (הִפְעִיל)	호팔 (הָפְעַל)
완료	קָטַל	נִקְטַל	קִטֵּל	קֻטַּל	הִתְקַטֵּל	הִקְטִיל	הָקְטַל
미완료	יִקְטֹל	יִקָּטֵל	יְקַטֵּל	יְקֻטַּל	יִתְקַטֵּל	יַקְטִיל	יָקְטַל
명령형	קְטֹל	הִקָּטֵל	קַטֵּל	~~קֻטַּל~~	הִתְקַטֵּל	הַקְטֵל	~~הָקְטַל~~
부정사연계형	קְטֹל	הִקָּטֵל	קַטֵּל	קֻטַּל	הִתְקַטֵּל	הַקְטִיל	הָקְטַל
부정사절대형	קָטֹל	הִקָּטֹל	קַטֹּל	קֻטֹּל	~~הִתְקַטֵּל~~	הַקְטֵל	הָקְטֵל
분사 능동	קֹטֵל	נִקְטָל	מְקַטֵּל	מְקֻטָּל	מִתְקַטֵּל	מַקְטִיל	מָקְטָל
분사 수동	קָטוּל						

* x한 칸은 그에 해당하는형태가 없다는 의미. 그러나 빠진 곳이 어디 있는지 외울 필요는 없다.

* י가 없어지면 그 형태의 특징이 사라지는 경우(예, 니팔 명령형)에는 그 대신에 ה를 집어넣어준다.

* 분사수동과 능동이 다 있는 경우는 칼 형 밖에 없다. 나머지의 경우는 그 형에 따라 능동 수동이 결정된다(예, 피엘- 능동; 푸알- 수동).

* 분사형의 특징은 마지막 모음이 길다는 것이다(예, 니팔 분사). 분사형은 또 י 자리에 מ이 온다.

요나서 강독

제 1 장

1:1

어휘

- היה (페-후음[G"פּ] 동사+라메드-헤[ל"ה] 동사): ~이다(to be), ~이 있다(to be), ~이 되다(to become)

  칼형: הָיָה (완) יִהְיֶה (미완) וַיְהִי (봐연)

- דָּבָר : 말/말씀(word), 것(thing)

  דָּבָר (절대형) דְּבַר (연계형)

- יְהוָֹה : 여호와(Yahweh).

  -출애굽기 3:14에 계시된 성경의 하나님의 이름.

  -정확한 발음은 알 수가 없다. "여호와"란 발음은 이 이름을 구성하고 있는 네 개의 자음(יהוה)에 "아도나이"("나의 주, My Lord")란 단어의 모음(□□ָ□ֹ□ְ, "아도나이"의 첫 모음은 합성 쉐바인 □ֲ이지만 יהוה의 첫 자음인 י이 후음이 아닌 관계로 해서 단순 쉐바로 바뀐 것임)을 더해서 만들어진 합성어로서 원래 하나님의 이름의 맞는 발음이 아니다.

  -원래의 발음을 모르기 때문에, 또 하나님의 고유한 이름에 대한 경외심 때문에(아마 십계명 제 3 계명의 영향) 유대교에서는 전통적으로 성경을 낭독할 때 이 이름을 만날 때마다 "나의 주"(My Lord)란 뜻을 가진 "아도나이"(אֲדוֹנָי)로 바꾸어 읽었다. 위에서 말한 바와 같이 "여호와"란 발음은 하나님의 이름을 구성하는 네 개 자음에 이 "아도나이"의 모음을 붙인 것일뿐이다.

  -우리가 흔히 듣는 야웨/야훼(Yahweh)라는 발음은 학자들이 이 이름에 대한 언어학적 연구 및 사본학적 연구 등을 통해 가장 타당성이 있다고 여겨지는 추정에 근거한 발음일 뿐이며, 이것 역시 100퍼센트 확실한 것은 아니다.

-따라서 현재 구약의 히브리어의 본문을 읽을 때는 관행상 위의 유대교의 전통을 따라서 이 하나님의 이름을 읽을 때 “아도나이”라고 읽는다는 점을 유의하라.

-핵심은 “여호와”란 이름의 히브리어 자음과 모음이 불일치하며, 맛소라 학자들은 이 단어를 읽을 때 글자와 다른 방식으로 읽으라는 것인데 이런 것을 소위 “영속적 케레”(perpetual Qere, *Qere pertpetuum*)라고 부른다. 원래 케티브(Ketib)는 맛소라 사본의 본문에 쓰여진 것을 가리키고, 케레(Qere)는 그 본문이 문제가 있다고 생각될 경우 맛소라 학자들이 제시한 독법을 가리킨다. 그런데 이 “여호와”란 단어처럼 지속적으로 케티브 대신 케레로 읽어야 하는 경우는 매 번 표시해 줄 수가 없기 때문에 따로 표시를 해주지 않는다. 그러나 독자는 표시가 없음에도 불구하고 이런 본문상의 문제를 인식하고 맛소라 학자들이 제시한 독법을 따라 읽도록 권유된다. 이런 것을 바로 “영속적 케레”라고 부르는 것이다.

- אֶל־ : ~에게(to, toward)
- יוֹנָה : 요나(Jonah). 요나서의 선지자의 이름.

  -요나란 히브리어 단어는 보통명사로는 “비둘기”(dove)란 뜻.

  -열왕기하 14:23-29(특히 25절)에 따르면 그는 북왕국의 여로보암 2세 시대의 선지자임.
- בֵּן : 말/말씀(word), 것(thing)

  -בֵּן (절대형) בֶּן־ (연계형)

  -현 본문에서는 בֶּן־의 경음점 빠짐. 아마 앞 단어의 끝 모음의 영향 때문인 듯: בֶן־
- אֲמִתַּי : 아밑타이(개역개정판, 아밋대). 요나의 아버지의 이름.

  -이 이름은 אֱמֶת (진리, 진실, truth)란 단어에 1인칭 공통 단수인 ִי가 붙은 형태로 “나의 진리”(my truth)란 뜻을 갖고 있는 이름임.
- אָמַר (페-알렢[פ"א]동사): 말하다(to speak)

-칼형: אָמַר (완) יֹאמַר (미완) אֱמֹר (명) אֱמֹר (부연)

-전치사 לְ + 부정사 연계형: לְאֱמֹר → לֶאֱמֹר → לֵאמֹר (가라사대, saying)

-위의 마지막 형태는 구약성경에서 수천 번 나오니 반드시 이 형태로 이대로 외울 것. 직접화법을 이끄는 도입구로서 현대어의 쌍따옴표(“…”) 역할을 한다고 생각하면 됨. 번역할 필요 없음.

본문

וַיְהִי דְּבַר־יְהוָה אֶל־יוֹנָה בֶן־אֲמִתַּי

לֵאמֹר

음역

wạyəhî dəḇar-yhwh(ʾăḏōnāy) ʾel-yônāʰ ḇen-ʾămittay lēʾmōr

간역

בֶן־אֲמִתַּי	אֶל־יוֹנָה	דְּבַר־יְהוָה	וַיְהִי
아밋대의 아들	요나에게	여호와의 말씀이	그리고 있었다

לֵאמֹר

[이르시기를]

윤문

여호와의 말씀이 아밋대의 아들 요나에게 임하였다.

단어 및 구문 해설

וַיְהִי : 접속사 וַ + היה (to be, 있다) 미완료 축약형 남성 3인칭 단수형

- 접속사 וְ가 봐브 연속법(waw consecutive)으로 사용되어 동사의 미완료 형태와

함께 올 경우 유념사항들은 다음과 같다.

(1) וְ + 미완료형의 접속사 형태는 וַֽ□ּ.

- 여기에서 □는 히브리어 자음을 나타내는 것이다.
- 그리고 그 안의 점은 강음점(혹은 이중점, *dagesh forte*)을 나타내는 것이다.

참고

- וַֽ의 기호 □ֽ는 보조 액센트인 메텍(metheg)이다. 이 액센트의 기능은 접속사의 모음인 □ַ가 액센트 법칙에 의해 쉐봐가 되지 않고 그 원래의 모음인 □ַ를 유지하게 해주는 역할을 한다.

- 글 작성의 편의상 아래의 글에서 꼭 필요하지 않으면 이 메텍은 표시하거나 다루지 않도록 하겠다.

(2) 액센트가 미완료 접두어 위로 이동한다. 히브리어에서 액센트는 일반적으로 끝음절에 오는 반면에 "봐브 연속법+미완료형 동사"의 결합에서는 액센트는 미완료형의 접두어 자리로 이동한다. 따라서 히브리어의 액센트 법칙 적용이 중요해진다(3일만에 끝내는 히브리어의 뼈대[이하 "3일 뼈대"로 지칭] 92쪽 참조).

יִקְטֹל → יִקְטֹל

(3) 위의 경우와 같이 액센트가 이동하면 두 번째 음절의 모음이 문제가 된다. 위의 두 번째 음절은 액센트 법칙 3번에 따라 "액센트가 없는 폐음절의 모음은 단모음"이어야 하므로 다음과 같이 되어야 한다.

יִקְ | טֹל
טֹל → טָל
יִקְ | טֹל → יִקְ | טָל

위의 (1)-(3)의 사항을 종합해서 빨간 색으로 표시해보면 다음과 같다.

יִקְטֹל → וַיִּקְטָל

(4) 미완료형 동사의 형태는 단축형(apocopated form)이 사용된다. 이 단축형은 간접명령형(jussive)과 동일하거나 거의 같은 형태인데, 일반적으로 말해 해당 동사의 형태가 짧아질 수 있는 한 짧아진다고 이해하면 된다. 이 1절의 동사인 hyh를 예로 들자면 다음과 같다.

הָיָה 완료
יִהְיֶה 미완료(3일 뼈대 ל"ה 동사 참조)
יְהִי 단축형

미완료에서 단축형으로의 변화는 다음과 같은 단계들을 거친다.

① 끝이 모음으로 끝나는 경우 그 모음이 탈락한다. 보통은 이 단계에서 끝난다.

יִהְיֶה → יִהְי

② 위의 ①의 결과물인 יִהְי는 발음이 불가능한 단어다. 따라서 특수한 추가 작업이 추가된다. 그것은 모음과 쉐봐가 자리를 바꾸는 것이다. 이렇게 하면 드디어

사용 가능한 형태가 되는 것이다.

יִהְי → יְהִי

③의 결과물을 이제 봐브 연속법의 접속사 형태(וַ◌ּ)와 결합시켜 준다.

יְהִי + וַ◌ּ → וַיְּהִי

④ 보통은 위의 ③번이면 또 작업이 끝난다. 그러나 이 경우에는 י 아래에 쉐봐가 있다. 이처럼 י 아래에 쉐봐가 있는 경우에는 י의 이중점이 탈락된다.

וַיְּהִי → וַיְהִי

⑤ י의 이중점이 사라지고 나면 봐브 연속법의 경우 י 위에 있던 액센트가 그 위에 있을 수 없게 된다. 액센트를 어디로 보내야 할까? 접속사 위에 액센트가 가지는 못한다. 이 경우 남는 것은 결국은 남은 음절이다. 이 음절은 위의 형태의 경우 마지막 음절이다. 그래서 다음과 같이 된다.

וַיְ֫הִי → וַיְהִ֫י

여기에서 <란 액센트 모양은 초급 문법책 등에서 임시적으로 사용하는 액센트 기호이고, 실제 성경 본문에는 다양한 형태가 사용된다. 이 요나서 1:1의 경우에는 다음과 같은 형태가 사용되었다.

וַֽיְהִי֙

참고

וַיְהִי֙의 접속사에 있는 액센트는 보조 액센트인 메텍으로 위의 변화와는 상관 없이 봐브 접속사에 원래 있는 접속사. 위의 절 해설 시작 부분에 언급되어 있음.

- היה 동사의 봐브 연속법 형태는 이런 변화를 통해 만들어지지만 항상 이런 변화의 과정을 다 거쳐서 최종적인 형태를 얻을 수는 없다. 과정을 이해했다면 이제 다음의 세 가지를 익혀두라. 이 형태는 구약성경에서 수천번 나오니 그냥 아래처럼 암기해 두는 것이 낫다.

הָיָה 완료

יִהְיֶה 미완료

וַיְהִ֫י 봐브접속사+미완료(봐브 연속법)

- 동사 완료형 혹은 미완료형이 봐브 연속법과 더불어 사용되면 그 시제가 뒤바뀐다. 즉 다음과 같이 시제가 역전된다.

봐브 연속법 + 동사 완료형 = 동사 미완료형

봐브 연속법 + 동사 미완료형 = 동사 완료형

- 고전적인 히브리어 문법책들에서는 קָטַל형(*qatal* form)과 יִקְטֹל형(*yiqtol* form)을 시제(tense) 개념으로 이해하여 קָטַל형은 완료형(perfect), יִקְטֹל형은 미완료형(imperfect)로 불렀다(GKC, § 40). 그러나 최근의 학자들은 이러한 용어 사용에 대해 반기를 드는 경우가 많다. 왜냐하면 *qatal*형과 *yiqtol*형은 사실 시제라는 개념으로는 제대로 된 설명이 불가능하기 때문이다. 예를 들어 *qatal*형과 *yiqtol*형은

모두 다 과거, 현재, 미래의 시제를 나타낼 수가 있다. 다시 말해 *qatal*형이 영어의 과거 시제처럼 과거의 동작만을 표시하거나, *yiqtol*형이 영어의 미래 시제처럼 미래의 동작만을 표시하지 않는 것이다.

- 이 때문에 최근의 학자들은 시제라는 개념 대신 "상"(相, aspect)이라는 개념으로 이 두 가지 동사의 형태를 설명하려고 한다. "상"이라는 것은 동사가 시제와는 상관없이 동작이나 사건의 완료를 나타내는 것인지, 지속을 나타내는 것인지, 반복을 나타내는 것인지, 즉 동사의 상(相)을 표시하는 것으로 이해하는 것이다. 이에 대해서는 B. Waltke and M. O'Connor (약어 WO), § 30.1; Arnold and Choi (약어 AC), § 3.2 등을 참고하라.

- 이처럼 *qatal*형과 *yiqtol*형이 동사의 시제를 나타내는 개념이 아닌 것은 확실하지만 여전히 완료, 미완료라는 용어를 사용하는 경우가 많다. 그 이유들은 다음과 같다. 첫 째, *qatal*형과 *yiqtol*형이 비록 시제를 표시하는 것은 아니라고 해도 구약성경의 절대다수의 동사들을 살펴 볼 때 이 두 가지 형이 각각 과거와 미래의 시제와 관련되어 있다. 둘 째, 아직도 상당히 많은 최근의 초급 문법책들은 완료, 미완료란 용어를 보존하고 있다. 따라서 학생들의 혼란을 방지하고 교육적인 편의를 위해 이 용어들을 그냥 보존해서 사용하자는 입장도 상당히 지지를 받는다. 물론 완료와 미완료를 다른 언어들의 경우와 같이 시제를 나타내는 개념이 아니라는 점을 주지시켜야 한다는 점을 전제로 하는 경우에 말이다(AC, § 3.2 n. 43).

- 이 책에서도 파싱(parsing)을 할 때 완료와 미완료라는 용어를 사용할 것이다. 그러나 문법적으로 혼란스러울 수 있는 경우를 위해 *qatal*과 *yiqtol*이라는 표현을 사용하기도 할 것이다. 이것들은 각각 완료형과 미완료형을 시제의 개념을 배제하고 중립적으로 표현하기 위해서 사용한다. 또한 이 것들이 봐브 연속법으로 사용하는 경우, 혹은 그냥 단순히 접속사로서의 봐브와 함께 쓰이는 경우들을 나타내기 위해 *w^eqatal*이나 *wayyiqtol* 등의 표현을 사용하기도 할 것이다.

- 요나서의 첫 단어는 וַיְהִי이다. 즉 "봐브 연속법 + 미완료"(*wayyiqtol*)이다. 이 *wayyiqtol*은 *qatal*과 같은 상(aspect)을 담당한다. 초급 문법들에서는 마치 이

*wayyiqtol*은 서두의 *qatal* 다음에 이어나와야만 하며, 내러티브의 서두에는 결코 설 수 없는 것처럼 이해하고는 한다. 즉 내러티브는 "(X)[1] + *qatal* + *wayyiqtol* + *wayyiqtol* + *wayyiqtol*..."의 순서로 이루어진다고 주장하고는 한다. 그러나 니가치(Niccacci) 등은 히브리어에서는 *wayyiqtol* 자체가 내러티브의 기본틀이며, 따라서 히브리 내러티브는 아예 처음부터 *qatal*이 없이 *wayyiqtol*로 시작될 수 있다고 주장한다(Niccacci, 37). 또한 이미 스네이쓰(Snaith)는 이 *wayyiqtol*형이 룻기, 여호수아, 사사기 등과 같이 내러티브로 된 책들의 서두에 사용된다는 점, 그리고 이에 기초해 볼 때 이 *wayyiqtol*형이 마치 "옛날 옛날 한 옛날에..."와 같이 어떤 이야기를 시작하는 통상적인 방법임을 지적한 바가 있다(1945: 7).

דְּבַר : דָּבָר (word, thing, 말씀, 것)의 단수 연계형

אֶל : 전치사(to, ~에게, ~로)

יוֹנָה: 이 책의 주인공의 이름. 이름의 뜻은 "비둘기"이다(참고, 호 7:11; 11:11 등).

- 이 이름의 뜻인 "비둘기"에 기초하여 요나서를 해석하려고 드는 해석들이 꽤 있다. 또 그런 류의 해석은 설교자들에게 인기다. 그러나 그렇게 해석할 수 있는 근거는 본문에 나타나 있지 않다.
- 등장인물의 이름을 가지고 설교를 할 때 가장 적절하고 안전한 지침은 성경의 내레이터가 그 이름을 해설하고 있는 다음과 같은 경우들로 설교의 대상을 국한시키는 것이다.

---

1) 동사 이외의 요소를 가리키는 표시이며, 괄호는 있을 수도 없을 수도 있다는 표시. 즉 동사 앞에 다른 요소가 있을 수도 있고 없을 수도 있다는 의미임.

성경 본문이 이름의 뜻을 활용하고 있는 예들

- 출애굽기 2:10: 내레이터는 직접 모세의 이름에 대해서 해설을 해주고 있으며, 이 이름은 모세의 미래의 운명을 미래 내다보고 있기 때문에 가치가 있다.
- 사무엘상 25:25 나발의 이름은 그의 “미련함”을 반영한다. 그의 아내 아비가일이 직접 이 점을 언급한다. 또 그의 “미련함”은 본문 속에 반영되어 있다.

- 한 번 생각해보라. 유다 말기의 왕들인 “여호야김”, “여호야긴”, “시드기야” 등은 전부 다 긍정적인 뜻을 갖고 있다. “하나님이 세우실 것이다”(여호야김, 여호야긴), “여호와는 나의 의” 등이다. 그러나 이들의 이름은 이들의 성품이나 시대와는 아무 상관이 없다.

בֶּן־אֲמִתַּי: יוֹנָה와 동격 관계에 있으며, 요나란 이름에 대한 부연 설명

בֶּן : בֵּן (son, 아들)의 단수 연계형

אֲמִתַּי: 요나의 아버지의 이름

- אֱמֶת (truth, steadfastness, 진리, 신실)의 복수형(절: , 연:)에 1인칭 공통 단수 (י◌ִ)가 복수형에 올 때 붙는 형태(י◌ַ)가 온 것임.

לֵאמֹר :

- 전치사 ל + אמר (to say, 말하다)의 부정사 연계형.
- 원래는 אֱמֹר + לְ → אֱמֹר + לֶ (simple shewa의 composite shewa와의 동화현상) = לֶאֱמֹר가 되어야 정상이다. 그러나 לֵאמֹר와 같이 흔히 쓰이는 어구는 여기에서 한 발 더 나아가서, 그리고 אמר 서두의 א이 거의 음가가 없이 모음을 장모

화시키는 경향이 있으므로 לֵאמֹר로 된다. 정리하자면 다음과 같다.

(1) אֱמֹר + לְ → אֱמֹר + לֶ → לֶאֱמֹר (합성 쉐바와 그 앞의 모음은 항상 일치시킴)
(2) לֶאֱמֹר → לֵאמֹר (אֱמֹר처럼 극히 많이 쓰이는 문구의 경우 א은 모음을 상실하고, 대신 그 앞의 모음이 장모음화됨)

- 이런 현상은 אֱלֹהִים의 경우에도 나타난다. 즉 "하나님에게"란 의미의 לֵאלֹהִים의 경우도 원래는 לֶאֱלֹהִים이 되어야 하지만 *shewa*와 א의 결합을 통해 לֵאלֹהִים이 된다. 이러한 현상은 אמר와 אֱלֹהִים의 두 단어가 불분리 전치사(즉 명사와 띄어쓰기 없이 바로 붙어서 표기되는 전치사 ב, ל, כ)와 결합되는 경우에만 나타난다.

(1) אֱלֹהִים + לְ → אֱלֹהִים + לֶ → לֶאֱלֹהִים (합성 쉐바와 그 앞의 모음은 항상 일치시킴)
(2) לֶאֱלֹהִים → לֵאלֹהִים (אֱלֹהִים처럼 극히 많이 쓰이는 문구의 경우 א은 모음을 상실하고, 대신 그 앞의 모음이 장모음화됨)

- לֵאמֹר는 현대어로 하면 직접인용부호(즉 따옴표, "")와 동일하다고 이해하면 된다. 즉 이 문구의 뒤에는 등장인물의 말이 직접화법으로 도입된다.

לֵאמֹר = "..."

1:2

어휘

- קוּם (아인-봐브[ע"ו]동사): 일어나다(to stand up)

  -칼형: קָם (완) יָקוּם (미완) קוּם (명령) וַיָּקָם (봐연, "봐이야콤"[발음 주의!])

- הָלַךְ (결함 동사, 페-봐브[פ"ו]동사처럼 변화함): 가다(to go), 걷다/행하다(to walk)

  -칼형: הָלַךְ (완) יֵלֵךְ (미완) לֵךְ (명령)

- אֶל־ : ~에게(to, toward)
- נִינְוֵה : 니느웨
- עִיר : 성읍(city) (여성 명사)

  -그 성읍(the city): הָעִיר

- גָּדוֹל : 큰(great)

  -남성: גָּדוֹל 여성: גְּדוֹלָה

  -"그 큰 성읍": הָעִיר הַגְּדוֹלָה

- קָרָא (라메드-알렙[ל"א]동사): 외치다(to shout)

  -칼형: קָרָא (완) יִקְרָא (미완) קְרָא (명령)

- עַל : ~위에(on), ~을 거스려(against)

  -인칭대명사와 함께 올 경우 모음이 액센트 변화에 따라 달라짐

  -또 마치 명사 복수형에 소유격 인칭대명사가 붙은 경우와 마찬가지로 이 전치사와 인칭대명사 사이에 י가 추가됨. (분홍색 칸의 조합이 이 절에 나오는 것임)

	단수	복수
1인칭	עָלַי	עָלֵינוּ

2인칭 남	עָלֶיךָ	עֲלֵיכֶם
2인칭 여	עָלַיִךְ	עֲלֵיכֶן
3인칭 남	עָלָיו	עֲלֵיהֶם
3인칭 여	עָלֶיהָ	עֲלֵיהֶן

-"그녀(그것)에게": עָלֶיהָ

- כִּי : 왜냐하면(because)

  -이 단어의 의미는 굉장히 다양

  -가장 기본적인 역할은 이유절을 이끄는 접속사로서 "왜냐하면"(because)으로 해석하면 됨.

- עָלָה (페-후음[G"פ]동사+라메드-헤[ל"ה]동사): 일어나다(to stand up)

  -칼형: עָלָה (완) יַעֲלֶה (미완)

  -"그녀가[그것이] 올라왔다"(칼 완료 3인칭 여성 단수): עָלְתָה (아래의 "단어 및 구문 해설"의 도표 참조)

- רָעָה : 악(evil) (여성명사)

  -רָעָה (절대형) רָעַת (연계형)

  -"그들의 악": רָעָתָם

- לִפְנֵי : ~앞에(before, in front of)

  -전치사 לְ (~에게, to)와 명사 פָּנִים (face)의 연계형인 פְּנֵי의 결합(פְּנֵי + לְ → לְפְנֵי → לִפְנֵי)

  -פָּנִים (face)이란 명사가 이 전치사의 일부를 차지하고 있기 때문에 이 전치사 뒤에 오는 인칭대명사와 액센트의 위치에 따라 이 명사 연계형과 לְ의 모음이 계속 변화함. (이 전치사의 변화 도표는 아래의 "단어 및 구문 해설" 참조)

-"내 앞에"(in front of me): לְפָנַי (아래 본문에서는 끝음절에 강한 종결 액센트가 붙어서 모음이 더 길어진 형태가 사용되고 있음: לְפָנַי → לְפָנָֽי)

본문

קוּם לֵךְ אֶל־נִינְוֵה הָעִיר הַגְּדוֹלָה
וּקְרָא עָלֶיהָ
כִּי־עָלְתָה רָעָתָם לְפָנָי

음역

qûm lēḵ ʾel-nîṇwēʰ hāʿîr haggəḏôlāʰ

ûqərāʾ ʿāleʸ́hā

kî-ʿālṯāʰ rāʿāṯām ləpānāy

간역

הַגְּדוֹלָה	הָעִיר	אֶל־נִינְוֵה	לֵךְ	קוּם
그 큰	그 성	니느웨로	가라	일어나라
		עָלֶיהָ		וּקְרָא
		그 것에게		그리고 외쳐라
	לְפָנָי	רָעָתָם	עָלְתָה	כִּי־
	내 앞에	그들의 악이	올라왔다	왜냐하면~때문이다

윤문

"자 저 큰 성 니느웨로 가서 그것을 향해 외쳐라. 이는 그들의 악이 나에게 상달되었기 때문이다."

단어 및 구문 해설

קוּם: קוּם (to stand up, 일어서다)의 칼 명령형 단수(3일 뼈대 ע"ו 동사 참조)

- 이 단어는 뒤에 이어지는 명령의 서두에 나와서 마치 감탄사처럼 사용된다. 예를 들어 한국어의 "자!" 혹은 영어의 "come on!" 혹은 "Hey!" 정도에 해당하는 표현이다. 즉 이 표현은 그 말을 듣는 사람(청자)의 주의를 환기시키기 위해 사용하는 표현인 것이다.

לֵךְ: הלךְ (to walk, 행하다)의 칼 명령형 단수

- הלךְ는 פ"ן동사처럼 첫 자음 ה가 때에 따라 떨어져 나간다는 것을 이해하면 된다. 즉 어간의 첫 번째 자음 ה가 נ이 탈락될 때와 마찬가지로 탈락된다.
- 좀 더 엄밀하게 말하면 הלךְ는 소위 "결함 동사"이다(참고, 3일 뼈대, 320). 왜냐하면 첫 자음 ה가 이 동사 변화에서 정말 ה 자음의 특성대로 발휘되는 경우는 거의 없기 때문이다.
- 대신 이 동사는 마치 פ"ו 동사처럼 변한다(3일 뼈대 פ"ו 동사 참조).

심화학습

הלךְ는 결함 동사이지만 구약에 등장하는 여섯 개의 פ"ו 동사들 중의 하나처럼 변한다. פ"ו 동사의 나머지 동사들은 ידע, ילד, ישׁב, יצא, ירד이다. 이 단어들은 표면적으로 보기에는 פעל의 פ 자리에 י가 오므로 פ"י 동사인 것처럼 잘못 생각할 수가 있다. 그러나 사실 이 단어는 변화를 일으키는 중에 어간의 첫 째 자음의 원래 모습인 ו가 살아나게 된다. 따라서 이 단어들은 פ"י 동사가 아니라 פ"ו 동사로 따로 분류한다.

- 스네이스(Snaith: 8)는 이 단어들을 외우기 좋게 다음과 같은 기억법을 제시한다.

아담이 그의 아내를 알아서(ידע), 한 아들을 낳았다(ילד). 그녀

는 집에 앉아 있었다(ישב). 반면에 그는 밖으로 나가서(יצא), 계단을 내려가(ירד) 산책을 갔다(הלך).

- 이 여섯 개의 פ"ו 동사들은 칼 미완료에서 전부 다 어간을 제외하고는 거의 동일한 모습을 취한다는 점을 기억하면 도움이 된다: יֵדַע, יֵלֵד, יֵשֵׁב, יֵצֵא, יֵרֵד, יֵלֵךְ.

נִינְוֵה: 지명, 앗시리아의 수도

Map of Ancient Near East

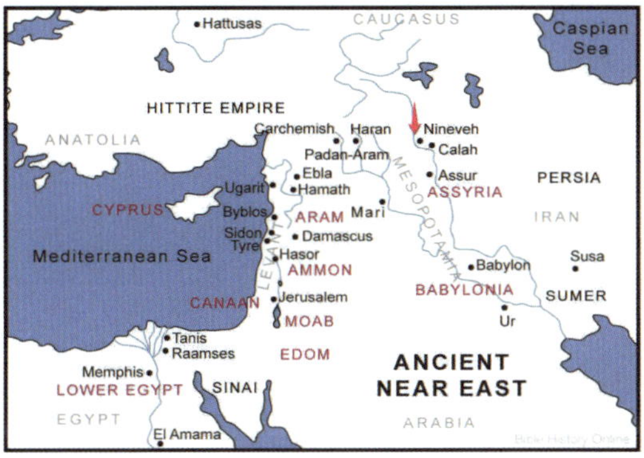

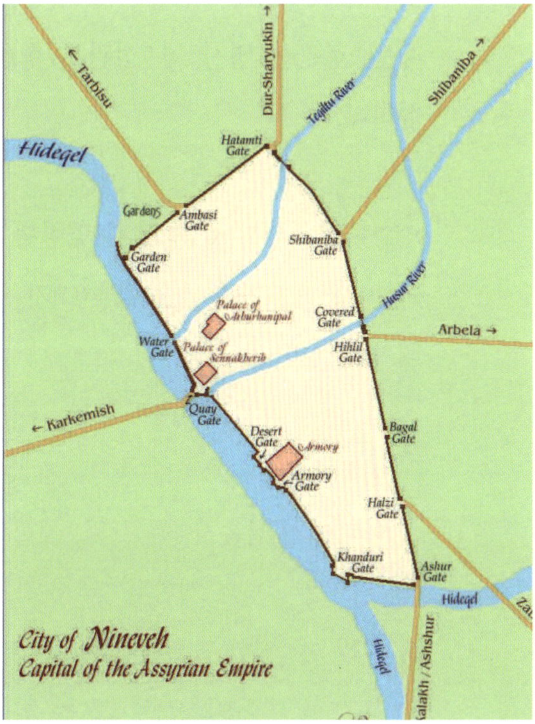

הָעִיר: 정관사 הַ◌ + עִיר (city, 도시, 성, 성읍)

- 원래 정관사는 הַ는 그 다음에 명사가 올 때 그 단어의 첫 자음에 강음점(혹은 이중점, *dagesh forte*)를 찍도록 되어 있다. 그러나 עיר의 경우와 같이 후음이 첫 자음으로 오는 경우에는 후음의 특성상 강음점을 찍을 수가 없다. 이런 경우 히브리어에서는 강음점 대신 정관사의 모음을 길게 해준다. 그래서 הַעִיר가 הָעִיר가 된 것이다.

הַגְּדוֹלָה: 정관사 הַ□ּ + גָּדוֹל (큰, 위대한; big, great)의 여성형 단수 어미

- 명사 및 형용사의 여성형 단수 어미는 □ָה이다(여기에서 □는 히브리어 자음을 나타내는 표시이다).
- 한국어 및 영어에서는 명사에 정관사와 형용사를 함께 쓸 경우 정관사 + 형용사 + 명사의 어순으로 이루어진다. 즉 "그 큰 성읍"(the big city)의 어순을 사용한다. 그러나 이 동일한 표현을 히브리어로 표기할 때는 "정관사+명사+정관사+형용사"의 어순을 사용한다. 즉 "정관사 + 명사"를 먼저 쓴 다음에 다시 한 번 정관사를 반복하여 "정관사 + 형용사"의 형태를 이에 덧붙이는 것이다. 그래서 "그 큰 성읍"은 히브리어로 표기할 때는 הָעִיר הַגְּדוֹלָה (정관사 + 명사 + 정관사 + 형용사)로 표기한다. 이처럼 "정관사+명사"로 이루어진 어구를 형용사로 수식할 때는 "정관사+명사"에 "정관사+형용사"의 어구를 붙여서 수식해준다는 점을 명심하라.

וּקְרָא: 접속사 וְ + קְרָא의 칼 명령형 단수

- 접속사 וְ는 뒤에 단순 쉐바(□ְ)가 오거나 순음(입술소리, ב, פ, מ, ו)가 올 경우 וּ의 형태를 띤다.

심화학습

여기에서 접속사 וְ는 소위 "계합 접속사"(*waw copulative*) (혹은 "단순 접속사" 또는 "봐브 계합사")로서 작용한다. 즉 봐브 연속법(*waw consecutive*)과 달리 이 "계합 접속사"로서의 וְ는 뒤에 오는 단어에 아무런 작용을 하지 않고 그냥 영어의 and처럼 단순하게 연결을 해주는 역할만을 한다. 즉 현재의 본문에서 이 접속사는 명령형을 계속 병렬시켜주는 역할을 하고 있다.

עָלֶיהָ: 전치사 עַל (on, to, toward; ~위에, ~에, ~에게로) + הָ (소유격 인칭 대명사 3인칭 여성 단수)

- 일부 전치사의 경우 뒤에 인칭대명사와 오게 되면 명사의 복수 연계형 어미 (◌ֵי)를 취한 것처럼 보이는 형태를 취한다. עַל이 바로 그런 경우이다.

심화학습

וּקְרָא עָלֶיהָ와 거의 비슷한 문구가 요나서 3:2에 나온다. 거기에서는 עָלֶיהָ 대신에 אֵלֶיהָ가 쓰인다는 것이 유일한 차이점이다. 표면적으로는 전치사 עַל과 אֶל은 차이가 없을 것처럼 보인다. 그러나 새슨(Sasson)이나 랜디스(Landes) 등은 עַל의 경우 "임박한 [좋지 못한] 운명"이 다가온다는 느낌을 부여한다고 생각한다.

כִּי: 이유절을 이끄는 접속사. 의미는 "왜냐하면"(because) 정도이다.
- 이 단어는 기본적으로는 이유절을 이끄는 접속사이지만 그 외에도 굉장히 많은 의미를 갖고 있다. 심지어는 감탄사처럼 쓰이는 경우도 꽤 있다. 따라서 이 단어가 나올 때는 그 의미가 무엇인지를 잘 파악해야 한다. 다행히도 이유절을 이끄는 접속사로 "왜냐하면"으로 해석하면 되는 경우가 제일 많기는 하다.

עָלְתָה: עָלָה의 칼 완료 3인칭 여성단수
- 칼 완료 3인칭 여성단수형은 קָטְלָה의 형태와 같이 동사 원형에 ◌ָה가 오는 것이 규칙이다.
- 그러나 עָלָה와 같이 동사 원형이 ה로 끝나는 약동사(ל"ה 동사)의 경우에는 마지막 자음 ה가 ת로 바뀌고, 거기에 ◌ָה가 오는 것과 같은 형태로 바뀐다.
- 그 외에도 ל"ה 동사의 칼 완료형 변화는 몇 가지 독특한 변화를 한다. 이것을 도표를 통해 살펴 보면 다음과 같다.

	단수	복수
3인칭 남	עָלָה	עָלוּ
여	עָלְתָה	
2인칭 남	עָלִיתָ	עֲלִיתֶם
여	עָלִית	עֲלִיתֶן
1인칭 공	עָלִיתִי	עָלִינוּ

- 이러한 변화에 대한 해설은 문법책에서 ל״ה 동사에 대한 변화를 찾아보도록 하라(참조: 3일 뼈대 중 ל״ה 동사 부분).

רָעָתָם: 명사 רָעָה (악[惡], evil) + ָם (소유격 인칭대명사 3인칭 남성 복수)

심화학습

이전에는 니느웨를 지칭할 때 3인칭 여성 단수가 사용된 반면에 여기에서는 3인칭 남성 복수가 사용되고 있다는 점에 유의하라. 이러한 차이는 후자의 경우 니느웨의 구성원인 사람들의 행위에 치중하고 있기 때문으로 이해하는 것이 가장 적절하다(Tucker, 14).

심화학습

명사 רָעָה 및 동족어들의 단어연구

-요나서에 총 9회 등장

-명사로 사용된 경우(x 7): 1:2,7,8; 3:10; 4:1,2,6

-형용사로 사용된 경우(x 2) (רַע): 3:8,10 (두 경우 모두 여성형을 어미를 가지고 מִדַּרְכָּם הָרָעָה, "그들의 악한길로부터"[from their evil way]에 사용

됨)

-동사(x 1) (רעע): 4:1 (나쁘다; to be evil, bad)

-명사로 사용된 경우 각각의 의미는 다르다.

악(evil): 1:2; 4:1

재앙(disaster): 1:7,8; 3:10; 4:2; 4:6

재앙(혹은 심판)의 의도(intention)나 생각: 3:10; 4:2

(출 32:12[HALOT, 1262b; 창 31:52],14를 참고할 경우; HALOT 1261a는 32:12[두 번째 단어],14의 경우 그냥 disaster의 의미로 이해; 그러나 나는 32:12에서 두 번 나오는 이 단어가 서로 틀린 의미인지에 대해서 확신이 안 감[역본 참조할 것, Holman Christian Standard Bible; NJB; TNK 등]). (참고로 NET [New English Translation]는 32:12,14의 경우 모두 "치명적 재앙"이란 의미에서 evil로 번역하고 있다)

참고: **נחם על/אל הרעה (to repent of/be sorry for the calamity [disaster]):**

-אלהים/יהוה이 주어인 경우: 출 32:12,14; 삼하 24:16(=대상 21:15); 렘 18:8; 26:13,19; 42:10; 욜 2:13; 욘 3:10; 4:2

- 사람이 주어인 경우: 렘 8:6; 겔 14:22

심화학습

- 지금 말하고자 하는 이 사항도 일단 잘 이해가 안 되면 넘어가도록 하라. 그러나 결국에는 아래의 해설을 이해하면 히브리어의 단어의 모음 변화를 이해하는게 커다란 성과를 얻게 될 것이다.

- רָעָתָם은 액센트가 תָ에 있다. 따라서 액센트에서 멀리 있는 רָ와 같은 단어의 경우 통상적으로는 רְ가 되어야 한다. 그 이유는 히브리어 액센트 규

칙상 액센트에서 멀리 있는 음절이 개음절일 경우 그 모음은 쉐봐가 되어야 하기 때문이다. 그러나 여기에서는 쉐봐가 되지 않고 장모음으로 되어 있다(רָ).

- 그 이유는 이 단어의 어원이 רעע라는 점에 있다. 히브리어는 단어의 어원이 기본적으로 세 개의 자음으로 이루어져 있다는 점을 항상 명심하라! 이 어원에서 파생된 형용사는 רַע인데 이처럼 자음이 두 개만 있을 경우 대부분은 두 번째 자음 속에 세 번째 자음이 숨어 있는 경우가 많다. 이처럼 두 번째 자음 속에 세 번째 자음이 숨겨져 있다는 점은 두 번째 자음 다음에 추가적인 어미가 붙거나 하면 드러나게 된다.

- 예를 들어 "동산, 정원"(garden)을 의미하는 단어는 히브리어로 גַּן이다. 이 단어는 "둘러치다, 울타리를 치다"(to enclose, fence) 등의 의미를 가진 גנן이라는 동사와 동족어이다. 이 동사에서 두 번째 자음과 세번째 자음이 동일하다는 점에 주목하라(이런 동사를 "ע"ע 동사" 혹은 "이중 ע 동사(double ע verb)"라고 하며 약동사 중의 하나이다). 이처럼 세 자음으로 된 어간에서 세 번째 자음이 두 번째 자음으로 숨어들면서 명사는 גַּן이 된 것이다. 그런데 "동산, 정원"이라는 명사는 또한 여성형도 갖고 있는데 여성형은 גַּנָּה이다. 즉 앞의 남성형 명사인 גַּן에 여성형 어미 ◌ָה가 온 것이다. 그런데 여기에서 흥미로운 점은 두 번째 자음이다. 남성형 명사에서는 숨어 있던 세번째 자음 נ이 여성형 명사에서는 이중점(*dagesh forte*)의 형태로 되살아난 것이다. 이처럼 두 번째 자음과 세 번째 자음이 동일한 자음을 사용하는 경우 세 번째 자음은 두 자음만 표기되는 단어 속에서는 숨어 있다가 거기에 어미가 추가되면 이중점의 형태로 되살아난다.

- 명사 רָעָה 역시 원형은 두 번째 자음과 세 번째 자음이 동일한 רעע에서 파생되었다. 이 명사의 남성형은 רַע이다. 여기에 여성형 어미 ◌ָה가 붙어서 여성형 명사가 된 것이다. 근데 위의 גַּנָּה의 예에서 보듯이 원래는 רַעָּה가 되었어야만 한다. 그런데 두 번째 자음인 후음 ע이 강음점을 받을 수가

없기 때문에 대신 그 앞의 모음보상을 해서 ר 아래의 모음이 단모음(רַ)에서 장모음(רָ)으로 길어진 것이다. 이처럼 원래 이중점을 찍어야 할 것을 대신해서 모음보상에 의해 길어진 모음이기 때문에 음절 רָ는 액센트에서 멀리 있음에도 불구하고 רְ로 바뀌지 않는 것이다(Snaith, 8).

לְפָנָי: 전치사 לִפְנֵי (~앞에; before) + ◌ָי (명사 복수형에 붙는 소유격 인칭대명사 1인칭 단수; 나의; my)

- 뜻은 "내 앞에"가 된다.
- לִפְנֵי + ◌ָי에서 לִפְנֵי의 마지막 자음과 인칭대명사가 동일하게 י이다. 이 때문에 이 자음에 동화되어 하나만 남은 것이다.

심화학습

- 이 심화학습의 내용을 이해하면 좋다. 그러나 너무 복잡하다고 생각되면 일단 한 번 읽은 다음에 당분간은 잊도록 하라. 이 책을 읽으면서 중요한 것은 일단 끝까지 내용을 다 읽는 것이다. 나중에 반복학습을 통해서 이 책에 쓰여진 내용을 전부 다 이해하도록 노력하라. 그러면 히브리어 실력이 상당한 수준에 올라가게 될 것이다.
- לִפְנֵי란 전치사는 사실은 두 개의 단어가 합쳐서 만들어진 단어이다. 즉 전치사 לְ와 명사 פָּנִים (얼굴, face)이 합성된 단어이다.
- לִפְנֵי의 형태를 띠는 이유는 이 것이 전치사로 쓰이다 보니 항상 뒤에 명사가 따라오기 때문에 자연히 פָּנִים이 명사 연계형의 형태를 갖추어서 그렇다.
- לְפָנָי에서 לִפְנֵי의 모음이 달라진 이유 역시 פָּנִים이 명사 연계형의 형태를 갖춘 것과 관계가 있다. 소유격 인칭대명사가 따라 올 때 명사 복수형이 어떤 식으로 모음이 변하는가 하는 것은 문법책을 참고하라(뒷쪽의 도표).

	단수	복수
1인칭	לְפָנַי	לְפָנֵינוּ
2인칭 남	לְפָנֶיךָ	לִפְנֵיכֶם
2인칭 여	לְפָנַיִךְ	לִפְנֵיכֶן
3인칭 남	לְפָנָיו 르파나브	לִפְנֵיהֶם
3인칭 여	לְפָנֶיהָ	לִפְנֵיהֶן

1:3

어휘

- קוּם (아인-봐브[ע"ו]동사): 일어나다(to stand up)

  -칼형: קָם (완) יָקוּם (미완) קוּם (명령) וַיָּקָם (봐연, "봐이야콤"[발음 주의!])

- יוֹנָה : 요나(Jonah). 요나서의 선지자의 이름.
- לְ : ~에게(to)
- בָּרַח (라메드-후음[G"ל]동사): 도망하다(to flee)

  -칼형: בָּרַח (완) יִבְרַח (미완) בְּרַח (명령) בְּרֹחַ (부연) בָּרֹחַ (분)

  -"도망하기 위하여": בְּרֹחַ + לְ → לִבְרֹחַ → לִבְרֹחַ

- תַּרְשִׁישׁ : 타르쉬쉬(Tarshishi, 개역개정판, "다시스"). 지명.

  -자세한 설명은 아래의 "단어 및 구문 해설"과 부록의 "등장인물 묘사방법에 대한 이해와 설교: 요나서 1:9의 요나의 말을 어떻게 이해할 것인가?"란 글을 참조할 것.

  -"다시스로"(to Tarshish): ָה (방향의 여격, *he locale*) + תַּרְשִׁישׁ → תַּרְשִׁישָׁה

- מִלִּפְנֵי : ~의 앞으로부터(from the front of)

  -לִפְנֵי + מִן (로부터, from) → מִלְלִפְנֵי → מִלִּפְנֵי

- יְהוָה : 여호와(Yahweh).
- יָרַד (페-봐브[פ"ו]동사): 내려가다(to go down)

  -칼형: יָרַד (완) יֵרֵד (미완) רֵד (명령) וַיֵּרֶד (봐연)

- יָפוֹ : 욥바(Joppa, Jaffa) (지명, 현대의 텔아비브, Tel-Aviv)
- מָצָא (라메드-알렢[ל"א]동사): 발견하다(to find out)

  -칼형: מָצָא (완) יִמְצָא (미완) וַיִּמְצָא (봐연)

- אָנִיָּה: 배(船) (ship)

  -אָנִיָּה는 오직 요나서 1:3에만 나오는 특수 형태. 통상적으로는 אֳנִיָּה.

  -남성형 אֳנִי는 "함대"(fleet) (즉 집합명사), 여성형 אֳנִיָּה는 "한 척의 배" (일

반명사).

- בּוֹא (아인-봐브[ע"ו]동사): 오다(to come) 가다(to go)

בּוֹא의 뜻은 기본적으로 "오다"이다. 그러나 영어회화에서 어머니가 밥을 차려 놓고 먹으러 오라고 부를 때 "네, 가요"라는 대답을 하는 경우 "Yeh, I am going"이 아니라 "Yeh, I am coming"이라는 표현을 쓴다. 이 때 한국어로는 coming을 "가다"라고 번역하는 것이 적절하다. 위의 파란 색의 뜻도 바로 이런 취지에서 써놓은 것이다. 그러나 주석가들 사이에서 이 단어의 이런 뜻에 대해서 논쟁이 있음은 기억하라.

-칼형: בָּא (완) יָבוֹא (미완) בּוֹא (명령) בּוֹא (부연) בָּא (분사) (아인-봐브[ע"ו]동사의 칼형 분사 남성 단수는 칼 완료형 3인칭 남성 단수와 동일!!!)

-분사 단수: בָּא (남성) בָּאָה (여성)

-"다시스로 가는 배": אֳנִיָּה בָּאָה תַרְשִׁישָׁה

-"가기 위하여": בּוֹא (부연) + לְ → לָבוֹא (ל아래의 모음 주의! ל 다음에 오는 동사의 부정사 연계형이 단모음인 경우 불분리 전치사 ל의 모음이 이렇게 ָ가 됨!: לְ → לָ)

- נָתַן (페-눈[פ"ן]동사): 주다(to give)

-칼형: נָתַן (완) יִתֵּן (미완, 특이!!!) תֵּן (명령) וַיִּתֵּן (봐연)

-미완료: יִנְתֵּן → יִתֵּן

- שָׂכָר : 값, 삯, 임금(wages)

-שָׂכָר (절대형) שְׂכַר (연계형)

-"그것(그녀)의 값"(its [her] wage): ָהּ + שְׂכַר (연계형) → שְׂכָרָהּ

- בְּ : ~안에(in)

-"그것(그녀)의 안에"(in it [her]): בָּהּ

- עִם : ~와 함께(with)

-“그들과 함께”(with them): עִמָּהֶם (이중점 주의!)

본문

וַיָּקָם יוֹנָה לִבְרֹחַ תַּרְשִׁישָׁה מִלִּפְנֵי יְהוָה
וַיֵּרֶד יָפוֹ
וַיִּמְצָא אָנִיָּה ׀ בָּאָה תַרְשִׁישׁ
וַיִּתֵּן שְׂכָרָהּ
וַיֵּרֶד בָּהּ לָבוֹא עִמָּהֶם תַּרְשִׁישָׁה מִלִּפְנֵי יְהוָה

음역

wayyā́qom yônā^{h} liḇrō^{a}ḥ taršî́šā^{h} millip̄nê yhwh(ʾăḏōnāy)

wayyḗreḏ yāp̄ô

wayyimṣāʾ ʾāniyyā^{h} bāʾā^{h} ṯaršîš

wayyittēn śəḵārāh

wayyḗreḏ bā^{h} lāḇôʾ ʿimmāhem taršî́šā^{h} millip̄nê yhwh(ʾăḏōnāy)

간역

מִלִּפְנֵי יְהוָה	תַּרְשִׁישָׁה	לִבְרֹחַ	יוֹנָה	וַיָּקָם
여호와의 앞(낯)으로부터	다시스로	도망가려고	요나가	그리고 일어났다

יָפוֹ	וַיֵּרֶד
욥바로	그리고 내려갔다

תַרְשִׁישׁ	בָּאָה	אָנִיָּה ׀	וַיִּמְצָא
다시스로	가는	배를	그리고 발견했다

שְׂכָרָהּ	וַיִּתֵּן
그것(삼인칭 여성)의 값을	그리고 주었다

עִמָּהֶם	לָבוֹא	בָּהּ	וַיֵּרֶד
그들과 함께	가려고	그것의 안으로	그리고 내려갔다

יְהוָה	מִלִּפְנֵי	תַּרְשִׁישָׁה
여호와의	앞으로부터	다시스로

윤문

그러자 요나가 여호와의 낯을 피해 다시스로 도망하기 위해 일어났다. 그는 욥바로 내려가서 다시스로 가는 배를 찾아냈다. 그리고 뱃삯을 냈다. 그리고 그들과 여호와의 낯을 피해 다시스로 그들과 함께 가기 위해 그 안으로 들어갔다.

단어 및 구문 해설

וַיָּקָם: 접속사 ו + 동사 קוּם의 칼 미완료 3인칭 남성 단수.

- קוּם은 어간의 가운데 글자인 ו 때문에 약동사가 된다. 이 단어의 변화에 대한 상세한 해설은 3일 뼈대의 ע"ו 동사 항목을 보라.

- 이 단어를 잘 다루기 위해서는 위의 3일 뼈대의 내용을 이해한 후에 다음과 같이 칼 완료, 미완료, 미완료 단축형를 외어두는 것이 편하다.

완료: קָם

미완료: יָקוּם

미완료 단축형: וַיָּקָם

- 위의 음역을 보고 소리에 유의하라. ③번 음절의 모음은 “ㅏ”가 아니라 “ㅗ”로 읽어야 한다는 것을 유념하라.

קָם | יָּ | וַ (wayyā́qom)

③ ② ①

심화학습

여기에서 접속사 ו를 어떻게 이해할 것인가는 아주 중요한 문제이다. 통상적인 번역본들은 이 접속사를 보통 "and"의 의미로 번역한다. 그러나 Trible (1994, 128)은 요나가 "여호와의 낯을 피해 도망하려고" 일어나는 것을 볼 때 "but" 혹은 "and/but"으로 이해해야 한다고 본다. 이어서 그녀는 이렇게 덧붙인다. "접속사 ו가 가진 모호성은 독자을 안내하기도 하고 길을 잃게 만들기도 한다". 다시 말하자면 하나님께서 "일어나 가라"고 명령하신 것에 대한 반응으로 3절이 접속사 ו 를 써서 "그리고 요나가 일어났다"라고 표기하고 있는데 이후에 이어지는 내용으로 볼 때 사실은 독자들은 이 접속사 ו를 "그러나"라는 의미로 이해할 수 밖에 없게 된다는 것이다. 하지만 "그리고"와 "그러나"의 서로 상반되는 의미가 모두 히브리어에서는 접속사 ו로 표현된다. 그러므로 히브리어 원문을 읽는 독자는 "그리고 요나가 일어났다"의 이후에 나오는 내용을 보기까지는 접속사 ו가 가진 미묘한 의미의 차이를 파악할 수가 없으며, 철저히 내레이터의 유인에 속아넘어갈 수 밖에 없는 것이다. 요나서에 대한 사전지식이 없이 요나서를 히브리어로 처음 읽었던 고대 이스라엘의 독자는 3절의 초두에 나오는 וַיָּקָם יוֹנָה를 읽으면서 요나가 2절의 하나님의 명령의 첫 단어인 קוּם을 따라 일어나자 당연히 그가 하나님의 명령대로 행할 것이라고 추측했을 것이다. 그러나 요나의 일어남의 목적이 "다시스로 도망하기" 위한 것임을 깨닫게 되었을 때 충격과 더불어 긴장감을 느낄 수 밖에 없었을 것이다. 요나서의 저자는 이러한 효과를 독자들에게 불러일으키기 위하여 2절과 3절을 קוּם이라는 같은 동사를 사용하고 있는 듯하다.

לִבְרֹחַ: 전치사 לְ + 동사 ברח (도망하다; to run away, fleet)의 칼 부정사 연계형.

- לִבְרֹחַ의 발음에 유의하라. ח 아래의 선입 파타흐(ַ)를 먼저 발음해야 한다(모음이 오른 쪽으로 치우쳐져 표기되어 있다는 점을 주목하라). 따라서 이 단어는

리브로아흐(liḇrōᵃḥ)로 읽어야만 한다.

תַּרְשִׁישָׁה: 지명 תַּרְשִׁישׁ + 방향을 나타내는 어미(*he locale*) ◌ָה.

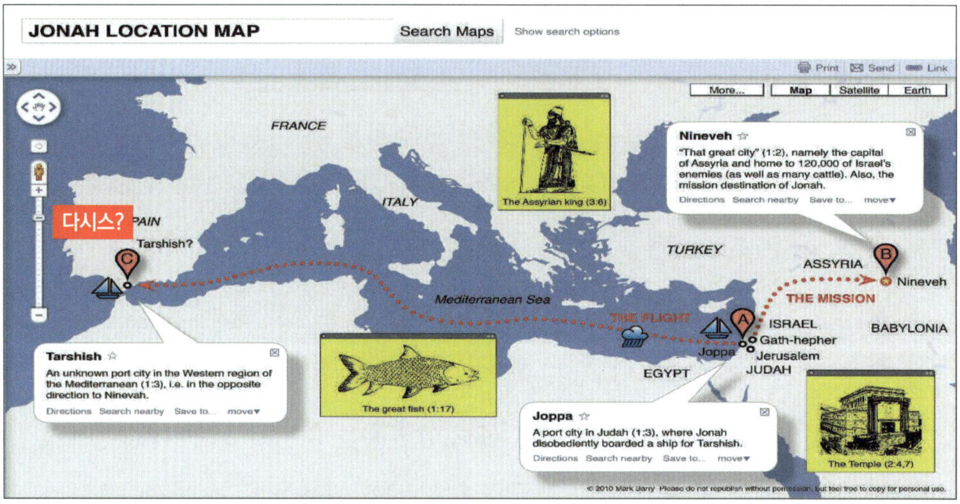

- 장소를 나타내는 단어들 뒤에는 ◌ָה이 붙을 경우 방향을 나타내는 "~으로"라는 의미가 부여된다. 즉 타르쉬쉬란 지명에 이것이 붙어서 "타르쉬쉬로"(*to* Tarshishi)라는 의미로 변한다.

מִלִּפְנֵי: 전치사 מִן (~로부터; from) + לִפְנֵי (합쳐서 "~로부터"의 의미가 됨).

מִלִּפְנֵי יהוה: "여호와로부터"

- 이 어구는 요나서에 총 세 번 사용되었다(3절 2번; 10절 1번).

심화학습

요나서 저자가 그냥 מִן을 써도 될텐데 굳이 מִלִּפְנֵי를 선택한 이유는 아마 2절 마지막의 לִפְנֵי와의 상응을 고려했기 때문일 것이다. 2절에서 하나님은 "그들의 악이 내 앞에(לְפָנָי) 상달하였기 때문"에 요나를 파견하는 것인데, 3절에서 요나는 그 하나님 앞으로부터(מִלִּפְנֵי) 도망치려고 하고 있는 것이다. 즉 하나님 앞에 당면한 문제를 해결하기 위해 부름받은 자가 그 하나님 앞으로부터 도망을 치려고 하고 있는 것이다. (부록의 "등장인물 묘사방법에 대한 이해와 설교" 참고할 것.)

וַיֵּרֶד: 접속사 ו + 동사 ירד (내려가다; to go down)의 칼 미완료 3인칭 남성 단수

- ירד는 첫 자음인 י로 인해 약동사가 된다. 이 동사는 위에서 설명한 바와 같이 구약에 나오는 여섯 개의 페-봐브(פ"ו) 동사들 중의 하나이다.

- 2절의 설명과 3일 뼈대 페-봐브(פ"ו) 동사 해설을 참고하라.

- פ"ו 동사의 칼 완료, 미완료, 단축형은 다음과 같은 틀을 따라 움직인다.

יָ□ַ□ (완료) יֵ□ֵ□ (미완료) וַיֵּ□ֶ□ (단축형:액센트, 끝음절 주의)

이것을 ירד에 적용시키면 다음과 같다.

יָרַד (완료) יֵרֵד (미완료) וַיֵּרֶד (단축형)

יָפוֹ: 지명. 개역한글판 성경에는 "욥바"라고 표기되어 있다. 영어로는 Joppa로 표기한다. 히브리어 이름은 "야포"이다. "욥바"란 이름은 헬라어 이름인 *Ιοππη* (이오페)에서 왔다. 이곳은 현대의 Tel-Aviv-Jaffa의 남쪽이자 이 도시의 가장 오래된 구역에 상응한다.

욥바: 현대의 Jaffa

וַיִּמְצָא: 접속사 ו + 동사 **מָצָא** (찾다, 발견하다; to find)의 칼 미완료 3인칭 남성 단수(3일 뼈대 **ל"א** 동사 참조).

- 강동사의 경우 칼 미완료는 יִקְטֹל과 같은 형태를 띤다. 그러나 **מָצָא**와 같은 **ל"א** 동사의 경우에는 두 번째 모음이 "ㅗ"에서 "ㅏ"로 바뀐다. 이것은 어간의 마지막 자음인 **א**의 영향 때문이다.

אָנִיָּה: 배(船)

- 남성형 **אֳנִי**는 "함대"(fleet)를 나타내고 여성형 **אֳנִיָּה**는 "한 척의 배"를 나타낸다.
- **אָנִיָּה**는 구약성경에서 오직 이 요나서 1:3에만 나타나는 형태이고, 통상적으로는 **אֳנִיָּה**가 맞다(액센트 법칙상으로도 당연히 이것이 맞다). 어쩌면 **אָנִיָּה**의 뒤에 나오는 파세크 기호(*paseq*, ׀)는 **אֳנִיָּה**가 여기에서 독특한 형태로 사용된 것을 나타내기 위한 것일 수도 있다(Trible, 15-16).
- 복수형은 **אוֹנִיּוֹת**, **אָנִיּוֹת**, **אֳנִיּ(וֹ)ת** 등이 구약에 나온다.

בָּאָה: 동사 **בּוֹא** (오다; to come)의 칼 분사형 여성 단수

- בּוֹא도 두 번째 자음인 ו 때문에 약동사가 된다(קוּם과 같은 유형). 이 동사의 변화에 대해서는 3일 뼈대 ע"ו 동사의 해설을 보라.

וַיִּתֵּן: 접속사 ו + 동사 נתן (주다; to give)의 칼 미완료 3인칭 남성 단수
- נתן은 첫 자음인 נ 때문에 약동사가 된다. 또한 두 번째 모음도 약간 독특하게 변화한다. 이 동사의 변화에 대해서는 3일 뼈대 פ"ן 동사의 해설을 보라.

שְׂכָרָהּ: 명사 שָׂכָר (값, 삯, 임금: wages) + 소유격 인칭대명사 3인칭 여성 단수 ◌ָהּ.
- 이 소유격 인칭대명사 3인칭 여성 단수는 앞의 "배"를 가리킨다. 따라서 שְׂכָרָהּ는 "그 뱃삯"이라는 뜻이다.

심화학습

여기에서 흥미로운 것은 "값"에 붙은 소유격 인칭대명사가 3인칭 여성 단수라는 점이다. 고대로부터 서양의 역본들은 이 문구를 "his wages"로 번역했다. 즉 히브리어의 여성형 인칭대명사를 무시하고 "그[가 치루어야 할] 값"이라는 의미로 이해한 것이다. 그러나 원문은 분명히 "그녀의 삯"이며, 여기에서 그녀는 당연히 배를 지칭하는 말이다. 이 문구에 대한 적절한 의미는 "그 배를 타는데 치루어야 할 탑승비" 정도가 될 것이다. 그러나 히브리어 원문을 [내가 보기에는] 너무 고지고대로 [그리고 불필요할 정도로 과대하게] 이해하는 일부 고대의 랍비들은 요나가 배와 그 선원 전부의 값을 치루었다고 주장하기도 한다.
- 또 이런 랍비들은 요나가 이처럼 불필요할 정도로 과대한 값을 치른 것은 그가 정말로 하나님의 명령을 수행하기를 싫어했음을 보여준다고 이해했다.
- 요나가 정말 하나님의 뜻을 따르기를 싫어했다는 것은 요나서 전체의 증

거들을 볼 때 의문의 여지가 없다. 그러나 굳이 뱃삯에 대한 이런 과도한 해석까지 해서 그것을 증명하고자 할 필요는 없다고 생각된다.

בָּהּ: 전치사 **בְּ** + 소유격 인칭대명사 3인칭 여성 단수 **ָהּ**.

לָבוֹא: 전치사 **לְ** + 동사 **בּוֹא**의 부정사 연계형

- 전치사 **לְ**는 뒤에 **בּוֹא**와 같이 순수한 단음절로 구성된 부정사 연계형이 오면 **לָ**로 되는 경향이 있다.
- 뜻은 "오기 위하여"가 된다. 그러나 **בּוֹא**는 통상적으로는 "오다"라고 번역하면 되지만 문맥에 따라서 "가다"라고 번역해야 하는 경우도 있다. 영어의 경우에도 "to come"이란 단어를 "오다"라고 주로 번역해야 하지만 때로는 "가다"라고 번역해야 하는 경우가 있다는 것을 참조해보라. 예를 들어 어머니가 자기 방에서 공부하고 있는 아들에게 밥 다 됐으니 오라고 부를 때 아들이 "네, 가요"라고 대답하는 것을 영어로 번역하면 "Yes, I am coming" 정도가 된다. 이 때 "come"은 우리말로는 "오다"가 아니라 "가다"로 이해해야 되는 것이다.

עִמָּהֶם: 전치사 **עִם** (~와 함께; with) + 소유격 인칭대명사 3인칭 남성 복수 **הֶם**.

요나서의 구조

1:1-3//3:1-3

1:1-3	3:1-3
וַיְהִי֙ דְּבַר־יְהוָ֔ה אֶל־יוֹנָ֥ה	וַיְהִ֧י דְבַר־יְהוָ֛ה אֶל־יוֹנָ֖ה
בֶן־אֲמִתַּ֖י	שֵׁנִ֥ית
לֵאמֹֽר	לֵאמֹֽר
2 ק֠וּם לֵ֧ךְ אֶל־נִֽינְוֵ֛ה הָעִ֥יר הַגְּדוֹלָ֖ה	2 ק֗וּם לֵ֛ךְ אֶל־נִֽינְוֵ֖ה הָעִ֣יר הַגְּדוֹלָ֑ה
וּקְרָ֣א עָלֶ֑יהָ	וּקְרָ֤א אֵלֶ֙יהָ֙
כִּֽי־עָלְתָ֥ה רָעָתָ֖ם לְפָנָֽי	
	אֶת־הַקְּרִיאָ֔ה אֲשֶׁ֥ר אָנֹכִ֖י דֹּבֵ֥ר אֵלֶֽיךָ
3 וַיָּ֤קָם יוֹנָה֙	3 וַיָּ֣קָם יוֹנָ֗ה
לִבְרֹ֤חַ תַּרְשִׁ֙ישָׁה֙ מִלִּפְנֵ֣י יְהוָ֔ה וַיֵּ֨רֶד יָפ֜וֹ וַיִּמְצָ֥א אָנִיָּ֣ה ׀ בָּאָ֣ה תַרְשִׁ֗ישׁ וַיִּתֵּ֨ן שְׂכָרָ֜הּ וַיֵּ֤רֶד בָּהּ֙ לָב֤וֹא עִמָּהֶם֙ תַּרְשִׁ֔ישָׁה מִלִּפְנֵ֖י יְהוָֽה	וַיֵּ֛לֶךְ אֶל־נִֽינְוֵ֖ה כִּדְבַ֣ר יְהוָ֑ה וְנִֽינְוֵ֗ה הָיְתָ֤ה עִיר־גְּדוֹלָה֙ לֵֽאלֹהִ֔ים מַהֲלַ֖ךְ שְׁל֥שֶׁת יָמִֽים

→요나서는 이중으로 나뉜다.

→ 1-4장의 총체적인 구성은 이중 구성이다. 즉 1-2장의 내용이 3-4장의 내용과 비슷하게 진행되는 구조이다(A-A′).

1장	2장	3장	4장
요나-선원들 (선장)	요나-하나님(기도)	요나-니느웨사람들 (왕)	요나-하나님(기도)

대안적 구조: **Futato (ESV Study Bible)**

(7)하나님의 연민에 대해 요나가 받은 교훈(4:5-11)
"내가 니느웨를 아끼는 것이 어찌…?"

(3)요나의 감사 기도(1:17-2:10) 자신이 받은 은혜에 대한 반응은?	(6)요나의 분노의 기도(4:1-4) 타인에 대한 은혜에 대한 반응은?
(2)요나와 이방 선원들(1:4-16) 이방 선원들 반응은?	(5)요나와 이방 니느웨(3:3b-10) 이방 니느웨의 반응은?
(1)요나의 사명과 도망(1:1-3) 요나에게 무슨 일이 일어날까?	(4)요나의 재사명과 순종(3:1-3a) 니느웨에 무슨 일이 일어날까?

1:4

어휘

• יְהוָה : 여호와(Yahweh).

• טוּל (아인-봐브[ע"ו]동사): (히필) 던지다(to throw)

-히필형: הֵטִיל (완) יָטִיל (미완) הָטֵיל (명령) וַיָּטֶל (봐연)

-히필형이 기본

• רוּחַ: 바람(wind), 영(spirit), 마음(mind)

• גָּדוֹל : 큰(great)

-남성: גָּדוֹל 여성: גְּדוֹלָה

• אֶל־ : ~에게(to, toward)

• יָם : 바다(sea)

-"그 바다"(the sea): הַיָּם

-"그 바다에"(in the sea): הַיָּם + בְּ → הַיָּם + בְּ → בַ_יָּם → בַּיָּם

• היה (페-후음[G"פ] 동사+라메드-헤[ל"ה] 동사): ~이다(to be), ~이 있다(to be), ~이 되다(to become)

-칼형: הָיָה (완료) יִהְיֶה (미완료) וַיְהִי (봐브연속법)

• סַעַר: 폭풍(gale, heavy windstorm)

• אֳנִיָּה: 배(ship) (여성명사)

-정관사와 함께: הָאֳנִיָּה

• חָשַׁב (페-후음[G"פ]동사): (칼) 고려하다(to consider), ~을 ~라고 여기다(to think something as something); (피엘) 1. 계산하다(to calculate); 2. 계획하다(to plan), 생각하다(to think); 3. 거의 ~하다(to be near to ~) (이 마지막 뜻은 어쩌면 문맥의 영향을 받은 추정적 뜻! 주석가들은 2, 3번 사이에 의견이 갈림. 거의 대부분의 공인 성경들을 3번의 뜻을 취함)

-피엘형: חִשֵּׁב (완) יְחַשֵּׁב (미완)

-피엘 완료 3인칭 여성 단수: חִשְּׁבָה

• שׁבר : (칼) 깨뜨리다(to break); (니팔) 깨지다(to be broken)

-니팔형: נִשְׁבַּר (완) יִשָּׁבֵר (미완) הִשָּׁבֵר (명령) הִשָּׁבֵר (부연)

-전치사 לְ + 부정사 연계형: לְהִשָּׁבֵר

-"(그 배가) 거의 깨지려고 하였다": חִשְּׁבָה לְהִשָּׁבֵר

본문

וַיהוָה הֵטִיל רוּחַ־גְּדוֹלָה אֶל־הַיָּם
וַיְהִי סַעַר־גָּדוֹל בַּיָּם
וְהָאֳנִיָּה חִשְּׁבָה לְהִשָּׁבֵר

음역

wyhwh(wạʾḏōnāy) hēṭîl rûªḥ-gəḏôlāʰ ʾel-hayyām

wayəhî sạʿar-gāḏôl bayyām

wəhā́ʾŏniyyāʰ ḥiššəḇāʰ ləhiššāḇēr

간역

וַיהוָה	הֵטִיל	רוּחַ־גְּדוֹלָה	אֶל־הַיָּם
그리고 여호와께서	던지셨다	큰 바람을	그 바다에
וַיְהִי	סַעַר־גָּדוֹל	בַּיָּם	
그래서 있었다	큰 바람이	그 바다에	
וְהָאֳנִיָּה	חִשְּׁבָה	לְהִשָּׁבֵר	
그러자 그 배가	~하려고 하였다	깨지려고	

윤문

(한 편) (주어 동사의 도치)

여호와께서는 큰 바람을 바다에 던지시자(טוּל) 바다에 큰 폭풍이 일어 배가 깨질 지경이 되었다.

단어 및 구문 해설

וַיהוה הֵטִיל: 4절은 통상적인 *waw* + 동사 + 주어의 어순을 벗어나서 *waw* + 주어 + 동사의 어순을 취하고 있음을 유의하라. 또한 사용된 동사는 완료형이다(즉 X + *qatal*). 이러한 구성은 내러티브의 초점을 이동시키는 기능을 가지며, 이러한 기능을 "topicalization"이라고 한다(Tucker, 18). 다시 말해 X + *qatal* 형의 기능 중의 하나는 이야기의 등장인물들이 변화하는 경우, 혹은 새로운 등장인물이 등장하는 경우 이러한 내러티브상의 변화를 나타내주는 역할을 한다.

- 우리의 본문의 경우 *waw* + X + *qatal*은 앞의 문장들의 주어인 요나에서 이 문장의 X인 여호와로 내러티브의 초점을 이동시키는 기능을 한다.
- *waw*는 문장의 초두에서 동사 이외의 요소 앞에 올 경우 이접 접속사(but, yet처럼 "그러나", "한 편" 등의 의미를 하는 접속사)로서 기능한다(Tucker, 18).

הֵטִיל: טוּל (hiph. [멀리] 던지다; to throw far,)의 히필, 완료형, 3인칭, 남성 단수.

- 이 단어의 히필형 변화에 대해서는 3일 뼈대의 아인-봐브(ע"ו) 동사 해설을 보라. 그 변화는 다음과 같다.

(1) 규칙동사 변화 중 히필 완료형 변화를 טוּל에 적용시키는데서 시작

הִטְוִיל (규칙동사 변화: הִקְטִיל)

(2) טוּל의 가운데 자음인 ו는 그 특성상 사라진다. 이게 사라지고 나면 모음이 하나 남아 돌게 되므로 어느 하나를 지워야 하는데, 사라진 자음인 ו 아래의 모음 대신에 그 앞의 쉐봐가 사라진다.

הִטְ יִל → הִט יִל

(3) 위의 변화로 결과로 ט는 모음이 없는 상태이고, יִ는 자음이 없는 상태

가 되는데 이 둘을 합쳐준다.

הִ טִ יל → הִטִיל

(4) 위의 오른 쪽 형태를 음절을 나눠보면 다음과 같다. 액센트는 거의 항상 그렇듯이 끝음절에 있다.

הִ | טִ֫יל

② ①

(5) 위의 형태에서 ①번 음절은 액센트의 법칙 2번의 적용을 받는 상태, 즉 "액센트 바로 폐음절의 모음은 장모음"이라는 법칙의 적용을 받는다. 따라서 단모음 "ㅣ"(ִ)가 장모음으로 바뀌어야 한다. 문제는 이 때 단모음 "ㅣ"(ִ)를 장모음화하는데

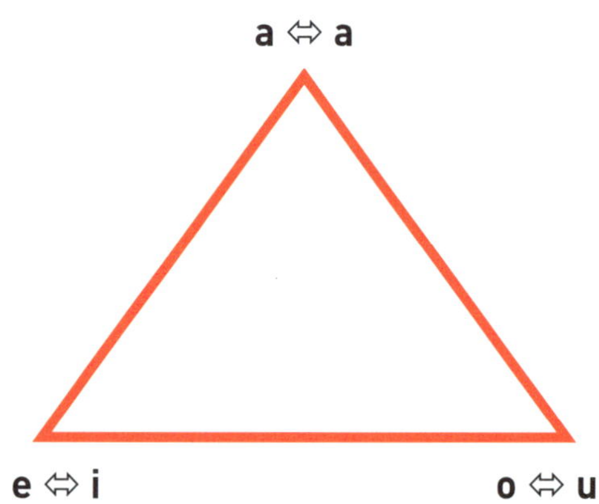

사용될 수 있는 장모음 "ㅣ" 가 존재하지 않는다는 것이다. 이 경우 3일 뼈대에서 설명한 바와 같이 오른쪽의 모음삼각도에 기초하여 "ㅣ"와 동일계열 소리인 "ㅔ"의 장모음(ֵ)을 활용하게 된다. 그 결과는 다음과 같다. 빨간 색으로 표시된 모음에 주목하라. 오른쪽의 형태가 최종적으로 본문에 나타난 형태와 정확하게 일치한다.

הִ | טִ֫יל → הֵ | טִ֫יל

② ① ② ①

- 이 טוּל이란 단어는 요나서에 총 4회 사용되었으며, 이 4회 모두 오직 1장에만 나타난다(1:4,5,12,15).

טוּל과 요나서

*** 총 4회 사용됨**

1:4-주어(하나님) + 목적어(큰 바람)

1:5-주어(선원들) + 목적어(물품들)

1:12 (명령형)- 주어(선원들[명령형이기 때문에 생략]) + 목적어(요나)

1:15-주어(선원들) + 목적어(요나)

* 이 네 번에서 첫 번째 한 번만 주어가 하나님이고, 나머지는 모두 선원들이다. 하나님이 큰 바람을 던지신 것에 대한 반응으로 선원들은 배를 가볍게 하기 위해 배 안의 물건들을 던진다.

- 그러나 정작 선원들이 던져야 할 것은 폭풍의 원인인 요나이다.
- 결국 1:12의 요나의 요청에 따라 1:15에서 선원들은 요나를 던진다. 그리고 이로써 모든 문제는 해결된다.

* 하나님이 폭풍을 던지신 목적은 바로 요나가 바다로 던져지게 만드시기 위함이다.

- 하나님이 던지시니 사람들이 던진다.

- 아니 더 나아가서 말하자면 하나님이 던지실 때 사람이 던지지 않는 것은 잘못이다.

- 12절은 그런 저항을 보여준다.

- 다행히도 선원들은 결국은 하나님의 말씀을 잘 듣고 순종해서 요나를 바다에 던졌다.

- 이처럼 하나님의 뜻에 절대적으로 따르는 것, 이것이 바로 요나서의 중요한 주제이다(참고, 1:14; 2:9의 비교 등)

רוּחַ: 바람(wind), 영(spirit), 마음(mind)

- רוּחַ는 마치 헬라어의 *πνεῦμα*처럼 문맥에 따라 "바람"이나 "영[혼]", 혹은 "마음"이란 의미 등으로 사용될 수 있다.

הַיָּם: 정관사 הַ◌ּ + יָם (바다, sea)

סַעַר: 폭풍(gale, heavy windstorm)

בַּיָּם: 불분리 전치사 בְּ + 정관사 הַ◌ּ + יָם (바다, sea)

- 불분리전치사와 정관사가 만나게 되면 불분리 전치사 아래의 쉐바와 정관사의 자음 ה가 생략되어 בַּ와 같은 형태가 된다(בְּהַ → בַּ). 이것을 표기해보면 다음과 같다.

(1) 불분리 전치사 בְּ "그 바다"(הַיָּם)는 다음과 같다.

בְּהַיָּם   בְּ + הַיָּם

(2) 정관사가 이처럼 불분리 전치사(בְּ, כְּ, לְ//מִן) 다음에 오면 정관사의 자음인 ה가 생략된다.

בְּ_ַיָּם

(3) 이렇게 되면 모음이 하나 남아돌게 된다. 모음도 하나 생략시켜야 한다. 이처럼 모음을 하나 제거해야 할 경우 그 앞에 쉐바(◌ְ)가 있으면 쉐바가 사라지게 된다.

בּ_ַיָּם

(4) 따로 노는 자음과 모음을 합쳐주면 다음과 같이 된다. 이것이 본문에 나와 있는 형태이다.

בַּיָּם בּ ַיָּם

וְהָאֳנִיָּה חִשְּׁבָה: 역시 X + *qatal* 형이다.

- 4절의 처음 두 문장의 초점이 행동의 주체인 하나님이었다면 이제 이 문장에서는 새로운 주어인 X에 해당하는 הָאֳנִיָּה로 초점이 옮겨진다.

- 이 문장은 "배가 ~라고 생각했다"라고 표현함으로써 의인법(prosopopoeia)를 사용하고 있다고 생각하는 학자들도 있다. 나머지는 아래의 해설을 보라.

הָאֳנִיָּה: 정관사 הַ + אֳנִיָּה 배(ship: 여성명사)

- 정관사 아래의 모음이 뒤에 후음이 오는 관계로 ◌ָ로 길어진 것에 대해서는 1:3의 해설 및 문법책을 참고하라.

חִשְּׁבָה: חָשַׁב의 피엘, 완료형, 3인칭, 여성, 단수(~에 대해 생각하다, 계획하다, 거의 ~할 뻔하다; to think about, to plan, to be near [to ~]) (주어인 הָאֳנִיָּה가 여성 명사라서 이 동사가 여성형을 취함).

- חָשַׁב는 칼 형이나 피엘 형 모두 "생각하다, 고려하다, 계획하다" 정도의 의미를 갖고 있다.

- HALOT는 현재 본문의 문맥에 근거하여 이 단어의 뜻으로 "to be near [to ~]", 즉 "거의 ~할 뻔 하다"를 제시한다. 더 나아가 이 구절에서 이 단어는 "almost"란 뜻이라고 제시한다. 즉 형태는 동사이지만 의미상으로는 뒤에 나오는 to 부정사를 수식하는 부사로서 "거의"라고 번역하면 좋다고 제시한다.

- 참고로 "찾다"(to seek)라는 뜻의 단어인 בקשׁ의 피엘형도 "לְ + 부정사" 구문과 같이 쓰여 "막 ~할 참이다"(to be on the verge of~)란 의미로 사용된 바가 있다(

창 43:30) (HALOT). 이 용례는 이 본문의 חשׁב 피엘형이 "לְ + 부정사" 구문과 같이 쓰여 비슷한 의미로 해석되는 것과 잘 상응한다.

- 그러나 많은 주석가들은 "생각하다"라는 의미로 이해하기를 선호하는 듯 하다. 그들은 이 문장에서 요나서 저자가 의인법을 사용하고 있다고 생각한다. 다시 말해 하나님이 내린 폭풍이 너무 심해서 배가 "스스로 자신이 부서질지 모르겠다고 생각"했다고 본다.

לְהִשָּׁבֵר: 전치사 לְ + שׁבר (깨뜨리다, 부수다; to break, to shatter)의 니팔 부정사 연계형.

חִשְּׁבָה לְהִשָּׁבֵר:
- 이 두 단어는 שׁב란 자음을 공유한다. 또 שׁב 앞의 자음도 각각 ה와 ח으로 유사하다. 이처럼 단어의 시작이 같거나 비슷한 자음으로 어울리는 것을 두운(頭韻, assonance)이라고 한다.
- 어떤 학자들은 이 두 단어가 의성어(onomatopoeia)라고 생각한다. 즉 심하게 몰아치는 파도에 의해서 배의 나무판자들이 부서지면서 나는 소리를 흉내내고 있다는 것이다.

1:5

어휘

• יָרֵא (페-요드[פ"י]동사+라메드-알렙[ל"א]동사): (칼) 두려워하다(to be afraid)

-칼형: יָרֵא (완) יִירָא (미완)

-봐브연속법+칼 미완료 3인칭 남성 복수: וַיִּירְאוּ

• מַלָּח : 선원, 뱃사람(seaman, sailor)

-מַלָּח의 복수: מַלָּחִים

-"그 선원들"(the sailors): הַמַּלָּחִים

• זָעַק (아인-후음[G"ע]동사): (칼) 부르짖다(to cry out), [도움을] 청하다(to call [for help])

-칼형: זָעַק (완) יִזְעַק (미완)

-봐브연속법+칼 미완료 3인칭 남성 복수: וַיִּזְעֲקוּ

• אִישׁ : 남자 혹은 남성(man), 남편(husband), 사람(human being); 각자(each), 각 사람(each one)

-현재 본문에서는 이 단어의 독특한 용례로서 "각자, 각 사람"(each, each one)이라는 뜻으로 사용됨. 영어와 달리 함께 쓰이는 동사는 복수형 취함.

• אֶל־ : ~에게(to, toward)

• אֱלֹהִים : 하나님(God), 신(gods) (자체가 복수형)

-אֱלֹהִים (절대형) אֱלֹהֵי (연계형)

-"그의(자기의) 하나님(들)"(his own god[or gods]): אֱלֹהָיו (엘로하브, 발음 주의!)

• טוּל (아인-봐브[ע"ו]동사): (히필) 던지다(to throw)

-히필형: הֵטִיל (완) יָטִיל (미완) הָטֵל (명령) וַיָּטֶל (봐연)

-미완 3인칭 남성 복수: יָטִילוּ (액센트 위치 주의)

-봐브연속법+미완 3인칭 남성 복수: וַיָּטִלוּ (액센트 위치 주의: 봐브연속법은 액센트를 앞으로 당기는 경향이 있음)

-현 본문은 위의 변화에서 순장모음을 피하는 불완전 철자법으로 쓰임: וַיָּטִ֫לוּ (טִי → טִ)

• אֵת / אֶת־ : ~을(직접목적어를 이끄는 전치사. 영어에는 해당 전치사가 없음)

• כְּלִי : 그릇, 상자; 물품; 도구 등(vessel, receptacle; piece of equipment; instrument et al)

-כְּלִי (절대형) כֵּלִים (연계형) (◌ְ◌ִי 형태를 띤 명사의 복수형은 ◌ֵ◌ִים)

-"그 물건들"(the things): הַכֵּלִים

• אֲשֶׁר : ~것들(which) (영어의 관계대명사, 관계부사 등을 다 포괄하는 접속사로 선행사를 관계대명사나 관계부사 절 속에 다시 반복할 수도 있음)

• אֳנִיָּה: 배(ship) (여성명사)

그 배 안에(in the ship): הָאֳנִיָּה + בְּ → אֳנִיָּה ָ + בּ → בָּאֳנִיָּה (바오니야, 발음주의!)

• יָם : 바다(sea)

-"그 바다"(the sea): הַיָּם

• קלל (아인중복[ע"ע]동사): (칼) 가볍다(to be light); (히필) 가볍게 만들다(to lighten)

-히필형: הֵקַל (완, 특이) יָקֵל (미완) הָקֵל (명령) הָקֵל (부연)

-완료형의 경우 아인중복 동사는 הֵ◌ֵ◌ 형태를 취하므로 הֵקֵל이 되어야 하겠지만 이 단어의 경우 성경에 등장하는 형태들은 הֵקַל 형태로 등장함.

-"가볍게 하기 위하여": הָקֵל + לְ → לְהָקֵל

• מֵעַל: ~위로부터(from the above of)

-복합 전치사: עַל + מִן → מִעַל (자음 동화) → מֵעַל (ע이 후음이라 이중점 대신 앞 모음 길게)

-מֵעַל에 인칭대명사가 올 때의 변화는 2절의 עַל 참조.

-"그들의 위로부터"(from the above of them→from them): מֵעֲלֵיהֶם

• יָרַד (페-봐브[פ"ו]동사): 내려가다(to go down)

칼형: יָרַד (완) יֵרֵד (미완) רֵד (명령) וַיֵּ֫רֶד (봐연)

• יְרֵכָה : 뒷편(rear), 먼곳(far part)

-허벅지(thigh)를 뜻하는 단어인 יָרֵךְ 에서 파생된 여성명사 (◌ָה+יָרֵךְ→יְרֵכָה)

-יְרֵכָה (여성 절대형) יַרְכַּת (여성 연계형)

-여성명사 쌍수는 위의 여성명사 연계형에 쌍수 어미를 붙이면 됨: ◌ַ֫יִם(절대형 어미) / ◌ֵי (연계형 어미)를 붙이면 됨.

-יַרְכָתַ֫יִם (여성 쌍수 절대형) יַרְכְּתֵי (여성 쌍수 연계형)

• סְפִינָה : 배(ship)

-"그 배": הַסְּפִינָה

• שָׁכַב : 눕다(to lie down)

-칼형: שָׁכַב (완) יִשְׁכַּב (미완, 끝음절 모음 주의!)

-봐브연속법 형태: וַיִּשְׁכַּב

• רָדַם (페-후음[G"פ]동사): (니팔) 자다; 멍하다; to sleep; be dazed, stunned)

-니팔형: נִרְדַּם (완) יֵרָדֵם (미완) נִרְדָּם (분, 다음 절에 나옴!)

-미완료형은 이론상 יֵרָדֵם이 맞음. 그러나 성경에 단 한 번, 이 구절에만 나오는 미완료형은 יֵּרָדַם이라고 되어 있음. 이것은 아마 강한 액센트인 실룩(silluq, ◌ֽ)이란 액센트 때문인 듯.

-봐브연속법 형태: וַיֵּרָדַם

-다음 절에 다시 나오는 단어니 꼭 익힐 것!

본문

וַיִּֽירְא֣וּ הַמַּלָּחִ֗ים
וַֽיִּזְעֲקוּ֮ אִ֣ישׁ אֶל־אֱלֹהָיו֒
וַיָּטִ֨לוּ אֶת־הַכֵּלִ֜ים אֲשֶׁ֤ר בָּאֳנִיָּה֙ אֶל־הַיָּ֔ם לְהָקֵ֖ל מֵעֲלֵיהֶ֑ם

וְיוֹנָה יָרַד אֶל־יַרְכְּתֵי הַסְּפִינָה
וַיִּשְׁכַּב
וַיֵּרָדַם

음역

wayyîrʾû hammallāḥîm

wayyizʿăqû ʾîš ʾel-ʾĕlōhāyw

wayyāṭilû ʾeṯ-hakkēlîm ʾăšer boʾŏniyyā^{h} ʾel-hayyām ləhāqēl mēʿălêhem

bāʾŏniyyā^{h}가 맞음. BibleWorks 틀림!!!

wəyônā^{h} yāraḏ ʾel-yarkəṯê hassəpînā^{h}

wayyiškaḇ

wayyērāḏam

간역

וַיִּירְאוּ	הַמַּלָּחִים
그리고 두려워했다	그 선원들이

וַיִּזְעֲקוּ	אִישׁ	אֶל־אֱלֹהָיו
그리고 부르짖었다	각자	그의 신에게

וַיָּטִלוּ	אֶת־הַכֵּלִים	אֲשֶׁר	בָּאֳנִיָּה	אֶל־הַיָּם
그리고 던졌다	물건들을	(관계대명사)	뱃속에 있는	그 바다로

לְהָקֵל	מֵעֲלֵיהֶם
가볍게 하기 위하여	자신들의(혹은 그것들의) 위로부터

וְיוֹנָה	יָרַד	אֶל־יַרְכְּתֵי הַסְּפִינָה
한편 요나는	내려갔다	그 배의 안쪽으로

וַיִּשְׁכַּב
그리고 누웠다

윤문

선원들은 두려워서 각자 자기의 신에게 부르짖었다. 그리고 배를 가볍게 하기 위하여 배 안에 있는 물건들을 바다로 던졌다. 한편 요나는 배의 안쪽으로 들어가 누워 깊은 잠을 잤다.

단어 및 구문 해설

וַיִּירְאוּ: 동사 יָרֵא (두려워하다, to be afraid, fear)의 칼 미완료 3인칭 남성 복수.

- 형태변화가 복잡하지는 않으나 이 동사는 첫 자음인 י와 마지막 자음인 א으로 인해 이중으로 약동사의 성격을 갖는다. 각각의 변화의 성격에 대해서는 문법책을 참고하라(참고: 3일 뼈대 페-요드[פ"י] 및 라메드-알렙[ל"א] 동사).
- 이 동사는 또한 모음이 상태동사의 형태로 되어 있다. 이 점도 유의하라. 상태동사의 동사변화에 대해서는 문법책을 참고하라.

הַמַּלָּחִים: 정관사 הַ + מַלָּח (선원, 뱃사람; seaman, sailor)

- 구약성경에 총 네 번 나온다(겔 27:9,27,29; 욘 1:5). 이처럼 요나서는 겉으로 보기에는 작고 쉬운, 초급 강독용으로 만만한 책처럼 생각되지만 사실은 희귀한 어휘들을 자주 구사하는 측면도 있다. 요나서는 구약성경에서 잘 안 쓰이는 단어들도 의외로 많이 사용하고 있다. 따라서 요나서를 잘 읽기 위해서는 책 끝에 있는 요나서 어휘집을 잘 숙지하는 것이 필요하다.

וַיִּזְעֲקוּ: זעק (부르짖다, [도움을] 청하다; call [for help])의 칼 미완료 3인칭 남성 복수.

- 이 단어는 두 번째 자음 ע가 후음이기 때문에 이로 인해 약동사 변화를 한다.

이 단어의 변화에 대해서는 문법책을 참고하라(3일 뼈대 페-후음[G"ע] 동사). 이 종류의 동사 변화는 극히 간단하다. 후음이 단순 쉐봐를 취하지 않는다는 점만 기억하면 된다.

אִישׁ: 그 의미는 "각자, 각 사람"(each)이다.
- 이 단어의 기본적인 의미는 "남자 혹은 남성, 남편, 사람"(man, husband, human being)이다.
- 이 단어는 단지 "남자" 혹은 "사람"을 의미할 뿐만 아니라 "숫컷"이라는 성 정체성을 나타낼 수도 있는 말이다. 따라서 때로는 동물의 성을 나타내는 경우에는 동물에도 사용될 수 있다(창 7:2).
- 이 단어의 상대어로서 "여성, 아내"(woman, wife)를 나타내는 단어는 אִשָּׁה이다.
- 현재의 문맥에서는 이 단어의 독특한 용례로서 "사람, 남자" 등의 일반적 의미가 아닌 "각자, 각 사람"(each, each one)을 의미하는 표현으로 사용되었음에 유의하라.
- 이 단어는 "각자, 각 사람"이란 의미를 띠고 있지만 이 의미는 "여러 명(혹은 한 집단)의 각자"란 의미를 갖고 있기 때문에 하나의 집단에 속한 복수의 사람들을 배경으로 하고 있다. 그러므로 이 단어는 보통 복수 형태의 동사와 함께 쓰인다.

אֱלֹהָיו: אֱלֹהִים (하나님, 신; God, gods) + 소유격 인칭대명사 3인칭 남성 단수
- אֱלֹהִים이란 단어는 복수형 어미를 갖고 있다. 구약에서 이 단어는 유일신이신 여호와 하나님을 가리키는 단어일 수도 있고, 이방의 신들을 가리키는 단어일 수도 있다. 또 이방의 신들을 가리키는 경우에도 단수로 번역될 수도 있고, 복수로 번역될 수도 있다. 요나서에서는 이 단어가 정확히 누구를 가르키는가 하는 것을 잘 파악하는 것이 중요하다.

וַיָּטִלוּ: טוּל (멀리 던지다; to throw far)의 히필 미완료 3인칭 남성 복수(3일 뼈대 ע"ו 동사 변화)

הַכֵּלִים: כְּלִי (그릇, 상자; 물품; 도구 등; vessel, receptacle; piece of equipment; instrument et al)의 복수 + 정관사 הַ◻.

בָּאֳנִיָּה: 불분리전치사 בְּ + 정관사 הַ◻ + אֳנִיָּה (배, ship)
-읽기: 보오니야(bọʾŏniyyāʰ)가 아니라 바오니야(bāʾŏniyyāʰ)가 맞음. 전치사 בְּ와 명사 אֳנִיָּה 사이에 정관사가 생략된 것인데, 이 때 정관사가 명사 첫 자음인 א 때문에 이중점을 동반하지 못하고 대신 정관사의 모음이 장모음화(모음 보상) 된 것임.

> הַ◻ + אֳנִיָּה
> → הַאֳנִיָּה (X: 명사 첫 자음 א이 후음인 관계로 이중점 불가)
> → הָאֳנִיָּה (대신 정관사 자음 ה아래의 모음 보상)
> 따라서 הַ (ha) → הָ (hā)로 된 것이므로 발음은 "하오니야"가 됨.
> → 여기에 전치사 בְּ가 앞에 오면서 정관사 자음 ה가 생략된 것이므로 위에서 지적한 바와 같이 "보오니야"가 아니라 "바오니야"가 맞음.

- 정관사 הַ◻는 뒤에 오는 단어의 첫 자음이 후음인 경우 이중점(dagesh forte)를 못 찍는 대신에 ה 아래의 모음이 길어져서 הַ가 הָ로 된다.
- 불분리전치사와 정관사가 결합되는 경우 הַ◻ + בְּ → בַּ◻가 되는 것에 대해서는 앞에서 설명하였다. בָּאֳנִיָּה와 같은 경우는 후음 때문에 정관사가 הָ가 되므로 בְּהָ → בָּ가 된다는 것에 유의하라.

לְהָקֵל: 불분리전치사 לְ + קלל(칼[Qal], "작다, 중요하지 않다; to be small,

insignificant" → 히필[Hiphil], "가볍게 하다; to lighten")의 히필 부정사 연계형
- קלל은 두번째 자음과 세 번째 자음이 동일하므로 약동사이다. 이 단어의 변화에 대해서는 문법책을 참조하라(3일 뼈대 아인 중복[ע"ע] 동사 변화).
- 불분리전치사 לְ + 부정사 연계형의 조합은 문맥에 따라서 목적(~하기 위하여)이나 결과([결과적으로] ~하였다)의 의미를 갖는다. 많은 경우 이 조합이 목적의 의미를 갖는지 결과의 의미를 갖는지는 구분하기가 쉽지 않다.
- 이 문장에서는 "לְ + 부정사 연계형"인 לְהָקֵל는 목적의 의미를 갖고 있다.
- 참고로 칼(Qal)형을 히필(Hiphil)형으로 전환할 경우 무조건 사역(causative)의 의미를 갖게 되는 것으로 아는 학생들이 많다. 그러나 사실은 칼형에서 히필형으로의 전환은 여러 가지 다른 식의 기능을 한다. (모든 가능성 다 제시?) קלל의 경우는 상태 동사("작다, to be small, insignificant")가 타동사("작게 하다"→ "가볍게 하다")로 전환되는 경우이다. 즉 칼형에서 히필형으로의 전환은 단순히 일반동사에 사역형의 의미를 부여하기만 하는 것이 아니라 상태 동사를 타동사로 변환시키는 기능을 하기도 하는 것이다.

מֵעֲלֵיהֶם: 불분리전치사 מִן + 전치사 עַל + 목적격 인칭대명사 3인칭 남성 복수 הֵם
- 불분리전치사 מִן은 뒤에 다른 단어가 올 경우 נ이 뒷 단어의 자음과 동화되므로 מִ◌ּ와 같은 형태가 된다. 그런데 이 מֵעֲלֵיהֶם의 경우처럼 מִן 뒤에 오는 단어의 첫 자음이 후음인 경우는 이중점을 찍을 수가 없으므로 이중점 대신 모음을 길게 하여 주므로 מֵ의 형태가 된다.
- עֲלֵי에 대해서는 1절의 עָלֶיהָ에서 설명한 바와 같이 뒤에 인칭대명사와 오게 되면 전치사 עַל이 마치 명사의 복수 연계형 어미(◌ֵי)를 취한 것처럼 보이는 형태를 취하기 때문이다. 소유격 인칭대명사가 뒤에 올 때의 이 단어의 변화에 대해서는 문법책을 참조하라.
- מֵעַל은 마치 영어의 "out of"나 "from above" 등과 같이 전치사 두 개가 결합되

어 새로운 전치사로서 기능하는 것과 같다고 이해하면 된다.

וְיוֹנָה יָרַד

- *waw* + X + *qatal*은 내러티브의 초점을 X로 바꾸어주는 역할을 한다. 여기에서는 지금까지의 주어인 선원들로부터 요나로 초점을 바꾸어주는 역할을 한다. 이러한 초점의 변화에 의해 선원들과 요나의 대비가 이루어진다.

- *waw* + X + *qatal*은 앞 문장으로부터 시간이 거꾸로 돌아가서 그에 앞선 상황을 나타낼 수 있다. 그래서 많은 번역본들은 이 문장을 번역할 때 "과거완료"를 사용한다.

- 하지만 *waw* + X + *qatal*은 또한 거의 동시적인 상황을 나타낼 수도 있다. 특히 이 문장은 앞의 선원들의 행동과 요나의 행동을 대조시키는 의도를 갖고 있다. 그러므로 동시적인 상황을 반영하기 위해 "한 편"(in the meantime, meanwhile) 정도의 번역이 좋을 것이다.

יַרְכְּתֵי: יְרֵכָה (뒷편; 먼곳; rear; far part)의 쌍수 연계형(יַרְכָּתַיִם → יַרְכְּתֵי)

- יְרֵכָה는 "뒷 편"을 지칭하거나 "산 속 깊은 곳", "우물 깊은 곳" 등의 용례와 같이 가장 깊숙한 곳이나 멀거나 닿기 힘든 곳 등을 가리킬 때 쓰는 표현이다.

- יְרֵכָה는 원래 허벅지를 뜻하는 단어인 יָרֵךְ에서 파생된 것으로 보이며, 이 의 יָרֵךְ의 여성형 형태인 것으로 생각된다(ָה + יָרֵךְ יְרֵכָה)

- 이 단어는 스올과 관련하여 언급되기도 하는데(사 14:15; 겔 32:23) 이것에 근거해서 Tucker, 22는 이 단어가 1장의 요나의 경험을 2장의 요나의 경험과 연결시켜준다고 본다. (MC: 이러한 관찰은 상당히 흥미롭고 매력적이다. 그러나 이런 식의 간접적인 근거에 의한 연결을 요나서의 저자가 의도했는지는 확실하지 않다. 왜냐하면 1장과 2장을 이런 점에서 연결시켜 주는 단어가 존재하기 않기 때문이다. 좋은 해석은 검증가능한 것이다. 물론 언제나 완벽하게 검증가능한 주장을 할 수는 없지만 최대한 노력하는 것이 좋다.)

- 번역본들은 이 단어를 번역할 때 "the lowest part of the ship"이나 "the inner part of the ship" 등으로 번역한다. 한글성경들은 "배 밑층" 등으로 번역하고 있다.

סְפִינָה : 배(ship)

- 이 단어는 구약에서 단 한 번 여기에 사용된 hapax legomenon이다.
- 저자는 "배"를 지칭할 때 사용하던 אֳנִיָּה 대신에 여기에서 갑자기 이 단어를 사용한다. Tucker, 22는 이처럼 지금까지 써오던 단어 대신에 희귀한 동의어를 사용하는 것은 요나서 전체를 통해 나타나는 저자의 현학적인 취향을 보여준다고 생각한다. 요나서는 단순한 아동용 책이 아닌 것이다.
- סְפִינָה는 갑판이 있는 배를 가리킨다. 이 단어의 어근인 ספן이란 동사는 "덮다"(to cover)란 의미를 갖고 있다. 따라서 סְפִינָה는 "갑판으로 덮인 배"라는 의미를 갖게 된 것이다.

וַיִּשְׁכַּב: 접속사 וַ◌ּ + שׁכב (눕다; to lie down)의 칼 미완료 3인칭 남성 단수

- 정동사의 경우 יִשְׁכֹּב의 형태가 되어야겠지만 이 단어의 경우 יִשְׁכַּב의 형태를 띠고 있다는 점에 유의하라.

וַיֵּרָדַם : רדם (니팔 자다; 멍하다; to sleep; be dazed, stunned)

- 이 단어는 구약성경에서 오직 니팔형으로만 사용된다. 총 11번이 사용되었으며, 이 중 두 번이 요나서 1:5-6에 사용되었다.
- 니팔 미완료형의 보통 형태는 יִקָּטֵל이다. 그러나 וַיֵּרָדַם에서는 י 아래의 모음이 ◌ֵ로 되어 있다. 그 이유는 그 뒷자음 ר가 이중점을 받지 않기 때문이다. 이런 경우 그 앞의 모음을 길게 해줘서 보상을 한다. 이런 이유 때문에 יִ → יֵ가 된 것이다.
- ר의 모음은 원래는 ◌ֵ가 맞다. 그러나 이 단어가 절의 끝에 와서 강한 액센트

인 실룩(*silluq*)를 받은 것 때문에 모음이 ◌ַ로 변했다. 이 현상에 대해서는 DG (Davidson's *Introductory Hebrew Grammar*) 41 [§ 4c, ii]; Gesenius 51m 등이 지적하고 있다. 그러나 왜 강한 액센트를 받는데 ◌ֵ가 ◌ַ로 변해야 하는 지에 대한 추가적인 설명은 하고 있지 않다. 이 현상은 다음 두 가지 문제를 갖고 있는데도 말이다.

(1) 왜 e모음이 a모음으로 전환되는가? 이런 근거는 무엇인가?

(2) 왜 장모음이 액센트를 받는데 단모음으로 변화되는가?

- 구약성경에서 רדם에서 파생된 명사인 תַּרְדֵּמָה는 보통 깊은 잠과 관련이 있다. 따라서 70인경은 5절에서 동사인 רדם을 번역하는데 있어서 *ῥεγχω* (코를 골다; to snore)란 단어를 사용한다. Magonet은 이 단어가 두 가지 뚜렷하게 구별되는 의미, 즉 (1) 계시와 관련된 깊은 잠(욥 4:13; 33:15; 단 8:18); (2) 죽음에 가까운 깊은 잠(삿 4:21; 시 76:7)를 갖고 있다고 주장한다. 요나의 잠은 계시와 관련되는 것으로 보이지는 않으므로 Magonet은 이 잠을 요나의 "죽었으면 하는 바램"을 보여주는 첫 번째 암시를 보여준다고 주장한다(68). (MC: 정말 그런지는 모르겠다. 요나가 정말 죽고 싶어하는지 의심스럽다. 요나는 죽음을 자신이 정말 택하려고 하지는 않으며, 항상 타인이 자신의 죽음을 처리하도록 떠맡긴다.)
- Snaith, *Jonah*, 14는 이 잠이 하나님의 임재, 혹은 영향을 상징하는(betoken) 깊은 잠을 가리킨다고 지적한다(cf BDB 922).
- "자다"라는 단어로 다른 단어들(יָשֵׁן, נוּם)이 있음에도 불구하고 이 단어가 선택된 데에는 어쩌면 "내려가다"라는 의미로 3절 이하에서 여러 번 사용된 ירד와의 상응을 위한 것일 수 있다. ירד와 רדם은 두 개의 자음(רד)을 공유한다. 또한 רדם의 니팔 미완료형인 יֵרָדֵם은 ירד의 세 자음을 모두 담고 있다. 사정이 이러하므로 이 글을 히브리어로 읽는 독자는 ירד와의 연결성을 인식하였을 것이다.

심화학습

- 5절은 총 여섯 개의 문장으로 이루어져 있다. 이 중 앞의 세 개는 4절의 풍랑에 대한 선원들의 반응을 그리고 있고, 나머지 세 개는 요나의 반응을 그리고 있다. 그리고 이러한 대조를 위해 요나의 반응을 묘사하는 첫 번째 문장에서 X + *qatal*형을 사용하고 있다.

- Tucker, 23은 흥미로운 관찰을 한다. 5절에서 선원들의 행동을 다루는 처음 세 절은 짧은 문장에서 점점 긴 문장으로 옮겨간다. 반면에 요나의 행동을 다루는 뒤의 세 개의 문장은 긴 문장에서 짧은 문장으로 옮겨간다. 폭풍에 대한 반응으로 선원들은 점점 더 많은 행동을 하는 쪽으로 나아가는데 반하여 요나는 점점 더 행동이 줄어들다가 아예 멈추는 쪽으로 나아간다.

1:6

어휘

• קָרַב : 다가가다(to get closer), 접근하다(to approach)

-칼형: קָרַב (완) יִקְרַב (미완)

• אֶל / אֶל־ : ~에게(to, toward)

-עַל의 경우처럼 인칭대명사와 함께 올 경우 모음이 액센트 변화에 따라 달라짐

-또 마치 명사 복수형에 소유격 인칭대명사가 붙은 경우와 마찬가지로 이 전치사와 인칭대명사 사이에 י가 추가됨.

-"그에게": אֵלָיו

• רַב : (II) 주인(master), 선생(teacher), 우두머리(chief)

-רַב (I)은 "많은"(numerous, many)<"위대한"(great)이라는 뜻을 가진 단어.

-II번의 뜻은 이 I번 단어의 뜻에서 파생된 것이라고 봐도 될 듯.

• חֹבֵל : 선원(sailor) (형태는 단수지만 복수의 개념을 가진 집합명사)

-"그 선원들": הַחֹבֵל

-חֶבֶל ("줄", cord), חָבַל ("줄을 팽팽하게 하다"[to tighten a cord])에서 파생된 단어로 חֹבֵל은 חָבַל의 칼 분사 능동형으로 보임("줄을 당기는 사람"→"선원"[선원들이 고대 배에서 이런저런 이유로 줄을 당기는 작업을 많이 하니까])

-선원들이라는 단어를 앞 절의 מַלָּחִים에서 이 חֹבֵל로 바꿈. 역시 현학적 성향.

• אָמַר (페-알렙[פ"א]동사): 말하다(to speak)

-칼형: אָמַר (완) יֹאמַר (미완) וַיֹּאמֶר (봐연, 봐요메르) אֱמֹר (명) אֱמֹר (부연)

-봐브연속법+미완료 3인칭 남성 단수 형태인 וַיֹּאמֶר는 이 형태 자체로 구약성경에 수천 번 나오니 있는 그대로 익힐 것.

• לְ : ~에게(to)

-인칭대명사와의 결합형태를 반드시 숙지할 것. 구약성경 어휘 빈도수 순서로 3위의 단어

	단수	복수
1인칭	לִי	לָ֫נוּ
2인칭 남	לְךָ	לָכֶם
2인칭 여	לָךְ	לָכֶן
3인칭 남	לוֹ	לָהֶם
3인칭 여	לָהּ	לָהֶן

-"그에게"(to him): לוֹ

-"너에게"(to you): לְךָ

-"우리에게"(to us): לָ֫נוּ

• מַה◌ : 무엇(what), 어떻게(how) (의문사)

-의문사 מַה◌는 이중점과 함께 쓰임. 그 이유에 대해 Gesenius §37 b, c는 이 의문사의 원래 형태가 מַהּ (ה가 음가가 있음)였다는 점을 지적함.

• רָדַם (페-후음[G"פ]동사): (니팔) 자다; 멍하다; to sleep; be dazed, stunned)

-니팔형: נִרְדַב (완) יֵרָדֵם (미완) נִרְדָב (분)

-니팔 분사는 니팔 완료형과 거의 동일. 마지막 모음만 장모음으로 길어짐.

• קוּם (아인-봐브[ע"ו]동사): 일어나다(to stand up)

-칼형: קָם (완) יָקוּם (미완) קוּם (명령) וַיָּ֫קָם (봐연)

• קָרָא (라메드-알렢[ל"א]동사): 외치다(to shout)

-칼형: קָרָא (완) יִקְרָא (미완) קְרָא (명령)

• אֱלֹהִים : 하나님(God), 신(gods) (자체가 복수형)

-אֱלֹהִים (절대형) אֱלֹהֵי (연계형)

-"너의 하나님"(his own god[or gods]): אֱלֹהֶיךָ

-"그 하나님"(the God/god): הָאֱלֹהִים

• אוּלַי : 혹시(perhaps).

• עשׁת : (히트파엘) 기억하다(to recollect, bear in mind)

-히트파엘형: הִתְעַשֵּׁת (완) יִתְעַשֵּׁת (미완) † (hapax legomenon!)

-구약성경에 단 한 번 나옴.

-הִתְעַשֵּׁת לְ가 숙어처럼 사용되어 "~를 기억하다"란 의미로 쓰임

• לֹא : 아니(not)

• אָבַד (페-알렙[פ"א]동사): 망하다(to perish)

-칼형: אָבַד (완) יֹאבַד / יֹאבֵד (미완)

-"우리가 망할 것이다": נֹאבֵד

-"우리가 망하지 않도록"(so that we might not perish): וְלֹא־נֹאבֵד (구문론적 설명은 아래의 "단어 및 구문 해설" 참조)

본문

וַיִּקְרַב אֵלָיו֙ רַב הַחֹבֵ֔ל
וַיֹּ֥אמֶר ל֖וֹ
מַה־לְּךָ֣ נִרְדָּ֑ם
ק֚וּם קְרָ֣א אֶל־אֱלֹהֶ֔יךָ
אוּלַ֞י יִתְעַשֵּׁ֧ת הָאֱלֹהִ֛ים לָ֖נוּ
וְלֹ֥א נֹאבֵֽד

음역

wayyiqraḇ ʾēlāyw raḇ haḥōḇēl

wayyṓʾmer lô

ma^{h}-lləḵā nirdām

qûm qərāʾ ʾel-ʾĕlōhe^{ý}ḵā

ʾûlay yiṯʿaššēṯ hāʾĕlōhîm lā́nû

wəlōʾ nōʾḇēḏ

간역

וַיִּקְרַב	אֵלָיו	רַב הַחֹבֵל
그리고 다가갔다	그에게	선장이
וַיֹּאמֶר	לוֹ	
그리고 말했다	그에게	
מַה־	לְּךָ	נִרְדָּם
무엇이	너에게 [있느냐]	잠자는
קוּם	קְרָא	אֶל־אֱלֹהֶיךָ
일어나라	외쳐라	네 신에게
אוּלַי	יִתְעַשֵּׁת	הָאֱלֹהִים	לָנוּ
혹시	기억하리라	그 하나님이	우리를
וְלֹא	נֹאבֵד	
그리고 않으시리라	멸망시키지	

윤문

그러자 선장이 그에게 다가가서 말했다.

[이런 상황에서] 자다니 당신 어떻게 된 거냐?

일어나 당신의 신에게 외쳐라

혹시 그 신이 우리를 기억하여 우리가 멸망을 당하지 않게 되리라.

(혹은 "혹시 그 신이 우리를 멸망하지 않도록 기억하시리라")

단어 및 구문 해설

וַיִּקְרַב : וַ◌ּ + קָרַב (다가가다, 접근하다; to get closer, approach)의 미완료 삼인칭 남성 단수.

רַב : (II) 주인, 선생, 우두머리(master, teacher, chief)

הַחֹבֵל : 정관사 הַ◌ּ + חֹבֵל (선원; sailor-집합명사)

- חֹבֵל의 첫 자음이 후음인 ח이기 때문에 정관사에 붙어 오는 이중점이 여기에는 찍히지 않았다. 이런 경우는 정관사의 모음을 길게 해서 이중점에 대한 보상을 해주는 것이 원칙이지만 후음 중 강한 소리인 ח의 경우에는 이렇게 모음보상을 안 해주고 그냥 הַ만 쓴다(아주 약간의 예외 있음).
- רַב הַחֹבֵל은 "선원들의 우두머리"→ "선장"
-"선원들"이라는 단어가 5절의 הַמַּלָּחִים에서 바뀌었다. 요나서 저자는 이처럼 단어를 계속 바꿔서 사용하는 현학적인 측면이 있다.

וַיִּקְרַב אֵלָיו רַב הַחֹבֵל

- 이 문장의 어순은 waw+동사+전치사구+주어 이다.
- 표준적인 어순은 waw+동사+주어+목적어+부사 혹은 전치사구 이다.
- 그러나 전치사구가 이 문장의 경우처럼 전치사+인칭대명사 로 이루어진 경우에는 본문의 이 문장의 경우처럼 동사 다음에 전치사구가 오는 것이 정식 이다. (즉 일반적인 원칙은 "짧고 간단한 것을 먼저 말하는 것이다"라고 정리될 수 있을 것이다.)

וַיֹּאמֶר : וַ◌ּ + אמר (말하다; to say) 칼 미완료 3인칭 남성 단수

- אמר는 특수한 약동사이다(소위 페-알렢[פ"א] 동사). 이 동사군에 속하는 동사는 총 5개이다. אמר (말하다; to say), אכל (먹다; to eat), אבד (망하다; to perish), אבה (원하다; to want), אפה (굽다; to bake) (처음 두 개는 무조건 외워야겠죠?). 이 다섯 단어를 제외하고 א으로 시작하는 단어는 페-알렙(פ"א) 동사가 아니라 그냥 페"후음(G"פ) 동사 취급을 하면 된다.

- 이 약동사의 가장 큰 특징은 미완료 변화 때에 나타난다. 어간의 첫 자음인 א가 자음으로서의 효력을 상실하는 점과 첫 음절의 모음이 아주 독특하게 바뀐다는 점을 주목하라. 또한 특히 1인칭 단수의 변화를 주목하라.

	단수	복수
3남	יֹאמַר	יֹאמְרוּ
여	תֹּאמַר	תֹּאמַ֫רְנָה
2남	תֹּאמַר	תֹּאמַר
여	תֹּאמְרִי	תֹּאמַ֫רְנָה
1공	אֹמַר אאֹמַר← א이 중첩되어 하나 생략됨.	נֹאמַר

- 이 동사가 봐브 연속법과 함께 쓰이게 되면 다시 וַיֹּאמֶר의 형태가 된다.

לוֹ : 불분리전치사 לְ + 목적격 인칭대명사 3인칭 남성 단수

מַה : 의문사(무엇, 어떻게; what, how)

לְךָ : 불분리전치사 לְ + 목적격 인칭대명사 2인칭 남성 단수

נִרְדָּם : רדם의 니팔 분사 남성 단수
- 이 분사는 לְּךָ의 ךָ, 즉 "너"를 수식하는 역할을 한다. "자고 있는 너".
- 이 분사에 정관사가 붙었을 경우는 "너"와 동격의 위치에 있을 수 있었을 것이다. 즉 "너, 자고 있는 자"가 되었을 것이다. 그러나 정관사가 없다는 것은 이 분사가 "너"를 수식하는 위치에 있음을 보여준다(J-M, §127a).
- 간혹 이 분사를 호격으로 이해하여 "자고 있는 자여!"로 번역하고 있는 역본들이 있다. 그러나 J-M, §137g가 지적하고 있듯이 같은 장소에 있는 사람을 부를 때는 정관사를 붙이는 것이 더 타당하다. 그러므로 앞에서 설명한 대로 이 분사가 "너"를 수식하는 분사로 이해하는 것이 더 타당하다.
(위의 윤문의 번역 참조)

קוּם קְרָא אֶל־אֱלֹהֶיךָ

קוּם קְרָא: 선장이 요나에게 하는 이 두 개의 명령어는 1:2에서 여호와 하나님이 요나에게 주신 명령과 상응한다(1:2의 첫 두 행의 첫 단어들). 선지자가 하나님의 명령을 수행하지 않고 엉뚱할 일을 하자 이방인인 선장이 하나님의 말씀을 상기시키는 표현으로 다시 요나에게 명령하고 있다.

אֱלֹהֶיךָ : אֱלֹהִים ([이스라엘의] 하나님, [이방의] 신[들]; God, god[s]) + 소유격 인칭대명사 2인칭 남성 단수

אוּלַי : 혹시(perhaps). 법 부사(modal adverb)
- 법 부사는 일반적인 부사들과는 달리 문장 전체를 수식한다.
- אוּלַי는 3:9의 מִי־יוֹדֵעַ ("누가 알겠느냐")와 더불어 신학적으로, 특히 속죄의 신학과 관련하여 아주 중요한 단어다. 전자(אוּלַי)는 특히 십이선지서를 중심으로 다루고자 할 때 출 32:30; 암 5:15; 습 2:3에 사용되고, 후자(מִי־יוֹדֵעַ)는 욜

2:14와 욘 3:9에 사용되고 있다. 특히 이 두 구절은 분명히 어느 하나가 다른 하나를 인용하고 있는 것이 분명하다.

יִתְעַשֵּׁת : **עשת** (기억하다; to recollect, bear in mind)의 히트파엘 미완료 3인칭 남성 단수. † (Hapax Legomenon)

- **הִתְעַשֵּׁת לְ**가 숙어처럼 사용되어 "~를 기억하다"가 된다.
- 이 단어는 아람어의 영향(Aramaism)을 보여주는 단어이다.
- 구약성경에서 단회적으로 사용된 단어는 자꾸 잊어먹게 된다. 혹시 나중에 다시 요나서를 공부할 때 이 단어가 기억나지 않는다고 해도 자신을 책망하지 말라. 당신도 모르고, 전문학자들도 안 보면 모른다. 이런 단어 기억할 시간에 빈도수 높은 단어에 시간 투자하는게 더 낫다.

הָאֱלֹהִים : 정관사 הַ◻ + **אֱלֹהִים**

- **אֱלֹהִים**의 첫 자음이 후음인 **א**으로 시작하기 때문에 여기에 이중점을 찍는 대신에 정관사의 모음을 길게 해서 보상해준다.
- 정관사를 사용하여 "그 하나님"이라고 말하고 있는데, 이 것은 그 앞의 "네 하나님"이라는 표현과 맞물린다. 불특정 다수의 하나님이 아니라 "요나의 하나님"을 가리킨다.

נֹאבֵד : **אבד** (멸망하다; to perish)의 칼(Qal) 미완료 1인칭 공통 복수

- 이 단어도 위에서 설명한 바와 같이 **אמר**와 더불어 페-알렢(**פ"א**) 동사이다.

וְלֹא נֹאבֵד :

- 이렇게 단순 접속사(וְ)와 미완료형(**נֹאבֵד**)이 오는 경우는 독립된 문장이 아니라 앞의 문장에 대한 목적절 혹은 결과절의 역할을 한다. 즉 "혹시 그 하나님을 우리를 기억하셔서 (그 결과로) 우리가 멸망하지 않게 되리라"(결과절), 혹은 "우

리가 멸망하기 않도록 하기 위하여(즉 목적절) 그 하나님이 우리를 기억하실 것이다"(목적절) 정도의 의미가 되는 것이다.

- 1장과 3장의 선원과 니느웨 백성들은 서로 연결되어 있고, 선원의 우두머리인 선장과 니느웨 백성의 우두머리인 니느웨 왕은 서로 연결되어 있다. 선장과 니느웨 왕의 비슷한 말은 서로를 연결시켜 준다(1:6≈3:7-9[특히 8b- 9절]). (참고로 1장의 선장은 3장의 니느웨 왕을 준비시키는 부차적 인물이다. 이 점은 왕의 발언이 선장의 발언보다 신학적으로 더 체계와 깊이가 있다는 점을 통해서 드러난다. 양자의 유사함은 양자의 이런 중요도에 있어서의 차이를 보여주는 스프링보드 역할을 하고 있다[즉 선장≤왕].)

1:6 선장의 말	3:9 니느웨 왕의 말
וַיִּקְרַב אֵלָיו רַב הַחֹבֵל וַיֹּאמֶר לוֹ	וַיַּזְעֵק וַיֹּאמֶר בְּנִינְוֵה מִטַּעַם הַמֶּלֶךְ וּגְדֹלָיו לֵאמֹר
.....	.....
קוּם קְרָא אֶל־אֱלֹהֶיךָ	וְיִקְרְאוּ אֶל־אֱלֹהִים בְּחָזְקָה וְיָשֻׁבוּ אִישׁ מִדַּרְכּוֹ הָרָעָה וּמִן־הֶחָמָס אֲשֶׁר בְּכַפֵּיהֶם
אוּלַי יִתְעַשֵּׁת הָאֱלֹהִים לָנוּ	מִי־יוֹדֵעַ יָשׁוּב וְנִחַם הָאֱלֹהִים וְשָׁב מֵחֲרוֹן אַפּוֹ
וְלֹא נֹאבֵד	וְלֹא נֹאבֵד

1:7

어휘

- אָמַר (페-알렙[פ"א]동사): 말하다(to speak)

  -칼형: אָמַר (완) יֹאמַר (미완) וַיֹּאמֶר (봐연, 봐요메르) אֱמֹר (명) אֱמֹר (부연)

  -봐브연속법+미완료 3인칭 남성 복수: וַיֹּאמְרוּ

- אִישׁ : 남자 혹은 남성(man), 남편(husband), 사람(human being)

  -현재 본문에서는 "각자, 각 사람"(each, each one)이라는 뜻(5절 참조).

- אֶל־ : ~에게(to, toward)
- רֵעַ : 이웃(neighbor), 친구(friend)

  -현재 본문에서는 위의 אִישׁ와 같이 "각자"(each)란 의미를 가진 관용구로 사용됨

  -"각자"(each) (רֵעַ + 3인칭 남성 단수 소유격 인칭대명사): רֵעֵהוּ (그의 친구 →각자) (his friend → each)

  -"그리고 그들이 각자 서로에게 말했다": וַיֹּאמְרוּ אִישׁ אֶל־רֵעֵהוּ

- הָלַךְ (결합 동사, 페-봐브[פ"ו]동사처럼 변화함): 가다(to go), 걷다/행하다(to walk)

  -칼형: הָלַךְ (완) יֵלֵךְ (미완) לֵךְ (명령)

  -"가라"(명령형 남성 복수): לְכוּ

- נָפַל (페-눈[פ"ן]동사): (칼) 떨어지다(to fall) (히필) 떨어뜨리다(to let fall→to drop), 던지다(to throw down)

  -칼형: נָפַל (완) יִפֹּל (미완←יִנְפֹּל) וַיִּפֹּל (봐연)

  -히필형: הִפִּיל (완←הִנְפִּיל) יַפִּיל (미완)

  -봐브 연속법 + 히필 미완료 3인칭 남성 복수: וַיַּפִּילוּ → וַיַּפִּלוּ (불완전 철자법)

  -히필 청유형(히필 미완료 1인칭 + 어미 ָה): אַפִּילָה (단수) נַפִּילָה (복수)

(let's throw down)

• גּוֹרָל : 제비(lot)

-גּוֹרָל (단수) גּוֹרָלוֹת (복수) (남성 명사이지만 복수 어미가 여성형이 붙는 점에 유의할 것)

• יָדַע (페-봐브[פ"ו]동사+라메드-헤[G"ל]동사): 알다(to know)

-칼: יָדַע (완) יֵדַע (미완) דַּע (명) דַּ֫עַת (부연)

-칼 청유형(미완료 1인칭 + 어미 ◌ָה): אֵדְעָה (단수) נֵדְעָה (복수) (let's know)

• בְּשֶׁלְּמִי : 누구때문에?(because of whom?) (불분리전치사 בְּ + 관계대명사 ◌שֶׁ + 불분리전치사 לְ + 의문대명사 מִי [누구, who]) (본문 해설 참조)

-◌שֶׁ : אֲשֶׁר와 같은 의미. 주로 시에서 쓰임.

• רָעָה : 악(evil) 나쁜 일(bad fortune) (여성명사) (1:2 어휘 참조)

-"그 나쁜 일"(the bad fortune): הָרָעָ֫ה

• זֹאת : 이것(this), 지시형용사 זֶה의 여성 단수)

-"이"(this): הַזֹּאת (정관사 ◌הַ + זֹאת)

-"이 나쁜 일"(this bad fortune): הָרָעָ֫ה הַזֹּאת

• לְ : ~에게(to)

-"우리에게"(to us): לָ֫נוּ

• עַל : ~위에(on), ~을 거스려(against)

• יוֹנָה : 요나(Jonah). 요나서의 선지자의 이름.

본문

וַיֹּאמְר֞וּ אִ֣ישׁ אֶל־רֵעֵ֗הוּ

לְכוּ֙ וְנַפִּ֣ילָה גֽוֹרָל֔וֹת

וְנֵ֣דְעָ֔ה בְּשֶׁלְּמִ֛י הָרָעָ֥ה הַזֹּ֖את לָ֑נוּ

וַיַּפִּלוּ גּוֹרָלוֹת

וַיִּפֹּל הַגּוֹרָל עַל־יוֹנָה

음역

wayyōʾmərû ʾîš ʾel-rēʿéhû

ləḵû wənappîlāʰ ḡôrālôṯ

wənēḏʿāʰ bəšelləmî hārāʿāʰ hazzōʾṯ lā́nû

wayyappílû gôrālôṯ

wayyippōl haggôrāl ʿal-yônāʰ

간역

אֶל־רֵעֵהוּ	אִישׁ	וַיֹּאמְרוּ
서로에게	각자가	말했다.

גּוֹרָלוֹת	וְנַפִּילָה	לְכוּ
제비들을	떨어뜨리자	자

לָנוּ	הַזֹּאת הָרָעָה	בְּשֶׁלְּמִי	וְנֵדְעָה
우리에게 [임했는지를]	이 악이	누구 때문에	알도록

גּוֹרָלוֹת	וַיַּפִּלוּ
제비들을	그리고 그들이 떨어뜨렸다

עַל־יוֹנָה	הַגּוֹרָל	וַיִּפֹּל
요나 위에	그 제비가	떨어졌다

윤문

그들이 서로 말하였다. “자 제비들을 던져서 이 재앙(악)이 누구 때문에 우리에게 임했는지를 알아보도록 하자. 그들이 제비들을 던지자 그 제비가 요나에게 떨어졌다.

단어 및 구문 해설

וַיֹּאמְרוּ : וַ◻ + אמר (말하다; to say) 칼 미완료 3인칭 남성 복수

אִישׁ : 5절 참조

רֵעֵהוּ : רֵעַ (이론적으로 רֵעוֹ도 가능)+ 인칭대명사 소유격 3인칭 남성 단수
- 이 단어의 기본 뜻은 "이웃" 혹은 "친구"이다. 그러나 현재의 문장에서와 같이 "각자"(each)란 의미를 가진 관용구로 자주 사용된다. "남자" 혹은 "남편"이란 의미를 가진 אִישׁ 역시 같은 의미의 관용구에 자주 사용된다(참고 1:5).

לְכוּ : הָלַךְ (걷다, 행하다; to go, walk)의 칼 명령형 남성 복수
- 이 단어는 "자"(come on) 정도의 의미로 현재 문장에서 사용되고 있다. 이 단어의 용법에 대해서는 1:2의 설명을 참조하라.

וְנַפִּילָה : 봐브 계합사(וְ) + נפל (떨어지다; to fall)의 히필 청유형(cohortative) 공통 복수

גוֹרָלוֹת : גּוֹרָל (제비; lot)의 복수(남성 명사이지만 복수 어미가 여성형이 붙는점에 유의할 것)

וְנֵדְעָה : ידע (알다; to know)의 칼 청유형(cohortative) 공통 복수

בְּשֶׁלְּמִי : 불분리전치사 בְּ + 관계대명사 שֶׁ◻ + 불분리전치사 לְ + 의문대명사 מִי (누구; who).
- 앞의 세 요소를 합친 בְּשֶׁל은 "~때문에"(on account of)란 의미를 가지며, בְּ와 같은 의미로 생각하면 된다. 즉 בְּשֶׁלִּי = בִּי이다.

- 관계대명사 שֶׁ는 정확히 말하면 이중점을 동반하므로 ◌שֶּׁ가 온다. לְמִי와 בְּשֶׁלִּי בְּשֶׁ에서 관계대명사 다음에 오는 전치사 לְ에 이중점이 찍힌 것은 바로 이런 이유이다.

הָרָעָה : 정관사 ◌הַ + רָעָה (악, 재앙; evil, disaster)
- רָעָה의 첫 자음인 ר에 이중점이 와야 하지만 이 자음에는 이중점을 찍을 수 없으므로 대신 정관사의 모음을 길게 해서 보상해주었다.
- 이 단어에 대한 상세한 분석은 1:2의 설명을 참조하라.

הַזֹּאת : 정관사 ◌הַ + זֹאת 지시형용사(זֶה)의 여성 단수
- 지시형용사가 정관사가 붙은 명사를 수식할 때 마치 다른 형용사처럼 정관사와 함께 쓰인다.

לָנוּ : 불분리전치사 לְ + 목적격 인칭 대명사 1인칭 공통 복수

וַיַּפִּלוּ : נפל의 히필 미완료 3인칭 남성 복수

וַיִּפֹּל : נפל의 칼 미완료 3인칭 남성 단수

1:8

어휘

• אָמַר (페-알렢[פ"א]동사): 말하다(to speak)

-칼형: אָמַר (완) יֹאמַר (미완) וַיֹּאמֶר (봐연, 봐요메르) אֱמֹר (명) אֱמֹר (부연)

-봐브연속법+미완료 3인칭 남성 복수: וַיֹּאמְרוּ

• אֵל / אֶל־ : ~에게(to, toward)

-"그에게": אֵלָיו

• אֵל / אֶל־ : ~에게(to, toward)

• נגד (페-눈[פ"ן]동사): (히필) 말하다(to speak) (오직 히필, 호팔만 존재)

-히필: הִגִּיד (완) יַגִּיד (미완) הַגִּיד (명)

-명령형 남성 단수에 ◌ָה란 어미가 오는 경우가 있음: הַגִּידָה

• נָא : 제발(please) (명령형 등 희구를 나타내는 단어 뒤에 붙은 불변화사)

• לְ : ~에게(to)

-"우리에게"(to us): לָנוּ

• בַּאֲשֶׁר לְמִי: 불분리전치사 בְּ + 관계대명사 אֲשֶׁר + 불분리전치사 לְ + 의문대명사 מִי

-다 합쳐서 "누구로 인해서"(by whom) 정도의 의미. 앞 절의 בְּשֶׁלְּמִי와 동일한 의미. ◌שֶׁ만 אֲשֶׁר로 바뀐 것임.

• רָעָה : 악(evil) 나쁜 일(bad fortune) (여성명사) (1:2 어휘 참조)

-"그 나쁜 일"(the bad fortune): הָרָעָה

• זֹאת : 이(this, 지시형용사 זֶה의 여성 단수)

-"이"(this): הַזֹּאת (정관사 ◌הַ + זֹאת)

-"이 나쁜 일"(this bad fortune): הָרָעָה הַזֹּאת

• ◌מַה : 무엇(what), 어떻게(how) (의문사)

-뒤에 오는 단어의 첫 자음이 후음이면 모음 길어짐: מָה

-1:6 설명 참조

- מְלָאכָה : 일(work), 직업(occupation)
  - מְלָאכָה (절대형) מְלֶאכֶת / מְלָאכֶת (연계형)
  - 연계형+소유격 인칭대명사 2인칭 남성 단수: מְלַאכְתְּךָ (א을 없는 셈 치면 일반 세골명사에 인칭대명사 붙는 것과 같은 변화)
- מֵאַיִן : 불분리전치사 מִן + אַיִן (어디로, where) → 어디로부터(from where)
- בּוֹא (아인-봐브[ע"ו]동사): 오다(to come)
  - 칼형: בָּא (완) יָבוֹא (미완) בּוֹא (명령) בּוֹא (부연) בָּא (분사)
  - 미완료 2인칭 남성 단수: תָּבוֹא
- אֶרֶץ : 땅(land), 나라(nation)
  - אֶרֶץ (절대형) אֶרֶץ (연계형, 단독) אַרְצ (연계형, 인칭대명사 함께)
  - "너의 나라": אַרְצֶךָ
- אֵי : 어디에(where)
- עַם : 나라(nation), 백성(people)
- אַתָּה : 너(you) (주격 2인칭 남성 단수)
  - 절 끝에 강세와 함께 올 때: אָתָּה

본문

וַיֹּאמְרוּ אֵלָיו
הַגִּידָה־נָּא לָנוּ בַּאֲשֶׁר לְמִי־הָרָעָה הַזֹּאת לָנוּ
מַה־מְּלַאכְתְּךָ
וּמֵאַיִן תָּבוֹא
מָה אַרְצֶךָ
וְאֵי־מִזֶּה עַם אָתָּה

음역

wayyōʾmərû ʾēlāyw

haggîḏā^{h}-nnāʾ lā́nû baʾăšer ləmî-hārāʿā^{h} hazzōʾṯ lā́nû

ma^{h}-mməlaʾḵtəḵā

ûmēʾáyin tāḇôʾ

mā^{h} ʾarṣéḵā

wəʾê-mizze^{h} ʿam ʾā́ttā^{h}

간역

אֵלָיו	וַיֹּאמְרוּ
그에게	그리고 그들이 말했다

לָנוּ	הָרָעָה הַזֹּאת	בַּאֲשֶׁר לְמִי־	לָּנוּ	הַגִּידָה־נָּא
우리에게 [임했는지를]	이 악이	누구 때문에	우리에게	제발 말해라

מְּלַאכְתְּךָ	מַה־
너의 직업이	무엇이냐

תָּבוֹא	וּמֵאַיִן
너는 왔느냐?	그리고 어디로부터

אַרְצֶךָ	מָה
너의 땅은	무엇이냐

אָתָּה	וְאֵי־מִזֶּה עַם
너는 왔느냐?	어느 백성으로부터

윤문

그러자 그들이 그에게 물었다. "우리에게 말하라. 누구 때문에 이 재앙이 우리에게 임하였느냐? 네 직업이 무엇이냐? 너는 어디 출신이냐? 네 국적은 어디이냐? 어느 백성 출신이냐?"

단어 및 구문 해설

הַגִּידָה־נָּא: **נגד**의 히필(말하다; to speak) 명령형 남성 단수 + **נָא**

- **נגד**는 오직 히필형과 호팔형만 존재하며 히필형이 "말하다"란 의미로 사용된다.

- **הַגִּידָה**의 끝에 오는 **ה◌ָ**는 예전에는 문체상의 이유로, 혹은 강조를 위해, 혹은 공손함을 나타내기 위해 보통의 명령에 덧붙여졌다고 간주되었다. 그러나 이 어미가 보통의 명령형에 아무런 뉘앙스의 추가를 가져다 주지 않는다고 보는 견해가 많으며, 단순히 소리를 더 좋게 만들기 위한 목적으로 추가된다고 주장되기도 한다. 혹은 최근의 연구들은 명령에 사용된 동사의 행동이 그 명령의 화자를 향할 때 사용된다고 본다(참고, AC, 64-65).

- **נָא־** (보통 청유의 불변화사 혹은 기원의 불변화사라고 불림; the particle of entreaty or precatory particle) 역시 앞의 사항과 마찬가지로 아무런 뉘앙스를 더해주지 않는다는 것이 대체적인 주장이다. 그러나 여전히 이것이 명령에 희구의 의미를 강화해준다(I pray, please)는 주장도 있다. 또한 이것이 그 앞의 말이나 상황의 논리적인 귀결을 보여준다고 주장되기도 한다. (이 사항에 대해서 역시 AC, 65).

- 보통은 **נָא־**가 사용되지만 앞의 단어가 개모음인 경우 **נָּא־**의 형태가 오는 경우도 있다(WO, § 34.7b). 이 구절에서의 경우가 그러하다.

בַּאֲשֶׁר לְמִי: 불분리전치사 **בְּ** + 관계대명사 **אֲשֶׁר** + 불분리전치사 **לְ** + 의문대명사 **מִי**

- 다 합쳐서 "누구로 인해서"(by whom) 정도의 의미이다. 앞의 **בְּשֶׁלְּמִי**와 결국은 동일하다. 7절의 관계대명사의 단축형 대신에 **אֲשֶׁר**가 사용된 것 정도의 차이 뿐이다.

מְלַאכְתְּךָ : **מְלָאכָה** (일, 직업; work, occupation)의 연계형(**מְלֶאכֶת** 혹은

מְלַאכְתְּ) + 소유격 인칭대명사 2인칭 남성 단수

- מְלָאכָה의 어원은 לאך (to send)인 것으로 주장된다(HALOT, 586a).
- 같은 어원을 공유하는 것으로 생각되는 단어는 מַלְאָךְ (메신저, 심부름꾼, 사자, 천사)이다.

מֵאַיִן : 불분리전치사 מִן + אַיִן (어디로, where) → 어디로부터

תָּבוֹא : בּוֹא의 칼 미완료 2인칭 남성 단수

מָה : 의문대명사 מַה

- 의문대명사 מַה의 모음은 정관사의 모음처럼 변한다.
- 이 מָה의 경우는 뒤에 오는 אַרְצֶךָ의 첫 자음이 후음이어서 이중점을 찍을 수 없으므로 대신 מַה의 모음을 길게 해준 것이다.

אֵי : 어디에(where)

- 강조를 위해 זֶה가 붙기도 한다. 더 정확한 정보를 요구하거나 하는 경우에 붙는다.
- “어디로부터”(from where)의 의미로 쓸 때 אֵי־מִזֶּה의 형태가 사용된다. 왜 전치사 מִן이 의문사인 אֵי 앞에 오지 않는지는 의문이다.
- עַם אֵי־מִזֶּה는 “어느 백성으로부터”(from which people)의 의미이다.

אַרְצֶךָ: אֶרֶץ (땅, land) + 2인칭 남성 단수 소유격 인칭대명사

אָתָּה : אַתָּה 인칭대명사 주격 2인칭 남성 단수

- 이 단어가 절의 끝에 와서 실룩이라는 마침표(ֽ)가 옴으로 해서 א 아래의 모음이 길어졌다.

* 7절 하반절과 8절 상반절의 일부분이 거의 유사함을 유념하라(Trible, 1994, 139).

1:7b	1:8
וְנֵדְעָה בְּשֶׁלְּמִי הָרָעָה הַזֹּאת לָנוּ	הַגִּידָה־נָּא לָנוּ בַּאֲשֶׁר לְמִי־הָרָעָה הַזֹּאת לָנוּ

1:9

어휘

• אָמַר (페-알렙[פ"א]동사): 말하다(to speak)

-칼형: אָמַר (완) יֹאמַר (미완) וַיֹּאמֶר (봐연, 봐요메르) אֱמֹר (명) אֱמֹר (부연)

• אֵל / אֶל־ : ~에게(to, toward)

-"그들에게": אֲלֵיהֶם

• עִבְרִי : 히브리인(a Hebrew)

-"~나라 사람"은 끝에 ִי라는 어미가 옴.

• אָנֹכִי : 나(I) (1인칭 주격 인칭대명사)

• אֵת / אֶת־: ~을(직접목적어를 이끄는 전치사. 영어에는 해당 전치사가 없음)

• אֱלֹהִים : 하나님(God), 신(gods) (자체가 복수형)

-אֱלֹהִים (절대형) אֱלֹהֵי (연계형)

• שָׁמַיִם : 하늘(heaven)

-"그 하늘": הַשָּׁמַיִם

-"하늘의 하나님": אֱלֹהֵי הַשָּׁמַיִם

• אֲנִי : 나(I) (1인칭 주격 인칭대명사. 위의 אָנֹכִי와 동일)

• יָרֵא : 아래의 두 가지 가능성(자세한 것은 아래의 "단어 및 구문 해설" 참조)

(1) 형용사: 두려워하는(afraid), 경외하는(fearful)

(2) 동사: יָרֵא의 칼 분사 능동형 남성 단수

• אֲשֶׁר : ~것들(which) (영어의 관계대명사, 관계부사 등을 다 포괄하는 접속사로 선행사를 관계대명사나 관계부사 절 속에 다시 반복할 수도 있음)

• עָשָׂה (페-후음[G"פ]동사+라메드-헤[ל"ה]동사): (칼) 만들다(to make), ~하다(to do)

-칼형: עָשָׂה (완) יַעֲשֶׂה (미완)

• יָם : 바다(sea)

-"그 바다"(the sea): הַיָּם

• יַבָּשָׁה : 육지(dry land).

-"그 육지"(the dry land): הַיַּבָּשָׁה

본문

וַיֹּאמֶר אֲלֵיהֶם

עִבְרִי אָנֹכִי

וְאֶת־יְהוָה אֱלֹהֵי הַשָּׁמַיִם אֲנִי * יָרֵא

אֲשֶׁר־עָשָׂה אֶת־הַיָּם וְאֶת־הַיַּבָּשָׁה

음역

wayyṓʾmer ʾălêhem

ʿiḇrî ʾānṓḵî

wəʾeṯ-yhwh(ʾăḏōnāy) ʾĕlōhê haššāmáyim ʾănî yārēʾ

ʾăšer-ʿāśā^{h} ʾeṯ-hayyām wəʾeṯ-hayyabbāšā^{h}

간역

וַיֹּאמֶר	אֲלֵיהֶם
그리고 그가 말했다	그들에게

עִבְרִי	אָנֹכִי
히브리인이다	나는

וְאֶת־יְהוָה	אֱלֹהֵי	הַשָּׁמַיִם	אֲנִי	* יָרֵא
여호와를	하나님	하늘의	나는	경외한다

אֲשֶׁר־עָשָׂה	אֶת־הַיָּם	וְאֶת־הַיַּבָּשָׁה
만드신(관계대명사)	바다를	육지를

윤문

그가 그들에게 말했다. "히브리인입니다, 나는. 그리고 육지와 바다를 만드신 하늘의 하나님 여호와를 나는 경외합니다"

단어 및 구문 해설

אֲלֵיהֶם : 전치사 **אֶל** + **הֶם** (3인칭 남성 소유격 인칭대명사)

עִבְרִי : 히브리인.

- 성경 히브리어에서 "~나라 사람"하면 끝에 **ִי**라는 어미가 붙는다.

אָנֹכִי : 1인칭 주격 인칭대명사.

עִבְרִי אָנֹכִי

- 요나의 이 대답은 앞의 8절의 마지막 질문에 대한 대답이다.
- 이 문장은 무동사절(a verbless clause)이다.
- 무동사절의 이런 문장에서는 "인칭대명사 + 서술어"(S + P)의 순서가 원칙이다. 그런데 이 문장의 경우 P + S의 순서로 도치되어 있다. 따라서 P, 즉 **עִבְרִי**란 단어가 강조되어 있다. 의미를 살리자면 "히브리인이로다, 나는"이 될 것이다.

הַשָּׁמַיִם : 정관사 **הַ** + **שָׁמַיִם** ("하늘", heaven)

אֲנִי : 1인칭 주격 인칭대명사. 위의 **אָנֹכִי**와 동일.

יָרֵא : 형용사. "두려워하는, 경외하는"(fearful).

- 이 단어는 동사가 아니라 형용사(HALOT) 혹은 분사(Tucker)이다. 이 단어는 1:5,10,16의 같은 어원에서 파생된 동사와 품사가 다르다는 점을 유의하라.

וְאֶת־יְהוָה אֱלֹהֵי הַשָּׁמַיִם אֲנִי יָרֵא

- 이 문장 역시 앞 문장과 마찬가지로 무동사절이다.
- 이 문장에서 역시 인칭대명사를 앞선 **וְאֶת־יְהוָה אֱלֹהֵי הַשָּׁמַיִם**가 강조되어 있다. 요나는 자신이 경외하는 신의 정체를 강조한다. 이러한 요나의 강조는 요나의 정신세계와 관련이 깊다. 또한 4절 이하에서 진행되어 온 사항들, 즉 각자의 신을 향한 기도 등의 사건들과 관련이 있다. 지금까지 상황을 방임해온 요나는 이 대답을 하면서부터는 더 이상 상황의 방관자일 수가 없게 된다.

אֱלֹהֵי הַשָּׁמַיִם

- 이 어구는 앞의 **יהוה**와 동격 관계에 있다. **יהוה**에 대한 부연설명을 해주는 작용을 한다.

עָשָׂה : **עָשָׂה** (“만들다, ~하다”, to make, do)의 칼 완료 3인칭 남성 단수

יַבָּשָׁה : “육지”(dry land).

אֲשֶׁר־עָשָׂה אֶת־הַיָּם וְאֶת־הַיַּבָּשָׁה

- 이 관계대명사절이 수식하는 것은 앞의 **יהוה**이다. 이처럼 선행사와 수식절 사이를 나누어 놓는 식으로 원래 붙어 있어야 하는 어구들을 나누어 놓는 수사법을 *hyperbaton* (전치법, 轉置法)이라고 한다.

* 요나의 고백 중 “바다와 육지를 만드신 하늘의 하나님”이란 표현은 제유법(merismus)이란 수사법이다. 이 수사법은 전체를 그 일부분으로 나누어서 표현하는 것이다.
- 즉 “하늘”, “바다”, “육지”는 합쳐서 “온 세상”을 나타내는 것이다. 다시 말해 “바다와 육지를 만드신 하늘의 하나님”이란 표현은 “온 세상의 하나님”이란 뜻

이다. 이런 고백은 요나의 도망과 대조된다. 요나의 하나님이 이런 분이라면 요나가 어떻게 도망할 수 있겠는가?

1:10

어휘

- יָרֵא (페-요드[פ"י]동사+라메드-알렙[ל"א]동사): (칼) 두려워하다(to be afraid)

  -칼형: יָרֵא (완) יִירָא (미완)

  -"그리고 그들이 두려워 하였다": וַיִּירְאוּ

- אִישׁ : 남자 혹은 남성(man), 남편(husband), 사람(human being)

  -אִישׁ의 명사 변화 도표

	단수	복수
절대형	אִישׁ	אֲנָשִׁים
연계형	אִישׁ	אַנְשֵׁי

- יִרְאָה : "두려움"(fear).

  -יָרֵא ("두려워하다", to fear)란 동사에서 파생된 동족 명사.

- גָּדוֹל : 큰(great)

  -남성: גָּדוֹל 여성: גְּדוֹלָה

  -"아주 크게 두려워하다"(동족 목적어 구문): יָרֵא יִרְאָה גְדוֹלָה

- אָמַר (페-알렙[פ"א]동사): (칼) 말하다(to speak)

  -칼형: אָמַר (완) יֹאמַר (미완) וַיֹּאמֶר (봐연, 봐요메르) אֱמֹר (명) אֱמֹר (부연)

  -봐브연속법+미완료 3인칭 남성 복수: וַיֹּאמְרוּ

- אֶל / אֶל־ : ~에게(to, toward)

  -"그에게": אֵלָיו

- מַה⊡ : 무엇(what), 어떻게(how) (의문사)

  -1:6 설명 참조

• זֹאת : 이것(this), 지시형용사 זֶה의 여성 단수)

• עָשָׂה (페-후음[G"פ]동사+라메드-헤(ל"ה)동사): (칼) 만들다(to make), 하다 (do)

-칼: עָשָׂה (완) יַעֲשֶׂה (미완) יַעַשׂ (간명) וַיַּעַשׂ (봐연) עֲשֵׂה (명) עֲשׂוֹת (부연)

-완료 변화 도표

	단수	복수
3인칭 남	עָשָׂה	עָשׂוּ
여	עָשְׂתָה	
2인칭 남	עָשִׂיתָ	עֲשִׂיתֶם
여	עָשִׂית	עֲשִׂיתֶן
1인칭 공	עָשִׂיתִי	עָשִׂינוּ

• כִּי : 왜냐하면(because); 목적절을 이끄는 접속사(that)

-이 단어의 의미는 굉장히 다양

• יָדַע (페-봐브[פ"ו]동사+라메드-헤[G"ל]동사): (칼) 알다(to know)

-칼: יָדַע (완) יֵדַע (미완) דַּע (명) דַּעַת (부연)

-"그들이 알았다": יָדְעוּ

• מִלִּפְנֵי : ~의 앞으로부터(from the front of)

-לִפְנֵי + מִן (로부터, from) → מִןלִפְנֵי → מִלִּפְנֵי

• הוּא : 그(he) (주격 인칭대명사 3인칭 남성 단수)

• בָּרַח (라메드-후음[G"ל]동사): 도망하다(to flee)

-칼형: בָּרַח (완) יִבְרַח (미완) בְּרַח (명령) בֹּרֵחַ (분)

-본문에서는 분사형인 בֹּרֵחַ에 경음점이 안 찍힌 בֹרֵחַ가 쓰이는 점 유의.

• נגד (페-눈[פ"ן]동사): (히필) 말하다(to speak) (오직 히필, 호팔만 존재)

-히필: הִגִּיד (완) יַגִּיד (미완) הַגִּיד (명)

• לְ : ~에게(to)

-"그들에게"(to them): לָהֶם

본문

וַיִּירְאוּ הָאֲנָשִׁים יִרְאָה גְדוֹלָה
וַיֹּאמְרוּ אֵלָיו
* מַה־זֹּאת עָשִׂיתָ
כִּי־יָדְעוּ הָאֲנָשִׁים כִּי־מִלִּפְנֵי יְהוָה הוּא בֹרֵחַ
כִּי הִגִּיד לָהֶם

음역

wayyîrʾû hāʾănāšîm yirʾāʰ gəḏôlāʰ

wayyōʾmərû ʾēlāyw

maʰ-zzōʾṯ ʿāśîṯā

kî-yāḏʿû hāʾănāšîm kî-millip̄nê yhwh(ʾăḏōnāy) hûʾ ḇōrēaḥ

kî higgîḏ lāhem

간역

יִרְאָה גְדוֹלָה	הָאֲנָשִׁים	וַיִּירְאוּ
큰 두려움을	그 사람들이	두려워하였다

אֵלָיו	וַיֹּאמְרוּ
그에게	(그들이) 말하였다

* מַה־זֹּ֣את עָשִׂ֑יתָ
무엇을 (너는) 하였느냐?

כִּֽי־יָדְע֣וּ הָאֲנָשִׁ֗ים
왜냐하면 알았기 (때문이다) 그 사람들이

כִּֽי־מִלִּפְנֵ֤י יְהוָה֙ ה֣וּא בֹרֵ֔חַ
여호와 앞으로부터 그가 도망하고 있다는 것을

כִּ֥י הִגִּ֖יד לָהֶֽם
왜냐하면 (그가) 말했기 (때문에) 그들에게

윤문

그 사람들이 크게 두려워하면서 그에게 말했다. "도대체 왜 이렇게 하였느냐?" 이는 그가 여호와로부터 도망치고 있는 중이라는 것을 그 사람들이 알고 있었기 때문이다. 그는 그들에게 [이에 대해 이미] 말한 적이 있었던 것이다.

단어 및 구문 해설

וַיִּֽירְא֞וּ: 5절 참조

הָאֲנָשִׁים : 그 사람들. 정관사 הַ◻ + אִישׁ (남자, 사람)의 복수.
- 이 절 이후로는 "선원들"을 더 이상 선원들이라고 부르지 않고 이 "그 사람들"이라는 표현을 쓴다. 그 이유는 어쩌면 이 선원들과 요나 사이를 구분짓는 차이를 없애고자 하기 때문인 듯 하다(Tucker, 33).
- 서사비평적으로 이러한 변화는 아주 중요하다. 4절 이하부터 내레이터의 목적은 요나와 이방 선원들의 신에 대한 태도를 대비시키는 것이었다. 이러한 대비는 앞에서도 중요했지만 지금부터는 더욱 중요해진다. 따라서 가장 중요한 대비점인 신에 대한 태도를 더욱 부각시키기 위해서는 이제는 불필요해진 이방 선원들이라는 정체성은 더 이상 부각시키지 않는 것이다.

יִרְאָה : "두려움"(fear).
- **יָרֵא** ("두려워하다", to fear)란 동사에서 파생된 동족 명사이다.

וַיִּירְאוּ...יִרְאָה גְדוֹלָה
- 이 어구는 "I dream a dream, 나는 꿈을 꾼다"와 같이 동족목적어 구문으로 되어 있다.
- 즉 동사와 그 동사의 목적어가 같은 어근을 공유하는 것이다.
- 히브리어에서 이런 구문에서 목적어는 동사의 의미를 강조해주기 위해서 쓰인다. 따라서 이 문장은 "그들이 큰 두려움을 두려워하였다"라고 번역하면 안 되며, 목적어를 부사처럼 번역하여 "그들이 크게 (혹은 아주 많이) 두려워하였다"라고 번역해야 한다.
- 저자는 이러한 구문을 두고 두고 사용한다. 이렇게 함으로써 저자는 표현들을 아주 강하게 한다.

גְּדוֹלָה : 2절 참조

מַה־זֹּאת
- **זֶה**, **זֹאת** 등의 지시대명사들은 의문사를 강조해주기 위해 자주 사용된다. 특히 동사 **עָשָׂה** 앞에서는 주로 **מַה־זֹּאת**가 사용된다(창 3:13; 12:18; 출 14:5; 삿 15:11)(Gesenius, § 136c).
- 강조의 의미를 더욱 강화시키고자 하면 **מִי הוּא־זֶה**의 형태로 사용한다.
- Tucker, 34는 **זֹאת**가 여기에서 지시적 기능을 겸비하고 앞의 상황을 가리킨다고 지적한다.

עָשִׂיתָ : **עָשָׂה** ("만들다, ~하다", to make, do)의 칼 완료 2인칭 남성 단수

	단수	복수
3인칭 남	עָשָׂה	עָשׂוּ
여	עָשְׂתָה	
2인칭 남	עָשִׂיתָ	עֲשִׂיתֶם
여	עָשִׂית	עֲשִׂיתֶן
1인칭 공	עָשִׂיתִי	עָשִׂינוּ

מַה־זֹּאת עָשִׂיתָ

- 이 문장은 형태는 의문문이지만 실제로는 감탄문으로 이해하는 것이 낫다(cf. Tucker, 34). 요나의 고백을 통하여 선원들은 자신들이 겪고 있는 환난이 요나의 도망 때문이라는 것을 인식하고 탄식하는 의미에서 "도대체 왜 이렇게 하였느냐"고 있는 것이다. 그들의 말은 추궁이 아니라 자신들이 휘말리게 된 상황에 대한 탄식인 것이다.

יָדְעוּ : ידע ("알다", to know)의 칼 완료 3인칭 남성 복수

הִגִּיד : נגד (히필, "말하다", to speak) (페-눈[פ"ן]동사)의 히필 3인칭 남성 단수

-완료형 변화(페-눈[פ"ן]동사)

הִנְגִּיד

→ הִגְגִּיד (נְ이 뒷자음에 동화)

→ הִגִּיד (이중점으로 들어감)

לָהֶם : 불분리전치사 לְ + הֶם 인칭대명사 3인칭 남성 복수

כִּי־יָדְעוּ הָאֲנָשִׁים כִּי־מִלִּפְנֵי יְהוָה הוּא בֹרֵחַ

- 이 כִּי 절은 배경정보를 제공해 줄 때 흔히 사용된다.

- 이 배경정보에 따르면 선원들이 탄식을 하게 된 이유는 요나의 여행이 단순한 여행이 아니라 여호와로부터 도망하고 있다는 사실 때문이었다. 아마 선원들은 처음 요나가 도망하고 있다는 사실을 말했을 때는 별로 귀를 기울이지 않았을 것이다. 그러나 폭풍이 닥치고, 폭풍의 원인을 찾는 제비가 요나에게 떨어지고, 요나가 자기 입으로 여호와에 대한 고백을 했을 때 논리적으로 폭풍과 여호와와 요나의 도망을 연결시켰던 것이다.

כִּי־מִלִּפְנֵי יְהוָה הוּא בֹרֵחַ

- 여기에서 כִּי는 앞의 יָדְעוּ의 목적절을 이끄는 역할을 한다. "여호와 앞으로부터 그가 도망하고 있다는 것을"이 전부 יָדְעוּ의 목적절이다.

- מִלִּפְנֵי יְהוָה가 주어인 הוּא 앞으로 나옴으로써 강조되어 있다. 요나가 도망하고 있다는 사실보다 더 중요한 것은 그가 다름 아니라 바로 "여호와 앞으로부터" 도망하고 있다는 점이다(Tucker, 35).

כִּי הִגִּיד לָהֶם

- כִּי는 이유절("~때문에", because)을 이끈다.

- הִגִּיד는 여기에서 과거완료 시제로 이해해야 한다. 즉 요나가 자신이 여호와로부터 도망치고 있다는 사실을 1:10의 기본 시점(時點)보다 더 앞서서 말했던 것이다. 다시 말해 요나는 1:1-9 사이의 어느 시기엔가 자신의 도망의 이유에 대해서 선원들과 대화를 나눈 적이 있었던 것이다. 추측컨데 그가 잠에 빠지기 전이었을 것이다. 이처럼 내레이터가 핵심정보를 독자들에게 앞에서는 말해주지 않다가 뒤에 가서야 갑자기 말하는 방식을 Trible은 "지연 기법"(delay)라고 불렀다.

이것은 등장인물과 독자들에게 모두 놀라움으로 다가온다. 등장인물들의 입장에서는 자신들이 앞에서 들을 때는 별로 진지하게 생각하지 않았다가 그것이 지금 자신들이 겪고 있는 폭풍의 원인이라는 것을 깨달았기 때문에 놀란다. 독자들은 요나가 자신의 도망에 대한 이야기를 선원들에게 들려주었다는 소리를 못 들었는데 이제야 듣게 되기 때문에 놀란다.

1:11

어휘

- אָמַר (페-알렙[פ"א]동사): (칼) 말하다(to speak)

  -칼형: אָמַר (완) יֹאמַר (미완) וַיֹּ֫אמֶר (봐연, 봐요메르) אֱמֹר (명) אֱמֹר (부연)

  -봐브연속법+미완료 3인칭 남성 복수: וַיֹּאמְר֫וּ

- אֶל / אֶל־ : ~에게(to, toward)

  -"그에게": אֵלָיו

- מַה⊡ : 무엇(what)? (의문사)

  -1:6 설명 참조

- עָשָׂה (페-후음(G"פ)동사 + 라메드-헤(ל"ה)동사): (칼) 만들다(to make), 하다(do)

  -칼: עָשָׂה (완) יַעֲשֶׂה (미완) יַעַשׂ (간명) וַיַּעַשׂ (봐연) עֲשֵׂה (명) עֲשׂוֹת (부연)

  -"우리가 할 것이다"(미완료 1인칭 공통 복수): נַעֲשֶׂה

  -"우리가 무엇을 해야 하느냐?"(what do we have to do?): מַה נַּעֲשֶׂה (때때로 미완료는 영어의 각종 조동사들이 나타내는 의미를 가질 때가 있음. 이 경우는 "have to ~")

- לְ : ~에게(to)

  -"너에게"(to them): לְךָ

  -"너에게"는 위와 같이 לְךָ가 맞으나 강한 액센트와 오면 앞뒤 모음이 뒤집힌 לָךְ가 쓰임(לְךָ לָךְ)

  -이 절에서는 심지어 ל에 이중점이 오기도 함: לָּךְ (이에 대한 설명은 아래의 "단어 및 구문 해설"의 해당 내용과 2:11의 "어휘" 항목에 나오는 동일한 경우에 대한 설명을 참조할 것)

- שׁתק : (칼) 잠잠해지다(to grow silent)

  -칼 שָׁתַק (완) יִשְׁתֹּק (미완)

-구약에 총 4회(요나서 2회)

• יָם : 바다(sea)

-"그 바다"(the sea): הַיָּם

• מֵעַל: ~위로부터(from the above of)

-복합 전치사: עַל + מִן → מִעַל (자음 동화) → מֵעַל (ע이 후음이라 이중점 대신 앞 모음 길게)

-מֵעַל에 인칭대명사가 올 때의 변화는 2절의 עַל 참조.

-"우리 위로부터"(from the above of us→from us): מֵעָלֵינוּ

• כִּי : 왜냐하면(because)

• הָלַךְ (결합 동사, 페-바브[פ"ו]동사처럼 변화함): (칼) 가다(to go), 걷다/행하다 (to walk)

-칼형: הָלַךְ (완) יֵלֵךְ (미완) לֵךְ (명령) הֹלֵךְ (분)

-הָלַךְ의 분사 능동형은 "가다"라는 의미보다는 뒤이어 오는 "וְ + 분사 능동" 구문과 결합하여 "점점 더 ~하다"는 상황의 점진적 진행을 나타내는 경우가 있음.

• סער (아인-후음[G"ע]동사): 폭풍치다(to be stormy)

-분사: סֹעֵר

-"바다가 점점 더 폭풍이 심해졌다": הַיָּם הֹלֵךְ וְסֹעֵר

본문

וַיֹּאמְרוּ אֵלָיו
מַה־נַּעֲשֶׂה לָּךְ
וְיִשְׁתֹּק הַיָּם מֵעָלֵינוּ
כִּי הַיָּם הוֹלֵךְ וְסֹעֵר

음역

wayyōʾmərû ʾēlāyw

mah-nnáʿăśeh llāk̲

wəyištōq hayyām mēʿālênû

kî hayyām hôlēk̲ wəsōʿēr

간역

וַיֹּאמְרוּ	אֵלָיו
그러자 [그들이] 말했다	그에게

מַה־	נַּעֲשֶׂה	לָּךְ
무엇을	[우리가] 해야하느냐	너에게

וְיִשְׁתֹּק	הַיָּם	מֵעָלֵינוּ
잠잠하게 하기 위해서	그 물이	우리로부터

כִּי	הַיָּם	הוֹלֵךְ	וְסֹעֵר
왜냐하면	이 물이	점점 더	흉용해졌기 때문이다

윤문

그러자 그들이 그에게 말했다. "이 물이 잠잠해지게 하려면 우리가 너에게 어떻게 해야 하느냐?" 그 이유는 물이 점점 더 흉용해졌기 때문이다.

단어 및 구문 해설

נַּעֲשֶׂה : **עשׂה**의 칼 미완료 1인칭 공통 복수

לָּךְ : 전치사 לְ + 인칭대명사 소유격 2인칭 남성 단수

- 원래는 인칭대명사 소유격 2인칭 남성 단수가 올 경우 형태는 לְךָ가 맞다. 그러나 이 구절의 경우처럼 לָךְ에 휴지형(pausal form)의 강세가 떨어지는 경우, 즉 이

경우처럼 자켑 카톤(*zaqeph qaton*, ◌֔) 등이 올 경우 לָּךְ 형을 쓴다. 이 형태는 마치 전치사 לְ에 인칭대명사 소유격 3인칭 여성 단수(לָךְ)를 쓴 것과 비슷하다. 혼동하지 말라.

- לָּךְ에서 전치사 ל에 이중점이 찍혀 있는 이유는 앞 단어와의 연결 때문이다(־). 이러한 이중점을 "음조를 위한 점"(*dagesh euphonicum*) (GKC, §71) 혹은 "연결점"(a conjunctive *dagesh*) (Joüon-Muraoka, §79-80)라고 부른다.

וַיִּשְׁתֹּק : שׁתק의 칼(잠잠해지다, to grow silent) 미완료 3인칭 남성 단수

- 구약에서 시 107:30; 욘 1:11-12; 잠 26:20에만 나온다(†, 참고로 말하자면 히브리어 사전에서이 표시는 구약 본문에서 나오는 모든 구절들이 나열되었음을 나타내주는 표시임).

מֵעָלֵינוּ : 전치사 מִן + 전치사 עַל + 목적격 인칭대명사 1인칭 공통 복수

הוֹלֵךְ : הלך의 칼 분사 능동 남성 단수 절대형

- הלך는 이 경우 뒤의 동사와 연계하여 상황의 점진적인 강화를 나타낸다("점점 더 ~하게 되다", [예] 영어의 It grows darker and darker).

סֹעֵר : סער (폭풍치다, to be stormy)의 칼 분사 능동 남성 단수 절대형

1:12

어휘

• אָמַר (페-알렙[פ"א]동사): 말하다(to speak)

-칼형: אָמַר (완) יֹאמַר (미완) וַיֹּאמֶר (봐연, 봐요메르) אֱמֹר (명) אֱמֹר (부연)

-봐브연속법+미완료 3인칭 남성 단수 형태인 וַיֹּאמֶר는 이 형태 자체로 구약성경에 수천 번 나오니 있는 그대로 익힐 것.

• נשׂא (페-눈[פ"ן]동사+라메드-알렙[ל"א]동사): 들어올리다(to lift up)

-칼형: נָשָׂא (완) יִשָּׂא (미완←יִנְשָּׂא) שָׂא (명)

-명령형 변화

	단	복
남성	שָׂא	שְׂאוּ
여성	שְׂאִי	

-명령형 여성 단수와 남성 복수는 각각 שָׂאִי, שָׂאוּ도 가능해 보이나 히브리어는 이런 경우와 같이 끝에 순장모음이 오는 경우 첫 음절이 쉐봐가 되는 경향이 있음을 유의할 것

-명령형 남성 단수+1인칭 단수 목적격: נִי + שְׂאוּ → שָׂאוּנִי "나를 들어올리라"(액센트 위치가 첫 음절의 모음에 영향을 준 듯)

-혹은 아예 목적격이 왔을 때 아예 명령형 남성 단수가 שָׂאוּ였을 수도 있을 듯함: נִי + שָׂאוּ → שָׂאוּנִי

• טוּל (아인-봐브[ע"ו]동사): (히필) 던지다(to throw)

-히필형: הֵטִיל (완) יָטִיל (미완) הָטִיל (명령) וַיָּטֶל (봐연)

-명령형 변화

	단	복
남성	הָטִיל	הָטִילוּ
여성	הָטִילִי	הָטֵלְנָה

-명령형 남성 단수+1인칭 단수 목적격: הָטִילוּ + נִי → הָטִילוּנִי → הָטִילֻנִי

-단순 접속사 וְ와 함께: הֲטִילֻנִי + וְ → וְהֲטִילֻנִי → וַהֲטִילֻנִי (단어 처음에 쉐바 연속시 모음을 합성 쉐바의 모음과 일치시킴)

• שתק : (칼) 잠잠해지다(to grow silent)

-칼 שָׁתַק (완) יִשְׁתֹּק (미완)

-구약에 총 4회(요나서 2회)

• מֵעַל: ~위로부터(from the above of)

-"너희 위로부터": מֵעֲלֵיכֶם

• יָדַע (페-바브[פ"ו]동사+라메드-헤[G"ל]동사): (칼) 알다(to know)

-칼: יָדַע (완) יֵדַע (미완) דַּע (명) דַּעַת (부연) יוֹדֵעַ (분)

• אֲנִי : 나(I) (1인칭 주격 인칭대명사. אָנֹכִי와 동일)

• בְּשֶׁלִּי : 나 때문에(because of me)

-불분리전치사 בְּ + 관계대명사 שֶׁ◻ + 불분리전치사 לְ + 의문대명사 ◻ִי ("나의"[my])

• סַעַר: 폭풍(gale, heavy windstorm)

• גָּדוֹל : 큰(great)

-"그 큰"(the great): הַגָּדוֹל

• זֶה : 이것(this, 지시형용사 남성 단수)

-"이"(this): הַזֶּה (정관사 הַ◻ + זֶה)

-"이 큰 폭풍": הַסַּעַר הַגָּדוֹל הַזֶּה

• עַל : ~위에(on)

-“너희 위에”(on you): עֲלֵיכֶם

본문

וַיֹּאמֶר אֲלֵיהֶם

שָׂאוּנִי וַהֲטִילֻנִי אֶל-הַיָּם

וְיִשְׁתֹּק הַיָּם מֵעֲלֵיכֶם

כִּי יוֹדֵעַ אָנִי כִּי בְשֶׁלִּי הַסַּעַר הַגָּדוֹל הַזֶּה עֲלֵיכֶם

음역

wayyṓʾmer ʾălêhem

śāʾū́nî wahăṭîlū́nî ʾel-hayyām

wəyištōq hayyām mēʿălêḵem

kî yôḏēaʿ ʾā́nî kî ḇəšellî hassáʿar haggāḏôl hazzeh ʿălêḵem

간역

אֲלֵיהֶם	וַיֹּאמֶר
그들에게	그러자 [그가] 말했다

אֶל-הַיָּם	וַהֲטִילֻנִי	שָׂאוּנִי
바다에	그리고 던져라	나를 들어라

מֵעֲלֵיכֶם	הַיָּם	וְיִשְׁתֹּק
너희들로부터	그 바다가	잠잠하도록

אָנִי	יוֹדֵעַ	כִּי
나는	알기 [때문이다]	왜냐하면

כִּי	בְשֶׁלִּי	הַסַּעַר הַגָּדוֹל הַזֶּה	עֲלֵיכֶם
[목적절]	나 때문에	이 큰 폭풍이	너희에게[있음을]

윤문

그러자 그가 그들에게 말했다. "바다가 잠잠해지게 하려면 나를 들어 바다에 던지라. 나는 이 폭풍이 너희에게 임한 것이 나 때문임을 알고 있다".

단어 및 구문 해설

שָׂאוּנִי : **נשׂא** (들어올리다, to lift)의 칼 명령 남성 복수

וַהֲטִילֻנִי : טוּל의 히필 명령 남성 복수 + 목적격 인칭 대명사 1인칭 공통 단수
- טוּל의 히필 명령 남성 복수는 원래는 הָטִילוּ이다. 뒤에 이 경우처럼 목적격 인칭대명사가 올 경우 הָטִילוּ 대신에 הָטִילֻ가 되는 경우가 많다. u소리 계열의 장모음인 וּ가 단모음인 ◌ֻ로 바뀌는 것이다. 이처럼 히브리어에서는 동일한 계열의 모음 내에서 장모음과 단모음은 이런 식으로 구분없이 사용되는 경우들이 많다 (o소리 계열도 역시 마찬가지).
- הָטִילֻ에 목적격 인칭대명사가 붙을 경우 액센트는 원래 있던 자리인 טִיל에서 그 다음 음절인 לֻ로 옮겨가게 된다. 따라서 액센트에서 멀어진 개음절 הָ는 모음이 ◌ָ에서 ◌ֲ로 바뀌어 הֲ가 된다. 따라서 결과적으로 본문에 사용된 바와 같이 הֲטִילֻנִי가 된다.
- 여기에 단순접속사 וְ가 오면 일단 וְהֲטִילֻנִי가 되는데, 단어의 초두에 쉐봐가 이어서 나오는 법은 없으므로 וְהֲ가 וַהֲ가 되어야 한다. 그래서 결국 וַהֲטִילֻנִי가 된다.
- 위의 사항을 정리하자면
(1) טוּל의 히필 명령 남성 복수는 הָטִילוּ
(2) 뒤에 목적격 인칭대명사 נִי가 올 때 הָטִילוּ가 הָטִילֻ

(3) נִי가 덧붙으면 액센트가 한 음절 뒤로 밀리므로 첫 음절이자 개음절인 הָ가 הֲ로 되면서 הֲטִילֻנִי가 된다.

(4) 여기에 단순접속사 וְ가 오게 될 경우 הֲ와 만나서 쉐봐가 단어 초두에 연속적으로 오게 되므로 앞의 쉐봐를 뒤의 합성 쉐봐의 모음과 맞추어 주면 וַ가 되어 결국 וַהֲטִילֻנִי가 된다.

יוֹדֵעַ : ידע의 칼 분사 능동 남성 단수 절대형

בְּשֶׁלִּי : 전치사 בְּ + 관계대명사 שֶׁ◌ + 전치사 לְ + 목적격 인칭대명사 1인칭 공통 단수 ◌ִי

- 앞의 7절에서 설명한 바와 같이 이 문구에서 처음 세 요소를 합친 בְּשֶׁל은 "~ 때문에"(on account of)란 의미를 가지며, בְּ와 같은 의미로 생각하면 된다. 즉 בְּשֶׁלִּי = בִּי ("나 때문에")이다.

סַעַר : 강한 돌풍(heavy gale), 폭풍.

- 이 단어는 앞에서 나온 동사 סער와 동족어이다.

- 이 명사는 여성형 어미를 갖춘 סְעָרָה와 동의어이다.

1:13

어휘

- חתר (페-후음[G"פ]동사): 노젓다(to row)

  -칼형: חָתַר (완) יַחְתֹּר (미완)

  -페-후음[G"פ]동사의 미완료형은 원래 앞 부분이 יַחֲתֹר (יִחְ 대신)처럼 됨. 그러나 이 때 동사의 첫 자음인 후음이 ח인 경우는 ח 자신은 단순 쉐바를 갖고 앞 모음만 위와 같이 변화시키는 경향이 있음: יַחֲ → יַחְ

  -"그리고 그들이 노를 저었다": וַיַּחְתְּרוּ

- אִישׁ : 남자 혹은 남성(man), 남편(husband), 사람(human being)

  -אִישׁ의 명사 변화 도표

	단수	복수
절대형	אִישׁ	אֲנָשִׁים
연계형	אִישׁ	אַנְשֵׁי

  -"그 사람들": הָאֲנָשִׁים

- שׁוּב (아인-봐브[ע"ו]동사): (칼) 돌다(to turn); (히필) 돌게 하다(to make turn)

  -칼형: שָׁב (완) יָשׁוּב (미완)

  -히필형: הֵשִׁיב (완) יָשִׁיב (미완) הָשֵׁב / הָשִׁיב (명) הָשִׁיב (부연)

  -"~하기 위하여": הָשִׁיב + לְ → לְהָשִׁיב

- יַבָּשָׁה : 육지(dry land).

  -"그 육지"(the dry land): הַיַּבָּשָׁה

- לֹא : 아니(not)

- יָכֹל (아마 페-봐브[פ"ו]동사): 할 수 있다 (can, to be able)

  -칼형: יָכֹל (완) יוּכַל (미완) (상태동사 변화)

-"그들이 할 수 있었다": יָכְלוּ

-위의 변화가 표준 변화. 그러나 이 구절에서는 이 동사에 강한 액센트가 옴으로 해서 쉐봐 대신 원래의 모음이 살아남: יָכְלוּ → יָכֹ֫לוּ

- הָלַךְ (결함 동사, 페-봐브[פ"ו]동사처럼 변화함): 가다(to go), 걷다/행하다(to walk)

  -칼형: הָלַךְ (완) יֵלֵךְ (미완) לֵךְ (명령) הֹלֵךְ (분)

- סער (아인-후음[G"ע]동사): 폭풍치다(to be stormy)

  -칼형 분사: סֹעֵר (기타 형 구약에 안 나옴)

- עַל : ~위에(on)

  -"그들 위에"(on you): עֲלֵיהֶם

본문

וַיַּחְתְּרוּ הָאֲנָשִׁים לְהָשִׁיב אֶל־הַיַּבָּשָׁה

וְלֹא יָכֹלוּ

כִּי הַיָּם הוֹלֵךְ וְסֹעֵר עֲלֵיהֶם

음역

wayyaḥtərû hāʾănāšîm ləhāšîḇ ʾel-hayyabbāšāʰ

wəlōʾ yāḵṓlû

kî hayyām hôlēḵ wəsōʿēr ʿălêhem

간역

אֶל־הַיַּבָּשָׁה	לְהָשִׁיב	הָאֲנָשִׁים	וַיַּחְתְּרוּ
육지로	돌아가기 위해	그 사람들이	그리고 노를 저었다.

וְלֹא יָכֹלוּ

그런데 그럴 수가 없었다.

עֲלֵיהֶם　　　וְסֹעֵר　הוֹלֵךְ　　　הַיָּם　　　כִּי

그들의 위에서 흉용해졌기　[때문이다] 점점 더　　그 바다가　　왜냐하면

윤문

그 사람들이 육지로 돌아가기 위해서 노를 저었으나 그렇게 할 수 없었다. 왜냐하면 바다가 그들의 뜻과 달리 점점 더 흉용해졌기 때문이다.

단어 및 구문 해설

וַיַּחְתְּרוּ : חתר (노젓다, to row)의 칼 미완료 3인칭 남성 복수

- 미완료 접두어가 יִ가 아니라 יַ가 된 이유는 다음에 오는 자음이 후음인 ח이기 때문이다. 후음은 a소리 계열이 자신과 그 앞의 모음에 오게 만드는 성향이 있다.

- תְּ에 찍힌 점은 이중점이 아니라 경음점(*dagesh lene*)이다. 베갇케팥 문자(ב ג ד כ פ ת) 6개는 단어 초두나 폐음절 다음에 올 때 이처럼 경음점을 받는다.

לְהָשִׁיב : 전치사 לְ + שׁוּב의 히필 부정사 연계형(아인-봐브[ע"ו]동사)

- שׁוּב의 히필형 변화: הֵשִׁיב (완) יָשִׁיב (미완) הָשִׁיב (부연)

יַבָּשָׁה : 육지(dry land)

הוֹלֵךְ וְסֹעֵר

- 이 구문에 대해서는 11절을 보라.

1:14

어휘

• קָרָא (라메드-알렙[ל"א]동사): 외치다(to shout)

-칼형: קָרָא (완) יִקְרָא (미완) קְרָא (명령)

-"그리고 그들이 외쳤다": וַיִּקְרְאוּ (미완)

• אָמַר (페-알렙[פ"א]동사): 말하다(to speak)

-칼형: אָמַר (완) יֹאמַר (미완) וַיֹּאמֶר (봐연, 봐요메르) אֱמֹר (명) אֱמֹר (부연)

-봐브연속법+미완료 3인칭 남성 복수: וַיֹּאמְרוּ

• אָנָּה : 감탄사.

-감탄사 אָהּ ("아!", Ah!) + נָא

• אַל : 아니(not)

• נָא : 제발(please). (명령형 등 희구를 나타내는 단어 뒤에 붙은 불변화사)

• אָבַד (페-알렙[פ"א]동사): 망하다(to perish)

-칼형: אָבַד (완) יֹאבַד / יֹאבֵד (미완)

-칼 청유형(cohortative) 공통 복수: נֹאבְדָה

• בְּ : ~안에(in), ~으로(with), ~때문에(because of)

• נֶפֶשׁ : 혼(soul), 사람(man), 목숨(life), 숨(breath)

• אִישׁ : 남자 혹은 남성(man), 남편(husband), 사람(human being)

• זֶה : 이(this, 지시형용사 남성 단수)

-"이"(this): הַזֶּה (정관사 הַ◻ + זֶה)

-"이 사람": הָאִישׁ הַזֶּה

• נָתַן (페-눈[פ"ן]동사): 주다(to give)

-칼형: נָתַן (완) יִתֵּן (미완) תֵּן (명령) וַיִּתֵּן (봐연)

-미완료: יִנְתֵּן → יִתֵּן

-"주라"(give!): תִּתֵּן (간접명령=형태상 미완료와 동일!)

-"주지 마소서"(Don't give!): אַל־תִּתֵּן

• עַל : ~위에(on)

-"우리 위에": עָלֵינוּ

• דָּם: 피(blood)

• נָקִיא / נָקִי : 무고한, 무죄한(innocent)

-원래의 철자법은 נָקִי (동사 נָקָה ["~으로부터 자유롭다", "~으로부터 면책이다"]에서 파생. 둘 다 원형은 נקי). 그러나 성경 히브리어에서는 이 경우와 같이 묵음인 א이 까닭 없이 끼여 드는 경우가 많음. 이 단어의 경우도 א가 נָקִי에 추가된 경우는 요엘서 4:19 (개역개정 3:19)와 이 요나서 1:14뿐임

-"무고한 피": דָּם נָקִיא (=דָּם נָקִי / דַּם נָקִי) (구약에서 "무고한 피"를 흘리게 만드는 것은 큰 죄) (참고, 왕하 21:16; 24:4 등)

• אַתָּה : 너(you) (주격 2인칭 남성 단수)

• כַּאֲשֶׁר : ~대로(as…)

-복합 접속사: אֲשֶׁר + כְּ → כְּאֲשֶׁר → כַּאֲשֶׁר

-이 복합 접속사는 문맥에 따라 다양한 의미로 해석 가능

-현 문맥에서는 "~대로" 정도로 해석하면 됨.

• חָפֵץ (페-후음[G"פ]동사): (칼) 기뻐하다(to delight in) (상태동사)

-칼형: חָפֵץ (완) יַחְפֹּץ / יֶחְפַּץ

-미완료형의 경우 페-후음[G"פ]동사가 취할 수 있는 두 가지 미완료형 다 쓰임: □ֹ□ֲ□ַ / □ַ□ֱ□ֶ (앞이 □ַ이면 뒤는 □ֹ / 앞이 □ֶ이면 뒤는 □ַ)

-이 페-후음[G"פ]동사 미완료의 변화에서 페(פ) 위치의 후음이 ח인 경우 ח 자신은 합성 쉐바 대신 단순 쉐바를 취하고, 상응하는 미완료 접두어모음만 원래의 합성 쉐바의 모음과 상응하게 바꾸어 놓는 경향이 있음.

(1) □ֹ□ֲחַיַ → □ֹ□ְחַיַ (יַחְפֹּץ)

(2) □ַ□ֱחֶיֶ → □ַ□ְחֶיֶ (יֶחְפַּץ)

-"당신이 기뻐했다(한다)": חָפַצְתָּ (대화 속에 상태동사의 완료형이 나오는

경우 현재형으로 해석해야 하는 경우가 많음)

- עָשָׂה (페-후음(G"פ)동사+라메드-헤(ל"ה)동사): 만들다(to make), 하다(do)
  - -칼: עָשָׂה (완) יַעֲשֶׂה (미완) יַעַשׂ (간명) וַיַּעַשׂ (봐연) עֲשֵׂה (명) עֲשׂוֹת (부연)
  - -"당신이 했다"(NET: "you have done"): עָשִׂיתָ (완) (10절 어휘 참조)

본문

וַיִּקְרְאוּ אֶל־יְהוָה
וַיֹּאמְרוּ
אָנָּה יְהוָה
אַל־נָא נֹאבְדָה בְּנֶפֶשׁ הָאִישׁ הַזֶּה
וְאַל־תִּתֵּן עָלֵינוּ דָּם נָקִיא
כִּי־אַתָּה יְהוָה כַּאֲשֶׁר חָפַצְתָּ עָשִׂיתָ

음역

wayyiqrəʾû ʾel-yhwh(ʾăḏōnāy)

wayyōʾmərû

ʾānnāʰ yhwh(ʾăḏōnāy)

ʾal-nāʾ nōʾḇəḏāʰ bənépeš hāʾîš hazzeʰ

wəʾal-tittēn ʿālênû dām nāqîʾ

kî-ʾattāʰ yhwh(ʾăḏōnāy) kaʾăšer ḥāp̄áṣtā ʿāśîṯā

간역

אֶל־יְהוָה	וַיִּקְרְאוּ
여호와께	그러자 [그들이] 외쳤다

וַיֹּאמְרוּ

그리고 말하였다

יְהוָה	אָנָּה
여호와여	아하!

הָאִישׁ הַזֶּה	בְּנֶפֶשׁ	אַל־נָא נֹאבְדָה
이 사람의	생명으로 인해	망하지 않게 하소서

דָּם נָקִיא	עָלֵינוּ	וְאַל־תִּתֵּן
무죄한 피를	우리 위에	그리고 주지 마소서

עָשִׂיתָ	כַּאֲשֶׁר חָפַצְתָּ	יְהוָה	אַתָּה	כִּי־
행하시기 때문입니다	기뻐하는 대로	여호와여	당신은	왜냐하면
				(혹은 진실로)

윤문

그러자 그들이 여호와께 외쳐 말하였다. "아하, 여호와여! 이 사람의 목숨 때문에 저희를 벌하지 마시옵소서. 우리 위에 무죄한 피를 돌리지 마소서. 여호와여, 당신은 당신이 원하시는 대로 행하시는 분입니다."

단어 및 구문 해설

וַיִּקְרְאוּ : **קרא**의 칼 미완료 3인칭 남성 복수

וַיֹּאמְרוּ : **אמר**의 칼 미완료 3인칭 남성 복수

אָנָּה: 감탄사.

- 이 감탄사는 감탄사 **אָהּ** (아!, Ah!)와 **נָא**를 덧붙임으로써 상당히 강한 탄식을 표현해준다(창 50:17; 출 32:31; 기타의 성경의 용례는 항상 하나님 혹은 아도나이가 따라 나옴, 시 118:25; 느1:5,11; 신 9:4; 왕하 20:3[=사 38:3]; 욘 1:14; 4:2; 시

116:4,16).

- 이 감탄사는 요나서에서 이 구절뿐만 아니라 4:2에도 등장한다. 요나서는 선원들과 요나의 대비가 중요한데, 하나님께 기도를 드릴 때 서두에 사용되는 이 단어 역시 선원들과 요나의 유비를 보여준다. 1:14와 4:2의 이 단어의 등장을 정리하면 다음과 같다.

(1) 두 경우 모두 기도의 서두가 이 감탄사로 시작된다.

(2) 1:14의 기도의 주체는 이방선원들이다. 4:2의 기도자는 요나이다.

(3) 1:14에서 이 감탄사는 이방선원들이 요나의 생명과 관련하여 하나님의 뜻에 순종하기로 결심하는 기도를 할 때 그 서두를 연다. 4:2에서 이 감탄사는 니느웨에 재앙내리는 것을 취소하신 하나님의 뜻에 반발하는 기도의 서두에 나온다.

(4) 두 기도 모두 중간에 하나님의 성품에 대한 표명을 하는 것이 나온다.

1:14	4:2
כִּֽי־אַתָּ֣ה יְהוָ֔ה כַּאֲשֶׁ֥ר חָפַ֖צְתָּ עָשִֽׂיתָ	כִּ֣י אַתָּ֗ה אֵֽל־חַנּ֣וּן וְרַח֔וּם אֶ֤רֶךְ אַפַּ֙יִם֙

נֹאבֵדָה : אבד의 칼 청유형 공통 복수

אַל־תִּתֵּן:

-תִּתֵּן: נתן의 칼 간접명령(jussive) 2인칭 남성 단수

דָּם נָקִיא: 무죄한 피(innocent blood)

-דָּם: 피(blood)

-נָקִיא: 무고한, 무죄한(innocent)

- דָּם נָקִיא, 즉 "무고한 피"라는 이 중요한 표현은 신 19:10, 13; 21:8, 9; 왕하 24:4; 시 106:38; 욜 3:19 등에 나온다. 이 표현은 앞의 목록의 왕하 24:4 등의 경우는 남왕국 유다가 멸망하게 된 것에 대한 중요한 신학적 근거로서 언급되고 있기도 하다.

כִּי:
- 이것은 이유절을 이끄는 접속사로 많이 쓰이기는 하지만 또한 강조어법으로 사용되어 "진실로"(indeed) 등의 의미를 가질 수도 있다.
- 현재의 본문에서 이 단어는 두 가지 중 그 어느 것으로 해석되어서 이상할 것이 없어 보인다.

חָפַצְתָּ : חפץ (기뻐하다, to delight in)의 칼 완료 2인칭 남성 단수

עָשִׂיתָ : עשׂה의 칼 완료 2인칭 남성 단수(3일 뼈대 라메드-헤[ל"ה] 동사 해설 참조; 1:10의 עשׂה 도표 참조)
- ל"ה 동사는 동사변화시 뒤에 자음이 낀 어미(תָּ, תְּ, תִי, תֶם, נוּ)가 오면 ה가 י로 바뀐다. 그리고 이에 맞춰 그 앞의 모음도 ִ로 변한다. 즉 עָשָׂה + תָּ → עָשִׂי + תָּ → עָשִׂיתָ. 이 마지막 변화에서 ת에 찍힌 경음점(dagesh lene)는 이 자음이 모음 다음에 위치하게 됨으로써 자연히 탈락한 것이다.

1:15

어휘

- **נשׂא** (페-눈[פ"ן]동사+라메드-알렙[ל"א]동사): (칼) 들어올리다(to lift up)

  -칼형: **נָשָׂא** (완) **יִשָּׂא** (미완) **שָׂא** (명)

  -"그리고 그들이 들어 올렸다": **וַיִּשְׂאוּ**

  -이 구절에서와 같이 위의 미완료 변화에서 이중점이 온 자음에 쉐봐가 오는 경우(שְׂ) 쉐봐가 생략되는 경우 많음(발음 때문): **וַיִּשְּׂאוּ** → **וַיִּשְׂאוּ**

- **טוּל** (아인-봐브[ע"ו]동사): (히필) 던지다(to throw)

  -히필형: **הֵטִיל** (완) **יָטִיל** (미완) **הָטֵל** (명령) **וַיָּטֶל** (봐연)

  -미완료 3인칭 남성 복수: **וּ** + **יָטִיל** → **יָטִילוּ** → **יְטִילוּ** (3인칭 복수 어미로 인한 액센트 이동 때문에 첫 자음의 모음이 쉐봐로 변함)

  -"그리고 그들이...던졌다"(봐브연속법): **יְטִילוּ** + **וַ◌ּ** → **וַיְטִילוּ** (미완료 접두어 י에 쉐봐가 오는 경우 이중점 안 찍음)

  -"그리고 그들이 그를 던졌다": **וַיְטִלֻהוּ**

  이것의 변화는 아래와 같음

  (1) **הוּ** + **וַיְטִילוּ** → **וַיְטִילוּהוּ** (앞의 미완료 변화+인칭대명사)

  (2) **וַיְטִילוּהוּ** → **וַיְטִילֻהוּ** (순장모음을 짧게["불완전철자법"이라 불림])

  (3) **וַיְטִילֻהוּ** → **וַיְטִלֻהוּ** (순장모음을 짧게[위와 동일한 현상])

- **עמד** (페-후음[G"פ]동사): 서다(to stand)

  -칼: **עָמַד** (완) **יַעֲמֹד** (미완)

  -"그리고 그것이 섰다(멈췄다)"(and it stood [stopped]): **וַיַּעֲמֹד**

- **זַעַף** : 아래 두 가능성 중 하나(설명은 본문 해설 참조)

  (1) 동사 **זָעַף** (분노하다, to rage)의 칼 부정사 연계형

  (2) 명사 **זַעַף** (분노, rage)

본문

וַיִּשְׂאוּ֙ אֶת־יוֹנָ֔ה
וַיְטִלֻ֖הוּ אֶל־הַיָּ֑ם
וַיַּעֲמֹ֥ד הַיָּ֖ם *מִזַּעְפּֽוֹ

음역

wayyiśʾû ʾeṯ-yônā^{h}

wayəṭīlúhû ʾel-hayyām

wayyaʿămōḏ hayyām mizzaʿpô

간역

וַיִּשְׂאוּ֙	אֶת־יוֹנָ֔ה
그러자 그들이 들어올렸다	요나를
וַיְטִלֻ֖הוּ	אֶל־הַיָּ֑ם
그리고 그를 던졌다	바다로

וַיַּעֲמֹ֥ד	הַיָּ֖ם	*מִזַּעְפּֽוֹ
그러자 섰다	그 바다가	그 요동함으로부터

윤문

그래서 그들이 요나를 들어서 바다로 던졌다. 그러자 바다가 요동치는 것이 멈췄다.

단어 및 구문 해설

וַיִּשְׂאוּ : נאשׂ의 칼 미완료 3인칭 남성 복수

וַיְטִלֻהוּ : טוּל의 히필 미완료 3인칭 남성 복수 + 목적격 인칭대명사 3인칭 남성 단수 הוּ.

- 상세한 해설은 기본적으로 같은 변화패턴을 보이는 12절의 וַהֲטִילֻנִי에 대한 해설을 참조하라.

וַיַּעֲמֹד : עמד (서다, to stand)의 칼 미완료 3인칭 남성 단수

- יַעֲמֹד에서 יַעֲ가 규칙동사의 יִקְטֹל처럼 יִעְ가 아닌 이유는 ע가 후음이기 때문이다. 후음은 단순 쉐바 대신 합성 쉐바를 취하기 때문에 ע의 모음이 ֲ가 된 것이다. 그 앞의 י의 모음은 이 합성쉐바와 상응하도록 하기 위해 ַ가 온다. 이렇게 해서 결과적으로 יַעֲ가 된 것이다.

- 이것을 정리해서 규칙동사의 경우부터 나열해 보면 יִקְטֹל → יִעְמֹד (규칙동사의 모음을 עמד에 적용) → יִעֲמֹד (후음은 단순 쉐바 대신 합성 쉐바 취함. 주로 ֲ)→ יַעֲמֹד (합성 쉐바의 모음과 그 앞의 모음을 상응하게 만듬).

מִזַּעְפּוֹ : 전치사 מִן + זעף (분노하다, to rage)의 칼 부정사 연계형 (혹은 명사 זעף, 분노, rage) + 인칭대명사 3인칭 남성 단수 וֹ

- + זעף를 부정사 연계형으로 보는 견해는 HALOT등이다. 그러나 Snaith 등은 이것을 명사로 본다.

- זעף를 동사로 볼 경우 이 동사는 구약에서 총 네 번 나온다(욘 1:15; 잠 19:3; 대하 26:19 [x2] †). 이 중에서 요나서 1:15와 대하 26:19의 경우는 동사인지 명사인지가 명확하지 않은 것으로 간주된다.

- 혹은 זעף를 명사 זַעַף로 볼 경우 구약에서 총 일곱 번 나온다. 위에서 언급한 욘 1:15; 대하 26:19의 불명확한 경우 외에 명사임이 명확한 경우로 대하 16:10; 28:9; 잠 19:12; 미 7:9; 사 30:30가 있다(†).

- 이 문구 끝의 인칭대명사 3인칭 남성 단수 וֹ는 זעף의 부정사의 의미상의 주어일 수도 있고, 명사 זַעַף의 소유격 3인칭 남성 단수 인칭대명사일 수도 있다.

1:16

어휘

- יָרֵא (페-요드[פ"י]동사+라메드-알렙[ל"א]동사): (칼) 두려워하다(to be afraid)
  - 칼형: יָרֵא (완) יִירָא (미완)
  - 봐브연속법+칼 미완료 3인칭 남성 복수: וַיִּירְאוּ
- אִישׁ : 남자 혹은 남성(man), 남편(husband), 사람(human being)
  - אִישׁ의 명사 변화 도표

	단수	복수
절대형	אִישׁ	אֲנָשִׁים
연계형	אִישׁ	אַנְשֵׁי

  - "그 사람들": הָאֲנָשִׁים
- יִרְאָה : "두려움"(fear).
  - יָרֵא ("두려워하다", to fear)란 동사에서 파생된 동족 명사.
- גָּדוֹל : 큰(great)
  - 남성: גָּדוֹל 여성: גְּדוֹלָה
  - "아주 크게 두려워하다"(동족 목적어 구문): יָרֵא יִרְאָה גְדוֹלָה
- זבח (라메드-후음[ל"א]동사): (칼) 제사드리다(to sacrifice)
  - 칼형: זָבַח (완) יִזְבַּח (미완) (끝 모음 후음 때문에 ֹ 대신 ַ가 됨)
  - "그리고 그들이 제사드렸다": וַיִּזְבְּחוּ
- נדר (페-눈[פ"ן]동사): (칼) 서원하다(to vow)
  - 칼형: נָדַר (완) יִדֹּר (미완)
  - "그리고 그들이 서원했다": וַיִּדְּרוּ
- נֶדֶר : 서원(vow)

-נֵדֶר (단수) נְדָרִים (복수)

본문

וַיִּירְאוּ הָאֲנָשִׁים * יִרְאָה גְדוֹלָה אֶת־יְהוָה
וַיִּזְבְּחוּ־זֶבַח לַיהוָה
וַיִּדְּרוּ נְדָרִים

음역

wayyi̯rʾû hāʾănāšîm yirʾā^{h} ḡəḏôlā^{h} ʾeṯ-yhwh(ʾāḏōnāy)

wayyi̯zbəḥû-zéḇaḥ lyhwh(la̯ʾḏōnāy)

wa̯yyiddərû nəḏārîm

간역

אֶת־יְהוָה	יִרְאָה גְדוֹלָה*	הָאֲנָשִׁים	וַיִּירְאוּ
여호와를 향한	커다란 두려움을	그 사람들이	그러자 두려워하였다

לַיהוָה	זֶבַח	וַיִּזְבְּחוּ־
여호와께	제사를	그래서 [그들이] 드렸다

נְדָרִים	וַיִּדְּרוּ
서원을	그리고 서원했다

윤문

그러자 그 사람들이 여호와를 아주 크게 두려워하였다. 그래서 그들은 여호와께 제사를 드리고, 서원을 했다.

단어 및 구문 해설

וַיִּירְאוּ הָאֲנָשִׁים * יִרְאָה גְדוֹלָה אֶת־יְהוָה

- 기본적으로 5, 10절의 "두려워하다"란 동사를 쓴 구절들과 병행 관계에 있다.
- 10절과 마찬가지로 동족 목적어 구문(יָרֵא יִרְאָה)인 것으로 보인다.
- 그러나 10절과 달리 여기에서는 "여호와를 두려워하다"란 표현을 위해 "여호와"란 목적어가 도입됨으로 해서 동족 목적어 역할을 하는 יִרְאָה와 여호와(יהוה) 중에서 어느 것이 정확히 진짜 직접 목적어 역할을 하는지가 불분명하다.
- 어찌 됐든 5, 10, 16절의 상응성과 발전성은 뚜렷하다. 계속 새로운 요소가 추가된다.

주+동	וַיִּירְאוּ הָאֲנָשִׁים	5절
주+동+동족목	וַיִּירְאוּ הָאֲנָשִׁים יִרְאָה גְדוֹלָה אֶת־יְהוָה	10절
주+동+동족목+직목(?)	וַיִּירְאוּ הָאֲנָשִׁים יִרְאָה גְדוֹלָה אֶת־יְהוָה	16절

וַיִּזְבְּחוּ : זבח (제사드리다, to sacrifice)의 칼 미완료 3인칭 남성 단수

זֶבַח (희생제사, sacrifice)

וַיִּזְבְּחוּ־זֶבַח
- 이것도 동족목적어 구문이다.

וַיִּדְּרוּ : נדר (서원하다, to vow)의 칼 미완료 3인칭 남성 복수
- נדר는 첫번째 자음에 נ이 오는 페-눈(פ"ן) 동사란 약동사 유형의 동사이다. נ이 그 특성상 음절의 끝에 와서 쉐봐와 함께 쓰이게 되면 그 다음 자음에 동화되는 것이 이이 약동사의 가장 큰 특징이다.
- 즉 이 동사의 칼 미완료형은 변화가 적용되기 전에는 יִנְדֹּר가 되는데, 여기에서

יִנְ에서 보듯이 נ이 음절의 끝에 오고, 또 쉐봐와 함께 사용되었다. 따라서 뒷자음에 동화된다(즉, יִנְדֹּר → יִדְדֹּר). דְּד의 형태가 되면 ד자음이 쉐봐와 더불어 중복되는데 이 경우 히브리어에서는 이중점을 사용한다(즉, דְּד → דּ). 따라서 결과적으로 יִדֹּר의 형태가 된다. 여기에 미완료 3인칭 남성 복수 어미 וּ가 오게 되면 본문의 경우와 같이 יִדְּרוּ가 된다.

- 정리하자면 יִנְדֹּר → יִדְדֹּר (נ이 뒷자음에 동화되어 ד이 됨)→ יִדֹּר (자음이 쉐봐와 더불어 중복되면 이중점으로 처리) → יִדְּרוּ (복수어미 וּ추가)이다.

נְדָרִים : נֶדֶר (서원, vow)의 복수형

וַיִּדְּרוּ נְדָרִים

- 이 구문 역시 동족목적어 구문이다.
- 결국 이 구절은 전부 동족목적어 구문으로 이루어져 있는 것이 특징이다.

제 2 장

2:1(역본 1:17)

어휘

- **מנה** (라메드-헤[ל"ה]동사): (칼) 세다(to count); (피엘) 임명하다(appoint), 제공하다(to supply) (요나서의 개역개정판 번역은 "예비하다"[총 4회, 욘 1:17; 4:6, 7, 8])

  -피엘형: מִנָּה (완) יְמַנֶּה (미완) יְמַן (간명) וַיְמַן (봐연)

- **דָּג** : 물고기(fish)

  -"그 물고기": הַדָּג

- **בלע** (라메드-후음[G"ל]동사): 삼키다, to swallow)

  -칼형: בָּלַע (완) יִבְלַע (미완) בְּלֹעַ (부연, "블로아"로 발음)

  -"삼키기 위하여": בְּלֹעַ + לְ → לְבְלֹעַ → לִבְלֹעַ

- **היה** (페-후음[G"פ]동사+라메드-헤[ל"ה]동사): ~이다(to be), ~이 있다(to be), ~이 되다(to become)

  -칼형: הָיָה (완) יִהְיֶה (미완) וַיְהִי (봐연)

- **מֵעֶה** : 배 혹은 뱃속(stomach), 내장(entrails), 몸(body), 내적 존재(inner being, 즉 감정의 처소)

  -쌍수: מֵעַיִם 쌍수 연계형: מְעֵי

  -מְעֵי는 혹은 중세 히브리어의 경우와 같이 복수 연계형일 수도 있음 (←מֵעִים) (결국 연계형에서는 쌍수, 복수는 동일해짐!)

  -"~의 뱃속에": מְעֵי + בְּ → בְּמְעֵי → בִּמְעֵי

- **שָׁלֹשׁ / שָׁלוֹשׁ** : 3(three)

  -남성형: שָׁלֹשׁ / שָׁלוֹשׁ 여성형: שְׁלֹשָׁה / שְׁלוֹשָׁה (순장모음 없는 형태/있는 형태 다 쓰임)

-히브리어 숫자 남성형은 여성명사와, 여성형은 남성명사와 함께 쓰임(즉 숫자와 명사는 성이 엇갈림).

- **יוֹם** : 날 혹은 낮(day)
  - -단수: יוֹם 복수: יָמִים
  - -"3일 낮": שְׁלֹשָׁה יָמִים
- **לַיְלָה** : 밤(night)
  - -단수: לַיְלָה 복수: לֵילוֹת
  - -לַיְלָה는 동의어인 לַיִל의 이형. 후자에 어미 הָ가 추가된 것.
  - -לַיִל는 ◌ַ◌ִ◌형의 명사. 이 형태 명사의 연계형은 ◌ֵי◌ (◌ַ◌ִ◌ → ◌ֵי◌)
  - -לַיְלָה의 복수형 변화도 이와 연계. 일단 어미를 제외한 앞 부분이 לַיִל→ לֵיל로 된 상태에서 단수 어미 הָ가 복수 어미 וֹת로 된 것(וֹת + לֵיל → לֵילוֹת)
  - -"3일 밤": שְׁלֹשָׁה לֵילוֹת

본문

וַיְמַן יְהוָה דָּג גָּדוֹל לִבְלֹעַ אֶת־יוֹנָה
וַיְהִי יוֹנָה בִּמְעֵי הַדָּג שְׁלֹשָׁה יָמִים וּשְׁלֹשָׁה לֵילוֹת

음역

wayəman yhwh(ʾăḏōnāy) dāḡ gāḏôl liḇlōᵃᶜ ʾeṯ-yônāʰ

wayəhî yônāʰ bimᶜê haddāḡ šəlōšāʰ yāmîm ûšəlōšāʰ lêlôṯ

간역

אֶת־יוֹנָה	לִבְלֹעַ	דָּג גָּדוֹל	יְהוָה	וַיְמַן
요나를	삼키기 위해	큰 물고기를	여호와께서	그리고 준비하였다.

לֵילוֹת	וּשְׁלֹשָׁה	יָמִים	שְׁלֹשָׁה	הַדָּג	בִּמְעֵי	יוֹנָה	וַיְהִי
삼일 밤을		삼일 낮과		그 물고기 뱃속에		요나가	그리고 있었다.

윤문

여호와께서 요나를 삼킬 큰 물고기를 준비하셨다. 그래서 요나가 물고기의 뱃속에 삼일 밤낮을 있게 되었다.

단어 및 구문 해설

주의!

히브리어 본문의 이 2:1은 개역개정판에서는 1:17. 따라서 이 2장에서는 개역개정판의 절에 숫자 1을 더해서 개역개정판의 절 숫자와 일치한다는 점을 유의하라.

히브리어	개역개정
2:1	1:17
2:2	2:1
2:3	2:2
등등	

וַיְמַן : **מנה** (세다[to count])의 피엘(제공하다[to supply]) 미완료 3인칭 남성 단수

- **מנה**의 피엘 미완료는 יְמַנֶּה이다. 라메드-헤 동사(ל"ה)는 미완료형이 봐브 연속법과 함께 사용되는 경우 마지막의 ה가 그 앞의 음절과 함께 탈락한다(즉 ◌ֶה).
다시 말해 יְמַנֶּה → וַיְמַן. נ에 있던 이중점이 빠진 이유는 단어의 마지막에는 이중점을 찍지 않기 때문이다.

- **מנה**는 2장 이하에서 중요한 단어이다. 총 네 번 나온다(2:1[역본 1:17]; 4:6, 7, 8). 참고로 이 네 번은 소선지서에 이 단어가 사용된 경우 전부이다). 이 단어는 1

장의 טול이란 히브리어 단어가 대체된 것이다. 따라서 이 단어는 내레이터가 자신의 의중을 숨기는 단어 중의 하나이다. 1장의 사건은 모든 것이 우연히 일어난 것처럼 처리되고 있다. 그러나 이 2장에서 처음으로 내레이터는 요나가 현재 겪고 있는 일이 생각보다 훨씬 더 깊은 차원의 하나님의 의도를 담고 있는 것임을 나타내 준다.

דָּג : 물고기(fish)

דָּג גָּדוֹל
- 요나서에 나오는 이 큰 물고기의 정체가 무엇인지에 대해서 간혹 학자들은 많은 시간을 할애하는 경우가 있다. 그러나 본문은 이 물고기의 정체가 과연 무엇인지에 대한 아무런 단서도 제공해주지 않고, 단지 "큰 물고기"라는 극히 단순한 서술만 하고 있을 뿐이다. 따라서 이 물고기의 정체에 대한 그 어떤 주장도 결국에는 추측의 영역에 머물 뿐임을 기억하는 중요하다. 요나서 내에서 이 물고기는 여호와께서 당신의 목적을 위하여 준비하신 피조물이라는 정체성 외의 그 어떤 것도 우리는 알 수가 없는 것이다.
- 참고로 요나서에서 이 큰 물고기는 전혀 중요한 존재가 아니다. 이 물고기는 4장에서 하나님께서 예비하신 키카욘, 벌레, 동풍보다 결코 중요한 존재가 아니다. 일례로 키카욘이란 단어는 요나서에서 총 다섯 번 나오는데, 물고기는 단지 세 번만 나올 뿐이다.

לִבְלֹעַ : 전치사 לְ + בלע (삼키다, to swallow)의 칼 부정사 연계형

בִּמְעֵי : 전치사 בְּ + מֵעֶה (뱃속, stomach)의 복수(혹은 쌍수) 연계형(מְעֵי).
- 쌍수는 מֵעַיִם이며(가설적, HALOT), 그 연계형은 מְעֵי이다. 그러나 이것이 중세 히브리어처럼 복수일 가능성을 배제할 수 없다.

- 이 단어는 내장(entrails), 배 혹은 뱃속(stomach), 몸(body), 내적 존재(inner being, 즉 감정의 처소) 등을 가리킨다.

לֵילוֹת : לַ֫יְלָה (밤, night)의 복수

- עַ֫יִן의 쌍수형(그리고 복수형도 마찬가지)이 될 때 עֵינַ֫יִם이 된다. עַיִ → עֵי가 되는 것이다. לַיְ → לֵי가 되는 것도 역시 마찬가지 현상인 것으로 보인다.

2:2(역본 2:1)

어휘

• פלל (아인중복[ע"ע]동사): (히트파엘) 기도하다(to pray)

-히트파엘형: הִתְפַּלֵּל (완) יִתְפַּלֵּל (미완) וַיִּתְפַּלֵּל (봐연)

-이 동사는 오직 히트파엘형으로만 쓰임.

-명사형은 이 동사 어근에 명사 접두어 תּ를 넣고, 아인중복 부분에 이중점이 찍힌 여성 명사 형태: תְּפִלָּה.

-비슷한 유형은 역시 같은 아인중복 동사이며, "찬양하다"(to praise)란 뜻을 가진 הלל (동 הִתְהַלֵּל 명 תְּהִלָּה)

• מֵעֶה : 배 혹은 뱃속(stomach), 내장(entrails), 몸(body), 내적 존재(inner being, 즉 감정의 처소)

-쌍수: מֵעַיִם 쌍수 연계형: מְעֵי

-מְעֵי는 혹은 중세 히브리어의 경우와 같이 복수 연계형일 수도 있음 (←מֵעִים) (결국 연계형에서는 쌍수, 복수는 동일해짐!)

-"~의 뱃속으로부터": מְעֵי + מִן → מִנְמְעֵי → מִמְּמְעֵי (자음 동화) מִמְּעֵי (이중점)

• דָּגָה : 물고기(fish)

-"그 물고기": הַדָּגָה

-דָּגָה는 앞 절의 דָּג의 여성형(추가적 해설은 아래의 "단어 및 구문 해설" 참조)

본문

וַיִּתְפַּלֵּל יוֹנָה אֶל־יְהוָה אֱלֹהָיו מִמְּעֵי הַדָּגָה

음역

wayyiṯpallēl yônāʰ ʾel-yhwh(ʾăḏōnāy) ʾĕlōhāyw mimməʿê haddāgāʰ

간역

אֱלֹהָיו	אֶל־יְהוָה	יוֹנָה	וַיִּתְפַּלֵּל
그의 하나님	여호와께	요나가	그리고 기도했다.

הַדָּגָה	מִמְּעֵי
그 물고기의	배로부터

윤문

요나가 그의 하나님 여호와께 그 물고기의 뱃속에서 기도했다.

단어 및 구문 해설

וַיִּתְפַּלֵּל: **פלל**의 히트파엘(기도하다, to pray) 미완료 3인칭 남성 단수

- 이 것은 욘 4:2와 상응한다.

2:2	4:2
וַיִּתְפַּלֵּל יוֹנָה אֶל־יְהוָה אֱלֹהָיו	וַיִּתְפַּלֵּל אֶל־יְהוָה

- 위의 도표에서 주어 요나가 빠진 것은 별 문제가 없다.
- 그러나 위의 도표상에서 2:2의 마지막 문구인 **אֱלֹהָיו**가 빠진 것은 중요한 것으로 생각된다. 왜냐하면 4:2에서는 요나와 하나님간의 반목이 드러나기 때문이다.

הַדָּגָה : 정관사 + **דָּגָה** (물고기, fish)

- **דָּגָה**는 **דָּג**의 여성형이다.
- 여성형은 원래 한 집단의 물고기를 가리키는데 사용되며(WO, § 6.4.2c), 구약성경에서 이 단어가 한 마리의 물고기를 지칭하는데 사용된 경우는 오직 이 구절뿐이다(Trible, 1963, 31).[1] 요나서에서 세 번 사용되는 "물고기"란 단어 중 나머

1) 물론 WO, § 6.4.2c와 6.4.2d는 두 가지 상반된 현상을 다루고 있다. 전자는 개별개체를 나타내는 남성형

지 두 번(2:1,11)은 남성형이 사용되는데 여기에만 여성형이 사용되는 것은 의아하다. 여성형을 이처럼 한 마리 물고기를 지칭하는데 사용하는 것이 후대 히브리어상의 용법이라든지 여성형 어미 ה가 정관사의 자음인 ה의 영향 때문에 본문 속으로 잘못 삽입되었다는지 하는 식의 설명들이 있지만 이러한 주장들은 구체적인 근거가 없다고 Trible은 주장한다. 사본상으로는 분명히 여기에 여성형이 사용되고 있는 것이 맞다. 그러나 왜 갑자기 여기에만 여성형이 사용되는지는 현재로서는 파악할 방법이 없다.

- 남성형 명사에서 여성형 명사로 바뀐 것은 단지 수사법적으로 다양한 단어들을 사용하기 위한 것이었을까?

→ 이제는 답을 할 수도 있을 것 같다. 요나서의 저자는 현학적이다. 그리고 단어들을 단순하게 반복만 하는 것이 아니라 살짝씩 틀어서 사용하는 경우들이 있다. 그런 흐름 속에서 저자는 앞에서 두 번 언급한 남성형 대신 여성형을 택하는 것 같다.

명사에서 파생된 여성형 명사가 집단을 나타내는 경우이다. 예를 들어 אֹיֵב (적, enemy)이란 단어의 여성형 명사인 אֹיֶבֶת는 집단화된 적을 가리킨다. 반면에 후자는 그 반대로 집단을 나타내는 남성형 명사에서 파생된 여성형 명사가 개별 개체를 나타내는 경우를 다루고 있다. 예를 들어 집단으로서의 꽃들을 가리키는 צִיץ (꽃들)의 여성형인 צִיצָה는 개별적인 하나의 꽃을 가리킨다.

2:3(역본 2:2)

어휘

• קָרָא (라메드-알렙[ל"א]동사): 외치다(to shout), 부르짖다(to cry out)

-칼형: קָרָא (완) יִקְרָא (미완) קְרָא (명령)

-라메드-알렙(ל"א)동사의 특징 중의 하나는 א이 자음 가치를 잃어서(즉 음이 되어) 쉐바가 필요 없는 상태가 될 때가 많다는 것. 이 때 뒤에 오는 어미의 자음에 경음점이 있을 경우에는 그것도 함께 사라짐.

심화학습

쉐바가 있다는 것은 그 음절이 폐음절이라는 의미이고, 그 때문에 그 다음에 오는 베게드케페트 문자들에 경음점이 오는 것인데, א이 묵음이 되면서 쉐바도 필요 없게 되면 이 음절이 폐음절이 아니라 개음절이 되기 때문에 그 다음에 오는 베게드케페트 문자도 경음점이 필요 없어지게 되는 것임.

-"내가 외쳤다": קָרָאְתִּי → קָרָאתִי

• צָרָה : 곤궁(need), 고통(distress), 걱정(anxiety)

-"고통으로부터": צָרָה + מִן → מִנְצָרָה → מִמְּצָרָה (자음 동화) → מִצָּרָה (이중점)

-"나의 고통"(좀 예외적인 구문): מִצָּרָה לִי (보통은 מִצָּרָתִי의 형식으로 쓰임)

• עָנָה (페-후음[G"פ]동사+라메드-헤[ל"ה]동사): 대답하다(to answer)

-칼: עָנָה (완) יַעֲנֶה (미완) יַעַן (간명) וַיַּ֫עַן (봐연)

-"그리고 그가 나를 들으셨다": נִי + וַיַּ֫עַן → וַיַּעֲנֵ֫נִי (쉐바의 변화, 액센트 위치 변화 주목)

• בֶּטֶן : 배(belly)

-"배로부터": בֶּטֶן + מִן → מִבֶּטֶן

• שְׁאוֹל : 스올(Sheol)

• שׁוע (라메드-후음[G"ל]동사, 2번 자음 ו는 약동사 변화 안 함): (피엘) (도움을 구하기 위해) 부르짖다(to call [for help])

-피엘형: שִׁוַּע (완) יְשַׁוַּע / יְשַׁוֵּעַ (미완)

-구약성경에는 피엘형만 나옴

-"내가 부르짖었다": שִׁוַּעְתִּי

• שָׁמַע (라메드-후음[G"ל]동사): 듣다(to hear)

-칼형: שָׁמַע (완) יִשְׁמַע (미완)

-"당신이 들었다": שָׁמַעְתָּ

• קוֹל: 소리(sound), 목소리(voice)

-"나의 소리": קוֹלִי

본문

וַיֹּ֗אמֶר

קָ֠רָ֠אתִי מִצָּ֥רָה לִּ֛י אֶל־יְהוָ֖ה

וַֽיַּעֲנֵ֑נִי

מִבֶּ֧טֶן שְׁא֛וֹל שִׁוַּ֖עְתִּי

שָׁמַ֥עְתָּ קוֹלִֽי

음역

wayyṓʾmer

qārāʾṯî miṣṣā́rāʰ lî ʾel-yhwh(ʾăḏōnāy)

wąyyaʿănḗnî

mibbéṭen šəʾôl šiwwáʿtî

šāmáʿtā qôlî

간역

וַיֹּאמֶר

[그가] 말하였다

קָרָאתִי מִצָּרָה לִי אֶל־יְהוָה

여호와께 나의 고난으로 인해 [내가] 부르짖었더니

וַיַּעֲנֵנִי

[그가] 대답하셨도다

מִבֶּטֶן שְׁאוֹל שִׁוַּעְתִּי

외쳤더니 스올의 뱃속으로부터

שָׁמַעְתָּ קוֹלִי

나의 목소리를 [당신이] 들으셨도다

윤문

그가 말하였다. “나의 고난 때문에 내가 여호와께 부르짖었더니 그가 대답하셨고 스올의 뱃속에서 외쳤더니 당신이 내 목소리를 들으셨도다.”(여호와의 인칭이 3인칭에서 2인칭으로 바뀜)

단어 및 구문 해설

* 이 3절의 2-5행은 A-A′의 구성을 갖고 있으며, 여기에서 더 세분화하면 A(a-b)-A′(a′-b′)의 구성을 갖고 있다.

A	a	קָרָאתִי מִצָּרָה לִי אֶל־יְהוָה
	b	וַיַּעֲנֵנִי

B	a′	מִבֶּטֶן שְׁאוֹל שִׁוַּעְתִּי
	b′	שָׁמַעְתָּ קוֹלִי

קָרָאתִי: 1:6의 선장의 말을 연상시킴
-1:6의 선장의 기도 요청에는 반응하지 않았던 요나가 물고기 뱃속에서 드디어 선장의 말처럼 행함.

מִצָּרָה : 전치사 מִן + צָרָה (곤궁, 비판, 걱정, need, distress, anxiety)
- Pedersen, *Isr.* 1-2:332는 צָרָה는 구원, 구속의 반대어라고 지적했다.

לִי : 전치사 לְ + 인칭대명사 목적격 1인칭 공통 단수
- "전치사 לְ + 인칭대명사"의 조합은 소유격의 대신으로 사용될 수가 있다. 즉 לִי는 이 경우에는 "나의"(my)란 의미로 사용되고 있다.

וַיַּעֲנֵנִי : ענה (대답하다, to answer)의 칼 미완료 3인칭 남성 단수 + 목적격 인칭대명사 1인칭 공동 단수 ◌ֵנִי.
- ענה의 미완료형은 יַעֲנֶה이다. 여기에 목적격 인칭대명사가 오면 마지막의 ◌ֶה가 탈락한다. 즉 יַעֲנֶה + ◌ֵנִי → יַעֲנ + ◌ֵנִי → יַעֲנֵנִי.

בֶּטֶן : 배(belly)

שִׁוַּעְתִּי : שׁוע의 피엘([도움을 구하기 위해] 부르짖다, to call for help) 완료 1인칭 공통 단수

שָׁמַעְתָּ : שׁמע (듣다, to hear)의 칼 완료 2인칭 남성 단수(여호와의 인칭이 3인칭에서 2인칭으로 바뀜)

2:4(역본 2:3)

어휘

• שׁלךְ : (히필) 던지다(to throw)

-이 동사는 히필형과 호팔형만 쓰임

-히필형: הִשְׁלִיךְ (완) יַשְׁלִיךְ (미완) וַיַּשְׁלִיךְ (봐연)

-"그리고 당신이 던지셨다": וַתַּשְׁלִיךְ (봐연)

-"그리고 당신이 나를 던지셨다": ◌ֵ֫נִי + וַתַּשְׁלִיכ → וַתַּשְׁלִיכֵ֫נִי

• מְצוֹלָה : 깊음(the deep), 깊은 바다(the deep sea)

-구약성경에서 다양한 철자법으로 표기됨: מְצוֹלָה / מְצוּלָה / מְצֻלָה

• לֵבָב (=לֵב): 마음(heart), 가운데(center)

-לֵבָב (절대형) לְבַב (연계형)

-"~의 가운데": לְבַב + בְּ → בִּלְבַב בְּלְבַב

• יָם : 바다(sea)

-יָם (절대형) יַמִּים (연계형, 이중점 주목!!!)

-"바다들의 가운데로": בִּלְבַב יַמִּים

• נָהָר : 강(river, stream)

• סבב (아인중복[ע"ע]동사): (칼) 돌다(to turn [어떤 것을 중심점으로 해서]), 둘러싸다(to surround); (폴렐[polel], 피엘의 특수형) 둘러싸다(to encompass)

-칼형: סָב / סָבַב (완) יִסֹּב / יָסֹב (미완)

-폴렐형: סוֹבֵב / סֹבֵב (완) יְסוֹבֵב / יְסֹבֵב (미완)

-"그가 나를 둘러쌀 것이다": ◌ֵ֫נִי + יְסֹבֵב → יְסֹבְבֵ֫נִי

-יְסֹבְבֵ֫נִי는 액센트 등을 고려할 때 יְסֹבֵבֵ֫נִי가 더 타당한 듯. 위의 형태는 파란 색 부분의 모음이 왜 쉐봐인지 설명이 안 됨.

-이 미완료의 번역을 통상적인 용법대로 미래로 해석해야 하는지, 아니면 시적 특수성을 고려하여 그냥 과거로 해석해야 하는지는 논란의 여지 많음.

• כֹּל / כָּל־: 모든(all)

• מִשְׁבָּר : 파도(surf)

-동사 שׁבר (깨뜨리다, to shatter)에서 파생.

-מִשְׁבָּר (단수) מִשְׁבָּרִים (복수) מִשְׁבְּרֵי (복수 연계형)

-“당신의 파도들”: מִשְׁבָּרֶיךָ

• גַּל : 물결(wave) (위의 מִשְׁבָּר와 동의어)

-동사 גלל (구르다, to roll)에서 파생

-גַּל (단수) גַּלִּים (복수) גַּלֵּי (복수 연계형)

-“당신의 물결들”: גַּלֶּיךָ

• עַל : ~위에(on)

-“내 위에”: עָלַי

• עָבַר (페-후음[G"פ]동사): (칼) 지나가다(to pass)

-칼형: עָבַר (완) יַעֲבֹר (미완)

-“그것들이 지나갔다”: עָבְרוּ → עָבָֽרוּ (강한 액센트 때문에 모음 길어짐)

본문

וַתַּשְׁלִיכֵנִי מְצוּלָה֙ בִּלְבַב יַמִּים
וְנָהָר יְסֹבְבֵנִי
כָּל־מִשְׁבָּרֶיךָ וְגַלֶּיךָ עָלַי עָבָרוּ

음역

wattašlîḵḗnî məṣûlāʰ bilḇaḇ yammîm

wənāhār yəsōḇəḇḗnî

kol-mišbāreʸ́ḵā wəḡalleʸ́ḵā ʿālay ʿāḇā́rû

간역

בִּלְבַב יַמִּים	מְצוּלָה	וַתַּשְׁלִיכֵנִי
바다들의 가운데로	깊음 속으로	[당신이] 나를 던졌도다

יְסֹבְבֵנִי	וְנָהָר
나를 둘러쌌도다	그리고 강이

עָבָרוּ	עָלַי	וְגַלֶּיךָ	מִשְׁבָּרֶיךָ	כָּל־
넘쳤도다	나의 위에	당신의 물결들이	당신의 파도들과	모든

윤문

당신이 나를 바다들의 가운데의 깊음 속으로 던지시니 강이 나를 둘러쌌으며, 당신의 모든 파도들과 물결들이 내 위에 넘쳤도다.

단어 및 구문 해설

וַתַּשְׁלִיכֵנִי : שׁלךְ의 히필(던지다, to throw) 미완료 2인칭 남성 단수 + 인칭대명사 목적격 1인칭 공통 단수 ◌ֵנִי.

מְצוּלָה : 깊음(the deep), 깊은 바다(the deep sea).

- 이 시는 시편 68:22와 맞물리는 것 같다. " 주께서 말씀하시기를 내가 그들을 바산에서 돌아오게 하며 바다 깊은 곳(מִמְּצֻלוֹת יָם)에서 도로 나오게 하고 " 이 내용은 이 시의 2:3-5, 6-8의 시의 논조와 비슷하다. 이 시의 두 연에서 시인은 자신이 "깊은 곳"에 빠졌으나 기도를 하고, 자신의 기도가 하나님의 성전에 이르렀음을 이야기한다.

- 또 69:1-3의 시 역시 요나의 이 시와 맞물려 있는 것으로 보인다.

> 1 하나님이여 나를 구원하소서
> 물들이 내 영혼에까지 흘러 들어왔나이다

[2] 나는 설 곳이 없는 깊은 수렁에 빠지며
깊은 물에 들어가니 큰 물이 내게 넘치나이다
[3] 내가 부르짖음으로 피곤하여 나의 목이 마르며
나의 하나님을 바라서 나의 눈이 쇠하였나이다

בִּלְבַב : 전치사 בְּ + לֵבָב (마음, heart)
- לֵבָב은 לֵב과 동일하다.
- לֵבָב은 기본적으로는 "심장, 마음" 등을 뜻한다. 그러나 또한 한국어에서도 그렇듯이 이 단어는 "~의 가운데"란 의미로 사용되기도 한다. 이런 이유로 해서 이 구절에서 이 전치사구는 "~의 정가운데로"(right in the middle of~)란 의미를 갖는다.

יְסֹבְבֵנִי : סבב의 피엘(둘러싸다, to encompass) 미완료 3인칭 남성 단수 + 인칭대명사 목적격 1인칭 공통 단수 ◌ֵנִי.
- סבב의 피엘형 완료 및 미완료는 피엘의 특수한 형태, 즉 폴렐(polel)형을 띤다. 폴렐 완료 및 미완료는 각각 סֹבֵב와 יְסֹבֵב이다. (polel 형 그대로 표기하면 된다.)

מִשְׁבָּר : 파도(surf)
- 이 명사는 שׁבר (깨뜨리다, to shatter)라는 동사에서 파생된 것이다.
- 구약에서 총 다섯 번 나온다(욘 2:4; 시 42:8; 88:8; 93:4; 삼하 22:5†).

גַּל : 파도(wave).

2:5(역본 2:4)

어휘

• אֲנִי : 나(I) (1인칭 주격 인칭대명사)

• אָמַר (페-알렢[פ"א]동사): 말하다(to speak)

-칼형: אָמַר (완) יֹאמַר (미완) וַיֹּאמֶר (봐연, 봐요메르) אֱמֹר (명) אֱמֹר (부연)

-"내가 말했다": וַאֲנִי אָמַרְתִּי

• גרשׁ : (칼) 쫓아내다(to drive out) (니팔) 쫓겨나다(to be driven out)

-니팔형: נִגְרַשׁ (완) יִגָּרֵשׁ (미완)

-"내가 쫓겨났다": נִגְרַשְׁתִּי (완)

• נֶגֶד : 맞은편(the opposite); ~의 앞에(in front of~)

-"~의 앞으로부터": נֶגֶד + מִן → מִנֶּגֶד

• עַיִן : 눈(eye), 우물(well)

-עַיִן (단수 절대형) עֵין (단수 연계형) (◌ַיִם → ◌ֵים)

-쌍수나 복수 변화는 이 단수 연계형에 기초

-쌍수: ◌ַיִם + עֵין → עֵינַיִם

-עֵינַיִם (쌍수 절대형) עֵינֵי (쌍수 연계형)

-"당신의 눈들": עֵינֶיךָ

• אַךְ : 그러나(however, but, yet) (대조를 나타내는 불분리사)

• יסף (페-봐브[פ"ו]동사): (히필) 다시 ~ 하다(to do again), 계속 해서 ~하다(to continue)

-칼형도 비슷한 뜻으로 사용되나 히필형으로 대부분 쓰임(히필 170회, 칼 30회)

-히필형: הוֹסִיף (완) יוֹסִיף (미완)

-"내가 다시 ~할 것이다": אוֹסִיף

-이것은 뒤에 "יסף (히필) + לְ + 부정사 연계형" 구문으로 주로 쓰이며, 이

경우 이 יסף (히필)은 뒤의 부정사 연계형 동사를 수식하는 부사처럼 “다시”(again), “더”(more) 정도로 번역하면 됨

• נבט (페-눈[פ"ו]동사): (히필) 보다(to look, gaze) (히필형이 기본!)

-히필형: הִבִּיט (완) יַבִּיט (미완) הַבֵּט (명) הַבִּיט (부연)

-“보기 위하여”/“볼 것[이다]”: לְהַבִּיט

-“내가 다시 볼 것이다”: אוֹסִיף לְהַבִּיט

• הֵיכָל : 궁전, 성전(palace, temple)

-הֵיכָל (절대형) הֵיכַל (연계형) (액센트로 인한 모음 차이!)

• קֹדֶשׁ / קוֹדֶשׁ : 거룩(holiness)

-קֹדֶשׁ (절대형) קֹדֶשׁ (연계형 단독)/ קָדְשְׁ (연계형, 접미어 올 때, 코드쉬[발음 주의!])

-“당신의 거룩”: קָדְשֶׁךָ (원래는 קָדְ.שְׁךָ이나 강한 액센트 때문에 길어짐, 코드쉐카)

• הֵיכַל קֹדֶשׁ : 궁전, 성전(palace, temple)

-이 경우처럼 연계형 명사 다음에 קֹדֶשׁ같은 추상명사가 따라 오는 경우 이 추상명사는 앞의 연계형 명사를 수식하는 형용사 역할을 하게 되는 경우가 많음: 위의 경우는 “거룩의 성전”이 아니라 “거룩한 성전”으로 번역하면 됨.

-“당신의 거룩한 성전”: הֵיכַל־קָדְשֶׁךָ

본문

וַאֲנִי אָמַרְתִּי

נִגְרַשְׁתִּי מִנֶּגֶד עֵינֶיךָ

אַךְ אוֹסִיף לְהַבִּיט אֶל־הֵיכַל קָדְשֶׁךָ

음역

waʾănî ʾāmártî

niḡráštî minnéḡeḏ ʿênéʸḵā

ʾaḵ ʾôsîp̄ ləhabbîṭ ʾel-hêḵal qoḏšéḵā

간역

אָמַרְתִּי	וַאֲנִי
말하였노라	[그 때] 내가

עֵינֶיךָ	מִנֶּגֶד	נִגְרַשְׁתִּי
당신 눈들의	앞으로부터	[내가] 쫓겨났나이다

קָדְשֶׁךָ	אֶל־הֵיכַל	לְהַבִּיט	אוֹסִיף	אַךְ
당신의 거룩의	성전을	볼 것입니다	[나는] 다시	그러나

윤문

내가 말하였다. “내가 당신 앞에서 쫓겨났나이다. 그러나 나는 다시 당신의 거룩하신 성전을 보게 될 것입니다”.

단어 및 구문 해설

נִגְרַשְׁתִּי : גרשׁ (쫓아내다, to drive out)의 니팔 완료 1인칭 공통 단수

מִנֶּגֶד : 전치사 מִן + נֶגֶד (맞은편, the opposite; ~의 앞에, in front of~)

אַךְ : 대조를 나타내는 불분리사. 즉 “그러나”(however, but, yet).

- אַךְ는 문맥에 따라서 여러가지 다양한 의미로 해석될 수 있는 불분리사이다. 강조(확실히, yea, surely), 한정(오직, only), 대조(그러나, however) 등이 그것이다.

אוֹסִיף : יסף의 히필 미완료 1인칭 공통 단수
- 이 동사는 뒤이어 나오는 동사와 더불어 "다시 ~하다"(to do ~ again), "계속해서 ~하다"(to continue to~), "더욱 ~하게 되다"(to do something yet more)의 의미로 사용된다. (다시 말해 "다시"[again] 정도로 해석하면 가장 좋다.) 뒤에 나오는 동사는 다음의 여러가지 형태를 띌 수 있다(HALOT).

(1) 정동사: וַיֹּסֶף וַיִּקַּח "그가 다시 취하였다"(he took again) (창 25:1)

(2) 부정사

(i) 단순 부정사, "다시 ~하다": לֹא־תֹסֵף תֵּת־כֹּחָהּ לָךְ "그것이 다시는 너에게 힘을 주지 않을 것이다"(it will no longer [i.e. never again] yield its strength to you) (창 4:12).

(ii) 단순 부정사, "더욱 ~하게 되다": וַיֹּאסֶף שָׁאוּל לֵרֹא "사울이 더욱 두려워하게 되었다"(Saul became even more afraid) (삼상 18:29). (참고, ירא의 부정사 형태는 יְרֹא, לֵרֹא이다.)

(iii) 전치사 לְ + 부정사: וַתֹּסֶף לָלֶדֶת "그녀가 다시 낳았다"(she bore again) (창 4:2).

לְהַבִּיט : 전치사 לְ + נבט의 히필(보다, to look) 부정사 연계형
- נבט의 히필 완료, 미완료는 각각 הִבִּיט (←הִנְבִּיט), יַבִּיט (←יַנְבִּיט)이다. 이것들은 각각 נ이 뒷자음에 동화되어 들어간 것이다.
- נבט의 부정사 연계형은 הַבִּיט이다. 히필 부정사연계형은 미완료형에서 접두어 대신에 ה가 들어간 것으로 생각하면 된다. 즉 יַבִּיט → הַבִּיט (יַ → הַ).

הֵיכָל : 궁전, 성전(palace, temple).

קָדְשֶׁךָ : קוֹדֶשׁ/קֹדֶשׁ (거룩, holiness) + 소유격 인칭대명사 2인칭 남성 단수 ךָ◌.

אֶל־הֵיכַל קָדְשֶׁךָ

- 이 문구는 이 5절과 8절에서 반복된다. 나는 이 문구가 요나서를 세 부분, 즉 3-5절/6-8절/9-10절로 나누는 토대가 된다고 생각한다. 즉 다음과 네모칸 안의 분석과 같다.

> 3- 5절 제 1 연(5절 연 구분점)
>
> 6- 8절 제 2 연(8절 연 구분점)
>
> 9-10절 제 3 연(신학 제시)

2:6(역본 2:5)

어휘

- אָפַף (페-후음[G"פ]동사+아인중복[ע"ע]동사): 둘러싸다(to enclose)

  -칼형: אָפַף (완) (구약성경에 칼형 완료만 나옴) (형태상 아인중복 동사이지만 약동사 변화하지 않음. 따라서 첫 자음의 후음만 신경쓰면 됨)

  -"그것들이 둘러 쌌다": אָפְפוּ

  -"그것들이 <u>나를</u> 둘러 쌌다": נִי + אָפְפוּ → אֲפָפוּנִי (액센트 위치 고려하면 모음 설명 됨)

- מַיִם : 물(water)
- עַד : ~까지(up to)
- נֶפֶשׁ : 혼(soul), 사람(man), 목숨(life), 숨(breath), 목구멍(throat)
- תְּהוֹם : 깊음(the deep).
- סבב (아인중복[ע"ע]동사): (폴렐[polel], 피엘의 특수형) 둘러싸다(to encompass) (추가적 해설은 2:4의 어휘를 볼 것)

  -"그가 나를 둘러쌀 것이다": ֵנִי + יְסֹבֵב → יְסֹבְבֵנִי

- סוּף : 해초(sea weeds), 갈대(reeds)
- חבשׁ (페-후음[G"פ]동사): (머리 띠, 터번 등을 가지고 둘러 싸서) 묶다(to tie around).

  -칼형: חָבַשׁ (완) יַחֲבֹשׁ (미완) חֲבֹשׁ (분능) חָבוּשׁ (분수)

- רֹאשׁ : 머리(head)

  -"내 머리": רֹאשִׁי

본문

אֲפָפוּנִי מַיִם עַד־נֶפֶשׁ
תְּהוֹם יְסֹבְבֵנִי
סוּף חָבוּשׁ לְרֹאשִׁי

음역

ʾăp̄āp̄û́nî máyim ʿaḏ-nép̄eš

təhôm yəsōḇəḇḗnî

sûp̄ ḥāḇûš lərōʾšî

간역

אֲפָפוּנִי	מַיִם	עַד־נֶפֶשׁ
나를 감쌌도다	물이	목숨까지

תְּהוֹם	יְסֹבְבֵנִי
깊음이	나를 둘러쌌도다

סוּף	חָבוּשׁ	לְרֹאשִׁי
해초가	감겼도다	나의 머리까지

윤문

물이 목숨을 빼앗아갈 정도로 나를 감싸고, 깊음이 나를 둘러쌌으며, 해초가 나의 머리에까지 감겼구나.

단어 및 구문 해설

אֲפָפוּנִי : אפף의 칼 완료 3인칭 공통 복수 + 목적격 인칭대명사 1인칭 공통 단수 נִי

- אפף는 다음 행에 나오는 סבב와 동의어 정도가 되는 단어로 "둘러싸다"(enclose)란 의미를 갖고 있다.

מַיִם : 물(water)

עַד־נֶפֶשׁ : 전치사 עַד + נֶפֶשׁ ("목"[neck])

-시 69:1과 상응

-נֶפֶשׁ는 구약에서 굉장히 다양한 의미로 해석된다. 보통은 "영혼", "생명" 등이라는 뜻을 가지고 있는 것으로 간주된다. 개역개정판 역시 이런 번역을 따르고 있다.

- 그러나 또한 많은 번역본들은 "목"(neck)이라는 뜻을 가진 것으로 번역하기도 한다(NET 등).

תְּהוֹם : 명사(뜻 "깊음"[the deep]).

-창세기 1:2에서 이 단어는 우주론적인 용어이지만 여기에서는 우주론적 개념은 품고 있는 것 같지 않으며, 그냥 바닷물과 가은 많은 량의 물을 가리키는 표현으로 생각됨.

יְסֹבְבֵנִי : סבב ("둘러싸다"[surround])의 polel(피엘의 특수한 형태) ("둘러싸다"[encircle]) 미완료 3인칭 남성 단수 + 목적격 인칭대명사 1인칭 공통 단수 נִי

סוּף : 해초(sea weeds), 갈대(reeds)

חָבוּשׁ : חבשׁ("to tie around")의 칼 분사 수동형 남성 단수

לְרֹאשִׁי : 전치사 לְ + ראשׁ ("머리") + 소유격 인칭대명사 1인칭 공통 단수 ִי

2:7(역본 2:6)

어휘

• קֶ֫צֶב / קֵ֫צֶב : 끝(end) (?) (아래의 단어 및 구문 해설 참조)

-קֶ֫צֶב / קֵ֫צֶב (단수) קְצָבִים (복수 절대형) קִצְבֵי (복수 연계형)

• יָרַד (페-봐브[פ"ו]동사): 내려가다(to go down)

-칼형: יָרַד (완) יֵרֵד (미완) רֵד (명령) וַיֵּ֫רֶד (봐연)

-"내가 내려갔다": יָרַדְתִּי

• הַר : 산(mountain)

-הַר (단수) הָרִים (복수)

• בְּרִיחַ : 빗장(bar)

-בְּרִיחַ (단수) בְּרִיחִים (복수 절대형) בְּרִיחֵי (복수 연계형)

-본문에는 순장모음이 불완전철자법으로 바뀌어 나옴: בְּרִחֵי

-"그것[그녀]의 빗장(its [her] bars)": בְּרִיחֶיהָ

• בַּ֫עַד : 뒤에(behind)

-전치사지만 세골명사처럼 변화함.

- בַּ֫עַד (절대형) בַּ֫עַד (연계형, 단독) בַּעֲד (연계형, 인칭대명사 올 때, 후음 ע 때문에 그 아래 합성 쉐봐 쓰임)

-"나의 뒤에": בַּעֲדִי (ב에 경음점이 와야 하나 오지 않음)

• עוֹלָם : 영원(eternity)

"영원히": לְעוֹלָם

• עלה (페-후음[G"פ]동사+라메드-헤[ל"ה]동사): (칼) 올라가다(to go up) (히필) 올리다(to bring up)

-칼형: עָלָה (완) יַעֲלֶה (미완) יַעַל (간명) וַיַּ֫עַל (봐연)

-히필형: הֶעֱלָה (완) יַעֲלֶה (미완) יַעַל (간명) וַיַּ֫עַל (봐연)

주목!!!
페-후음[G"פ]동사+라메드-헤[ל"ה]동사에서는 칼형과 히필형의 미완료가 모양이 같아질 수밖에 없으며, 그에 따라 간접명령형과 봐브 연속법 형태도 같아지게 된다.

-"당신이 나를 올리셨도다": וַתַּעַל

• שַׁחַת : 웅덩이(pit)

-"웅덩이로부터"(from pit): מִשַּׁחַת (형태로 봐서는 정관사가 안 쓰였음. 그러나 뉘앙스상으로는 들어 있다고 봐야 할 듯 하고, 실제로 거의 이렇게 번역함.)

• חַי : 살아 있는(alive); (복수, חַיִּים) 생명(life), 삶(life)

-"생명"이란 뜻으로는 항상 복수형 חַיִּים이 쓰임

-복수: חַיִּים (절대형) חַיֵּי (연계형)

-"나의 생명": ◌ַי + חַיֵּי → חַיַּי (◌ֵי와 ◌ַי의 중복으로 ◌ֵי가 생략됨)

참고
이 단어의 단수인 חַי (연계형 חֵי)는 오직 맹세의 문구에만 사용됨

(예) חַי יהוה : 여호와께 맹세코!(As Yahweh lives; 개역개정판, "여호와의 사심을 가리켜 맹세하노라) (왕상 1:29 등)

חֵי נַפְשְׁךָ : 당신의 삶을 두고 맹세하노니!(As you live) (한나가 엘리에게 한 말 중) (삼상 1:26 등)

• אֱלֹהִים : 하나님(God), 신(gods) (자체가 복수형)

-אֱלֹהִים (절대형) אֱלֹהֵי (연계형)

-"내 하나님"(my God): ◌ַי + אֱלֹהֵי → אֱלֹהַי (앞의 חַיַּי와 같은 변화)

-본문에는 강한 액센트로 인해 모음이 길어진 형태 쓰임: אֱלֹהָי

본문

לְקִצְבֵי הָרִים יָרַדְתִּי
הָאָרֶץ בְּרִחֶיהָ בַעֲדִי לְעוֹלָם
וַתַּעַל מִשַּׁחַת חַיַּי
יְהוָה אֱלֹהָי

음역

ləqiṣḇê hārîm yārádtî

hāʾāreṣ bərīḥeyhā ḇaʿăḏî ləʿôlām

wattáʿal miššáḥaṯ ḥayyay yhwh(ʾăḏōnāy) ʾĕlōhāy

간역

יָרַדְתִּי	הָרִים	לְקִצְבֵי
[내가] 내려갔으며	산들의	끝까지

לְעוֹלָם	בַעֲדִי	בְּרִחֶיהָ	הָאָרֶץ
영원히	나의 뒤에 [있었도다]	그것의 빗장이	땅 곧

חַיַּי	מִשַּׁחַת	וַתַּעַל
나의 생명을	구덩이로부터	그러나 [당신이] 올려줬도다

אֱלֹהָי	יְהוָה
나의 하나님이여	여호와

윤문

산들의 끝까지 내가 내려갔으며, 땅의 빗장이 나의 뒤에 영원히 있었돈. 그런데 당신이 나의 생명을 구덩이로부터 올려 주셨도다. 여호와 나의 하나님이여.

단어 및 구문 해설

קֵצֶב / קֶצֶב : "끝"(end)? (아래 해설 참조)

- 이 단어는 히브리어 동사 קצב, "잘라내다"(cut off)란 동사에서 파생되었다.

- HALOT는 이 단어에 대해서는 다음과 같은 사항들을 이야기하고 있다.

(1) 이 단어의 정확한 의미는 파악하기가 쉽지 않다. 학자들은 이 것이 고대 서부 셈족어(Western Semitic)의 일종인 카르타고어(Punic)의 *qsìb*이나 아랍어의 *qadlìÒb*와 연결이 있지 않은가 추정을 하기도 한다. 이 단어들은 "조각하다"(to carve), "자르다"(to cut) 등의 의미와 연결이 있는 것으로 보인다.

(2) 현재의 본문에 나오는 קִצְבֵי הָרִים의 의미에 대해서는 70인경(LXX)은 εἰς σχισμὰς ὀρέων, 즉 "산들의 갈라진 틈들 속으로"(in the mountain crevasses)라고 번역하고 있으며, 탈굼은 לְעִקָּרֵי טֻוּרַיָּא (즉, 산의 뿌리까지)라고 있다. 또 불가타역(the Vulgate)은 "산들의 끝까지"(*ad extrema montium*)라고 번역하고 있다. 이러한 역본들의 차이는 이 단어의 뜻이 아직 확실하지 못함을 보여주고 있다.

- BHS는 본문의 לְקִצְבֵי הָרִים를 לְקַצְוֵי הָרִים로 읽어야 하는 것이 아닌가 하고 제시하고 있다. 이것은 קֶצֶב를 קְצוֹ (끝, end) (사 26:15; 시 48:11; 65:6)의 복수 연계형(קַצְוֵי)으로 읽을 것을 제시하고 있는 것이다. 이 단어는 קצה (잘라내다, to cut off)란 동사에서 파생되었으며, 동족어 명사로는 "끝"(end)이라는 의미를 가진 קָצֶה, קָצָה, קֵצֶה 등이 있다. 또한 קצה의 변이형인 קצץ에서 파생된 단어인 קֵץ 역시 동일한 뜻을 갖고 있다.

- 그러나 동사 קצב이 위의 קְצוֹ가 파생된 קצה란 동사와 마찬가지로 "잘라내다"(cut off)란 의미를 갖고 있다는 점을 생각해 볼 때 이 동사에서 파생된 명사들이 "끝"이라는 의미를 가졌듯이 קֶצֶב / קֵצֶב 역시 "끝"이라는 의미를 가졌으리라고 추정하는 것은 상당히 정당해 보인다. 이 책에서는 이 마지막 견해를 택한다. 이 경우 굳이 BHS가 제시한 바와 같이 이 단어를 קְצוֹ로 읽을 필요는 전혀 없어 보인다. BDB, Bewer, 1912, 48, Trible, 1963, 37 n. 5도 동일한 견해를 피력한다.

לְקִצְבֵי הָרִים

- BHS의 본문배열 상태, 즉 이 7절의 이 두 단어만 6절의 마지막 행과 같은 줄에 인쇄했다는 점을 볼 때 BHS는 이 두 단어를 6절의 마지막 행과 더불어 한 문장의 일부로 읽어야 함을 제시하고 있는 것으로 보인다.
- 70인경, ESV (English Standard Version), NRSV 등도 역시 이런 식으로 이해한다. 그러나 또한 Vulgate을 포함한 많은 역본들은 이 두 단어를 7절의 다음에 이어지는 단어들과 함께 연결해서 이해해야 한다고 본다. 특히 다음 단어인 **יָרַ֫דְתִּי**에 찍힌 자켑 카톤(◌ׄ)은 이 단어를 **לְקִצְבֵ֣י הָ֭רִים**과 연결해서 읽어야 함을 표시해주고 있다.

יָרַדְתִּי : **ירד** (내려가다, to go down)의 칼 완료 1인칭 공통 단수

בְּרִחֶיהָ : **בְּרִיחַ** (빗장, bar)의 복수 연계형 + 소유격 인칭대명사 3인칭 여성 단수
- 원래 이 단어는 문이나 성문에 있는 빗장을 가리킨다. 그러나 이 본문에서는 비유적으로, 그리고 고대 세계의 세계관 속에서 지하세계의 문에 걸린 빗장을 의미한다. 지하세계의 빗장은 욘 2:7; 바다의 빗장은 욥 38:10; 그리고 하늘의 빗장은 욥 26:13에 나온다.

בַעֲדִי : 전치사 **בַּ֫עַד** (뒤, behind) + 목적격 인칭대명사 1인칭 공통 단수

לְעוֹלָם : 전치사 **לְ** + **עוֹלָם** (영원, eternity)

הָאָ֣רֶץ בְּרִחֶ֣יהָ בַעֲדִ֣י לְעוֹלָ֑ם
- 아트나흐(◌֑)는 이 어구들을 하나의 단위, 즉 하나의 문장으로 끊어읽어야 함을 표시해 준다.

וַתַּעַל : **עלה**의 히필 미완료 2인칭 남성 단수

- עלה의 히필 완료와 미완료는 각각 הֶעֱלָה와 יַעֲלֶה이며, 미완료 2인칭 남성 단수는 תַּעֲלֶה이다.
- 봐브 연속법과 더불어 이 미완료가 쓰이게 되면 라메드헤 약동사(ל"ה)의 특성상 끝의 ה◌ֶ가 떨어져 나간다. 따라서 וַתַּעֲל이 된다. 여기에서 עֲל이 하나의 음절을 형성해야 하므로 עַל로 바뀌게 된다. 따라서 결국 וַתַּעַל가 된다.

שַׁחַת : 웅덩이(pit)

חַיַּי : חַי (생명, life)의 복수 연계형(חַיֵּי) + 소유격 인칭대명사 1인칭 공통 단수

2:8(역본 2:7)

어휘

- בְּ + 부정사 연계형: ~할 때(when)
- עטף (페-후음[G"ע]동사): (칼) 지쳐 가다(to grow week); (히트파엘) (스스로) 약하다고 느끼다(to feel weak)
  - 히트파엘형: הִתְעַטֵּף (완) יִתְעַטֵּף (미완) הִתְעַטֵּף (명) הִתְעַטֵּף (부연)
  - "지쳤을 때": בְּהִתְעַטֵּף
- זָכַר : (칼) 기억하다(to remember)
  - 칼형: זָכַר (완) יִזְכֹּר (미완)
  - "내가 기억했다": זָכַרְתִּי
- בּוֹא (아인-봐브[ע"ו]동사): 오다(to come)
  - 칼형: בָּא (완) יָבוֹא (미완) וַיָּבוֹא (봐연)
  - "그리고 그녀가(그것이) 왔다(혹은 '이르렀다')"(and she [it] came): וַתָּבוֹא
- תְּפִלָּה : 기도(prayer)
  - תְּפִלָּה (절대형) תְּפִלַּת (연계형)
  - "나의 기도": תְּפִלָּתִי
- הֵיכָל : 궁전, 성전(palace, temple) (이하의 사항은 앞의 2:5와 동일!!!)
  - הֵיכָל (절대형) הֵיכַל (연계형) (액센트로 인한 모음 차이!)
- קֹדֶשׁ / קוֹדֶשׁ : 거룩(holiness)
  - קֹדֶשׁ (절대형) קֹדֶשׁ (연계형 단독)/ קָדְשׁ (연계형, 접미어 올 때, 코드쉬[발음 주의!)
  - "당신의 거룩": קָדְשֶׁךָ (원래는 קָדְשְׁךָ이나 강한 액센트 때문에 길어짐, 코드쉐카)
- הֵיכַל קֹדֶשׁ : "거룩한 성전"(5절 어휘 설명 참조)
  - "당신의 거룩한 성전": הֵיכַל־קָדְשֶׁךָ

본문

בְּהִתְעַטֵּף עָלַי נַפְשִׁי
אֶת־יְהוָה זָכָרְתִּי
וַתָּבוֹא אֵלֶיךָ תְּפִלָּתִי אֶל־הֵיכַל קָדְשֶׁךָ

음역

bəhiṯʿaṭṭēp̄ ʿālay nap̄šî

ʾeṯ-yhwh(ʾăḏōnāy) zāḵā́rtî

wattāḇôʾ ʾēleʸ́ḵā təp̄illāṯî ʾel-hêḵal qoḏšéḵā

간역

בְּהִתְעַטֵּף	עָלַי	נַפְשִׁי
피곤할 때에	내 속에서	나의 영혼이

אֶת־יְהוָה	זָכָרְתִּי
여호와를	[내가] 기억하였노라

וַתָּבוֹא	אֵלֶיךָ	תְּפִלָּתִי	אֶל־הֵיכַל	קָדְשֶׁךָ
이르렀도다	당신에게	나의 기도가	성전에	당신의 거룩한

윤문

나의 영혼이 내 속에서 피곤할 때에 내가 여호와를 기억하였도다. 그러자 나의 기도가 당신의 거룩한 성전의 당신에게 이르렀도다.

단어 및 구문 해설

בְּהִתְעַטֵּף : 전치사 בְּ + **עטף**의 히필([스스로] 약하다고 느끼다, to feel weak) 부정사 연계형

- “전치사 בְּ + 부정사 연계형”의 구문은 “~때”(when)라는 시간의 부사절을 나타낸다.

זָכַרְתִּי : **זכר** (기억하다, to remember)의 칼 완료 1인칭 공통 단수

תְּפִלָּתִי : **תְּפִלָּה** (기도, prayer) + 소유격 인칭 대명사 1인칭 공통 단수

אֶל־הֵיכַל קָדְשֶׁךָ
- 이 문구에 대해서는 5절을 참고하라.

2:9(역본 2:8)

어휘

- שָׁמַר : (칼) 지키다(to keep); (피엘) 숭상하다(to revere)

  -피엘형: שִׁמֵּר (완) יְשַׁמֵּר (미완) מְשַׁמֵּר (분)

  -분사 변화: מְשַׁמֵּר (남성 단수) מְשַׁמְּרִים (남성 복수)

  -שָׁמַר의 피엘형 자체가 구약성경에서 딱 한 번 나옴. 따라서 위의 피엘 분사형 역시 단 한 번 사용됨.

- הֶבֶל : 숨(breath), 헛됨(vanity), 우상(הֲבָלִים 복수형, idols) (이 "우상"이란 의미는 앞의 두 가지 뜻에서 파생된 것이며, 우상에 대한 조롱의 표현이라고 이해하면 됨)

  -הֶבֶל (단수) הֲבָלִים (복수 절대형) הַבְלֵי (복수 연계형)

- שָׁוְא : 무가치한 것(worthlessness) (이 단어 역시 위의 단어와 마찬가지로 우상에 대한 조롱의 표현)

  -הַבְלֵי שָׁוְא: 헛된 우상(두 단어의 조합은 오직 욘 2:9; 시 31:7[개역개정, 6]에만 나옴)

- חֶסֶד : 공동체를 향한 의무(obligation in community), 충성(loyalty), 신실(faithfulness), 호의(favor), 은혜(grace)

  -חֶסֶד (절대형) חֶסֶד (연계형, 단독) חַסְדְּ (연계형, 인칭대명사 올 때)

  -"그들의 신실함": חַסְדָּם

  -세골명사는 연계형이 인칭대명사 없이 쓰일 때는 절대형과 동일한 형태를 띰.

- עזב (페-후음[G"ע]동사): 버리다(to abandon)

  -칼형: עָזַב (완) יַעֲזֹב (미완)

  -"그들이 버렸다": יַעַזְבוּ

  -본문에서는 강한 액센트로 인해 쉐바가 원래의 모음으로 돌아감: יַעֲזֹבוּ

본문

מְשַׁמְּרִים הַבְלֵי־שָׁוְא חַסְדָּם יַעֲזֹבוּ

음역

məšammərîm haḇlê-šā́wʾ ḥasdām yaʿăzṓḇû

간역

יַעֲזֹבוּ	חַסְדָּם	הַבְלֵי־שָׁוְא	מְשַׁמְּרִים
버렸도다.	그들의 신실함을	헛된 우상들을	섬기는 자들은

윤문

헛된 우상들을 섬기는 자들은 자신들의 신실함을 버렸도다.

단어 및 구문 해설

מְשַׁמְּרִים : **שׁמר** (지키다, to keep)의 피엘 분사 남성 복수

- **שׁמר**가 피엘형으로 쓰인 경우는 구약성경 전체에서 여기가 유일함. 학자들은 이 단어가 "~을 따르는 자, 추종자"(to be a follower of, be an adherent of)라고 봄. Jenni, Wolff (BK, 102-3)은 피엘형이 반복적이고, 집중적인 행위를 의미(a repeated, intensive action)한다고 지적함(HALOT).

הֶבֶל : 의미 (1) 숨(breath), (2) 헛됨(vanity), (3) 우상(**הֲבָלִים** 복수형, idols)

- 여기에서는 (3)번의 의미로 사용되고 있다. 즉 "우상" 혹은 "실제로는 존재하지 않는 것"(things that do not really exist)을 의미한다(HALOT).

שָׁוְא : 무가치한(worthlessness) 등등의 의미.

- **הַבְלֵי שָׁוְא**의 어구로는 오직 욘 2:9; 시 31:7(역, 6)에만 나온다. 신명기 32:21

에는 הֶבֶל과 לֹא־אֵל (no-god)이 평행을 이루고 있다.

חַסְדָּם : חֶסֶד (신실함, faithfulness) + 소유격 인칭 대명사 3인칭 남성 복수 ־ָם

- חֶסֶד가 사전적인 의미로는 "신실함, faithfulness"을 의미하지만 이것이 현재의 문맥상에서의 의미는 어떤 것인가 하는 것에는 최소한 다음의 두 가지 견해가 있다(Tucker, 60).

(1) 첫번째 견해는 이 단어가 환유법적으로 "[여호와] 하나님"을 의미한다는 것이다. 이 견해에 따르면 이 해석은 그들이 따르는 것(즉 헛된 우상들)과 그들이 버린 것의 대비를 만든다(Walsh[2]).

- 이 견해의 단점은 여호와를 섬기지 않는 자들이 여호와를 버렸다고 말하는 것이 과도하다는 점이다. 섬기지도 않는데 어떻게 버릴 수가 있겠는가?

(2) 두 번째 견해는 이 חֶסֶד란 단어가 우상을 섬기는 자들의 신실을 가리킨다는 것이다. 즉 헛된 것을 섬기는 자들은 자신들의 신과의 관계에 신실하지 못하다는 것을 요나가 지적하고 있다는 것이다. 이 해석의 장점은 뒤에 이어지는 10절의 요나 자신("나")이 주장하고 있는 그 자신의 여호와에 대한 신실함과 대비를 이룬다는 점이다. (상식적으로도 이 해석이 타당.)

יַעֲזֹבוּ : עזב (버리다, to abandon)의 칼 미완료 3인칭 남성 복수.

- Tucker는 이 구절이 설명적 담화(expository discourse)이며, 이 설명적 담화 내에서는 미완료가 현재를 나타낼 수도 있다고 지적한다. 70인경, KJV, NASB 등의 역본들은 이 단어를 과거로 번역하였다. 그러나 CJB (Complete Jewish Bible), NIV, NJB 등 많은 역본들은 현재로 해석한다.

2) Jerome T. Walsh, "Jonah 2:3-10: A Rhetorical Critical Study", *Biblica* 63 (1982), 219-29.

2:10(역본 2:9)

어휘

• אֲנִי : 나(I) (1인칭 주격 인칭대명사)

• קוֹל : 소리(voice, sound)

-“목소리로”: בְּקוֹל

-여기에서 전치사 בְּ는 도구의 의미(*beth instrumenti*), 즉 “~으로, ~을 가지고”라는 의미.

• תּוֹדָה : 감사(thanksgiving), 찬양(praise), 감사의 노래(song of thanksgiving), 감사제(화목제) (sacrifice of thanksgiving).

-동사 ידה II (히필, 찬양하다[to praise], 고백하다[to confess])에서 파생.

-“감사의 목소리로”: בְּקוֹל תּוֹדָה

• זָבַח (라메드-후음[G"ל]동사): 제사드리다(to sacrifice)

-칼형: זָבַח (완) יִזְבַּח (미완)

-칼 청유형(칼 미완료 1인칭 + ָה): אֶזְבְּחָה (단수) נִזְבְּחָה (복수)

• לְ : ~에게(to)

-“너에게”: לְךָ (표준) לָּךְ (강한 액센트와 함께)

-현 본문에서는 ל에 이중점도 추가되었음: לָּךְ

-위와 같이 이중점이 추가되는 경우는 그 앞의 밀접하게 연결된 단어(־로 연결된 경우 많음)에 뒤이어 단음절 단어가 오거나 액센트가 앞에 오는 단어가 따라올 때 발생(Gesenius §20f): אֶזְבְּחָה־לָּךְ

• אֲשֶׁר : ~것들(which) (영어의 관계대명사, 관계부사 등을 다 포괄하는 접속사로 선행사를 관계대명사나 관계부사 절 속에 다시 반복할 수도 있음)

• נָדַר (페-눈[פ"ן]동사): 서원하다(to vow)

-칼: נָדַר (완) יִדֹּר (미완← יִנְדֹּר)

-“내가 서원했다”: נָדַרְתִּי

• שׁלם : (칼) 완전하다(to be whole); (피엘) 갚다(to recompense, reward) (피엘은

이런 경우 칼 동사가 의미하는 상태, 즉 “완전한 상태를 만들어주다”는 의미에서 “갚다”란 의미가 파생된 것임. 빌린 것을 갚음으로써 상대방의 소유가 원래의 상태로 돌아가게 되는 것임)

-칼형: שָׁלֵם (완) יִשְׁלַם (미완)

-피엘형: שִׁלֵּם (완) יְשַׁלֵּם (미완)

-피엘 청유형(피엘 미완료 1인칭 + ָה): אֲשַׁלְּמָה (단수) נְשַׁלְּמָה (복수)

-현 본문에서 강한 액센트로 인해 모음 길어짐: אֲשַׁלֵּ֣מָה

• יְשׁוּעָתָה : 구원(salvation) (추가 설명은 아래의 “단어 및 구문 해설” 참조)

본문

וַאֲנִי בְּקוֹל תּוֹדָה אֶזְבְּחָה־לָּךְ

אֲשֶׁר נָדַרְתִּי אֲשַׁלֵּמָה

יְשׁוּעָתָה לַיהוָה ס

음역

waʾănî bəqôl tôḏāʰ ʾezbəḥāʰ-llāḵ

ʾăšer nāḏártî ʾăšallḗmāʰ

yəšûʿāṯāʰ lyhwh(laʾḏōnāy)

간역

וַאֲנִי	בְּקוֹל תּוֹדָה	אֶזְבְּחָה	־לָּךְ
그러나 나는	감사의 목소리로	제사드리리라	당신을 위해

אֲשֶׁר נָדַרְתִּי	אֲשַׁלֵּמָה	
내가 서원한 것을	갚으리라	[내가]

יְשׁוּעָתָה	לַיהוָה ס
구원은	여호와께 속하느니라.

윤문

그러나 나는 감사의 목소리로 당신에게 제사를 드리리라.

[그리고] 갚으리라. 내가 서원한 것을. (동사 목적어 도치)

단어 및 구문 해설

וַאֲנִי : 접속사 ו + 인칭대명사 주격 1인칭 공통 단수

בְּקוֹל : 전치사 בְּ + קוֹל (소리, voice, sound)

- 여기에서 전치사 בְּ는 도구의 의미(*beth instrumenti*), 즉 "~으로, ~을 가지고"라는 의미를 띤다.

תּוֹדָה : 감사(thanksgiving), 찬양(praise), 감사의 노래(song of thanksgiving), 감사제(화목제) (sacrifice of thanksgiving).

-동사 ידה II (히필, 찬양하다[to praise], 고백하다[to confess])에서 파생.

אֶזְבְּחָה : זבח (제사드리다, to sacrifice)의 칼 청유형 공통 단수

- 청유형은 화자의 결심을 나타낸다(Tucker, 61).

לָּךְ : 전치사 לְ + 인칭대명사 소유격 2인칭 남성 단수

- 원래는 인칭대명사 소유격 2인칭 남성 단수가 올 경우 형태는 לְךָ가 맞다. 그러나 이 구절의 경우처럼 לָּךְ에 휴지형(pausal form)의 강세가 떨어지는 경우, 즉 이 경우처럼 자켑 카톤(*zaqeph qaton*, ◌ׄ) 등이 올 경우 לָךְ 형을 쓴다. 이 형태는 마치 전치사 לְ에 인칭대명사 소유격 3인칭 여성 단수(לָךְ)를 쓴 것과 비슷하다. 혼동하지 말라.

- לָּךְ에서 전치사 ל에 이중점이 찍혀 있는 이유는 앞 단어와의 연결 때문이다 (־). 이러한 이중점을 "음조를 위한 점"(*dagesh euphonicum*) (GKC, 71) 혹은 "연결

점”(a conjunctive *dagesh*) (Joüon-Muraoka, 79-80)라고 부른다.

וַאֲנִי בְּקוֹל תּוֹדָה אֶזְבְּחָה־לָּךְ
- 이 문장에서 וַאֲנִי בְּקוֹל תּוֹדָה 부분이 도치되어 있다.
- waw + S [+ 기타] + V의 어순은 앞절의 “헛된 우상들을 섬기는 자들”이라는 표현과 대비하기 위한 것이다.

אֲשֶׁר נָדַרְתִּי : 관계대명사 אֲשֶׁר + נָדַר (서원하다, to vow)의 칼 완료 1인칭 공통 단수
- 관계대명사 אֲשֶׁר의 선행사는 따로 없이 그냥 אֲשֶׁר가 “선행사 + 관계대명사”의 역할을 하고 있다. 즉 “~것”으로 해석하면 된다.
- 종속절 안의 완료형 동사는 주절의 배경 정보를 제공한다. 영어 번역시는 현재완료형(have + pp)을 써야 한다(Tucker, 61).

אֲשַׁלֵּמָה : שׁלם의 피엘(갚다, “recompense, reward”) 청유형 공통 단수.
- 위에서 언급했듯이 청유형은 화자의 결심을 나타낸다.

אֲשֶׁר נָדַרְתִּי אֲשַׁלֵּמָה :
- אֲשֶׁר נָדַרְתִּי는 동사와 위치가 도치되어 있다.

יְשׁוּעָתָה : 구원(salvation), (하나님의) 도움([God's] help).
- 원래는 같은 여성형 명사인 יְשׁוּעָה이 훨씬 더 많이 쓰인다.
- 이 더 흔한 형태의 변형으로 ◌ָתָה란 강세 없는 여성형 어미가 추가된 יְשׁוּעָתָה는 구약에서 단 세 번만 나온다(욘 2:10; 시 3:3; 시 80:3).
- 그러나 이런 현상은 다른 여성형 단어들의 경우에도 일반적으로 나타난다. 예를 들어 Sasson, *Jonah*, 201은 이 독특한 형태가 더 흔한 형태와 아무런 차이가 없

다고 게세니우스 문법에 근거해서 지적하며, 이처럼 추가적인 어미 הָתָה가 붙은 형태는 GKC § 90f (b)에 많이 수집되어 있다.

2:11(역본 2:10)

어휘

• אָמַר (페-알렢[פ"א]동사): 말하다(to speak)

-칼형: אָמַר (완) יֹאמַר (미완) וַיֹּאמֶר (봐연, 봐요메르) אֱמֹר (명) אֱמֹר (부연)

• דָּג : 물고기(fish)

-"그 물고기": הַדָּג

-"그 물고기에게": הַדָּג + לְ → ‏_דָּג + ל → לַדָּג

• קִיא (아인-요드[ע"י]동사 + 라메드-알렢[ל"א]동사): (칼/히필) 토하다(to vomit)

-칼형: קָא (완) (미완료는 특수 변화 외에 데이터 없음)

-히필형: הֵקִיא (완) יָקִיא (미완) יָקֵא (간명) וַיָּקֵא (봐연)

• יַבָּשָׁה : 육지(dry land).

-"그 육지"(the dry land): הַיַּבָּשָׁה

본문

וַיֹּאמֶר יְהוָה לַדָּג
וַיָּקֵא אֶת־יוֹנָה אֶל־הַיַּבָּשָׁה

음역

wayyṓʾmer yhwh(ʾāḏōnāy) laddāḡ

wayyāqēʾ ʾeṯ-yônāʰ ʾel-hayyabbāšāʰ

간역

לַדָּג	יְהוָה	וַיֹּאמֶר
그 물고기에게	여호와께서	그러자 말씀하셨다
אֶל־הַיַּבָּשָׁה	אֶת־יוֹנָה	וַיָּקֵא
육지로	요나를	그러자 [그것이] 토했다

윤문

여호와께서 그 물고기에게 말씀하시자 그것이 요나를 육지로 토해냈다.

단어 및 구문 해설

וַיָּקֵא : **קיא**의 히필(토하다, to vomit) 미완료 3인칭 남성 단수

- 아인-요드(ע"י) 동사인 **קיא**의 히필 완료와 미완료는 각각 **הֵקִיא**와 **יָקִיא**이다.

- 미완료가 봐브 연속법과 함께 쓰일 경우 두번째 모음 ◌ִי가 ◌ֵ로 축약된다. 따라서 본문에서 보듯이 **וַיָּקֵא**가 된다.

- 참고로 레위기 18:25, 28; 20:22 등은 가나안 백성들이 죄가 많아 그 땅에서 토함을 당한 것과 같이 이스라엘 역시 그처럼 죄들을 지을 경우 토함을 당할 것이라는 경고를 하고 있다. 요나서 주석들은 바로 이 점에 착안하여 이 구절의 요나 역시 가증스러운 존재로 취급 받고 있다는 주장을 많이 한다. 그러나 나는 이런 해석들은 "과도한 해석"(overinterpretation)이라고 생각한다. 요나가 정말 그렇게 가증한 존재가 되었다면 그가 어찌 3장에서 계속 사역을 담당할 수 있었겠는가? 최소한 이사야서 6장과 같이 뭔가 하나님의 정결함의 조치가 있었어야 하지 않겠는가?

제 3 장

3:1

유의사항!

3:1-3은 1:1-3을 거의 비슷하게 반복. 앞에서 언급한 바 있음. 1:3 뒤의 분석을 참고할 것

어휘

- היה (페-후음[G"פ] 동사+라메드-헤[ל"ה] 동사): ~이다(to be), ~이 있다(to be), ~이 되다(to become)
  - 칼형: הָיָה (완료) יִהְיֶה (미완료) וַיְהִי (봐브연속법)
- דָּבָר : 말/말씀(word), 것(thing)
  - דָּבָר (절대형) דְּבַר (연계형)
  - 현 본문에서는 첫 자음에 경음점 빠짐: דְבַר
- שֵׁנִי : 두번째(second)
  - שֵׁנִי (남성) שֵׁנִית (여성)
- אָמַר (페-알렢[פ"א]동사): 말하다(to speak)
  - 칼형: אָמַר (완) יֹאמַר (미완) אֱמֹר (명) אֱמֹר (부연)
  - 전치사 לְ + 부정사 연계형: לְאֱמֹר → לֶאֱמֹר → לֵאמֹר (가라사대, saying)

본문

וַיְהִי דְבַר־יְהוָה אֶל־יוֹנָה שֵׁנִית לֵאמֹר

음역

wayəhî ḏəḇar-yhwh(ʾăḏōnāy) ʾel-yônāʰ šēnîṯ lēʾmōr

간역

וַיְהִי דְבַר־יְהוָה אֶל־יוֹנָה שֵׁנִית לֵאמֹר

두 번째로　요나에게　여호와의 말씀이　그리고　있었다

윤문

두 번째로 여호와의 말씀이 요나에게 임하였다.

단어 및 구문 해설

שֵׁנִית : **שֵׁנִי** (두번째, second)의 여성형

- 이 여성형은 단독적으로 쓰이면 "두 번째로, 다시"(for the second time, again)란 의미를 갖는다.

- 말 2:13에서는 새로운 논거를 제시하면서 "여기에 또 한 가지 사항이 있다"(here is another thing)고 말할 때 **שֵׁנִית זֹאת**가 사용되고 있다. 즉 **שֵׁנִית**는 "another thing"이라는 의미로도 사용된다.

3:2

어휘

- קוּם (아인-봐브[ע"ו]동사): 일어나다(to stand up)

  -칼형: קָם (완) יָקוּם (미완) קוּם (명령) וַיָּ֫קָם (봐연, 봐이야콤![발음 주의])

- הָלַךְ (결합 동사, 페-봐브[פ"ו]동사처럼 변화함): 가다(to go), 걷다/행하다(to walk)

  -칼형: הָלַךְ (완) יֵלֵךְ (미완) לֵךְ (명령)

- עִיר : 성읍(city)

  -"그 성읍": הָעִיר

- גָּדוֹל : 큰(great)

  -남성: גָּדוֹל 여성: גְּדוֹלָה

  -"그 큰 성읍": הָעִיר הַגְּדוֹלָה

- קָרָא (라메드-알렙[ל"א]동사): 외치다(to shout)

  -칼형: קָרָא (완) יִקְרָא (미완) קְרָא (명령)

- אֵל / אֶל־ : ~에게(to, toward)

  -"그것[그녀]에게": אֵלֶיהָ

  -"너에게": אֵלֶיךָ

- קְרִיאָה : 선포, 메시지(proclamation, message)

  -동사 קָרָא에서 파생

  -구약에 1회 사용(*hapax legomenon*)

- אֲשֶׁר : ~것들(which) (영어의 관계대명사, 관계부사 등을 다 포괄하는 접속사로 선행사를 관계대명사나 관계부사 절 속에 다시 반복할 수도 있음)

- אָנֹכִי : 나(I) (1인칭 주격 인칭대명사) (원래 אָ에는 보조 액센트인 메텍이 와야 하나 생략됨. 맛소라 학자들도 때로는 게으름! 아마 완료 3인칭 여성 단수의 경우들에서 흔히 보듯이 너무나 흔하고 뻔한 경우에 액센트를 충실히 찍는 것을 포기하기도 하는 듯)

• דבר : (칼) 말하다(to speak); (피엘) 말하다(to speak)

-이 동사는 피엘형이 기본(1100번 정도)

-칼형은 총 40번 정도 사용되었는데, 의미는 피엘과 동일

-칼형은 단 한 번의 예외(부정사 연계형)를 제외하고는 전부 칼 분사형으로 만 사용됨

-칼 분사 능동: דֹּבֵר

본문

קוּם לֵךְ אֶל־נִינְוֵה הָעִיר הַגְּדוֹלָה
וּקְרָא אֵלֶיהָ אֶת־הַקְּרִיאָה
אֲשֶׁר אָנֹכִי דֹּבֵר אֵלֶיךָ

음역

qûm lēḵ ʾel-nînwē^{h} hā^{ʿ}îr haggəḏôlā^{h}

ûiqərāʾ ʾēle$^{\acute{y}}$hā ʾeṯ-haqqərîʾā^{h}

ʾăšer ʾānōḵî dōḇēr ʾēle$^{\acute{y}}$ḵā

간역

הָעִיר הַגְּדוֹלָה	אֶל־נִינְוֵה	לֵךְ	קוּם
그 큰 성읍	니느웨로	가라	자

אֶת־הַקְּרִיאָה	אֵלֶיהָ	וּקְרָא
이 메시지를	그것에게	그리고 외쳐라

אֵלֶיךָ	דֹּבֵר	אָנֹכִי	אֲשֶׁר
너에게	말하는	내가	(관계대명사)

윤문

자 저 큰 성읍 니느웨로 가서 거기에서 내가 너에게 말하는 이 메시지를 외쳐라.

단어 및 구문 해설

וִּקְרָא

- 이 단어는 1:2에도 나오는 단어와 동일하다. 한 가지 차이점은 접속사에 모음이 두 개가 찍혀 있다는 점이다. 즉 모음이 וּ와 ◌ִ의 두 개가 한 개의 자음에 찍혀 있다는 점이다. (신기하게도 이 문제에 대해서 요나서의 히브리어 원문을 상세히 다루는 모든 자료들은 완전하게 침묵하고 있다. 왜 그런지 모르겠다.)
- 원칙상으로는 1:2의 평행구절에서 보듯이 전자의 모음, 즉 וּ가 맞는 모음이다. 왜냐하면 다음에 오는 자음의 모음이 쉐바이기 때문이다. 쉐바 앞에서는 단순접속사는 וּ가 된다.
- 그럼에도 불구하고 본문은 וְ도 하나의 가능성으로 제시하고 있다. 이것은 단순 쉐바가 두 개가 연속으로 올 경우 앞의 쉐바가 히렉(◌ִ)으로 바뀐다는 원칙을 따른 독법을 반영하고 있는 듯하다(וְקְ → וִקְ).
- 원칙상으로는 쉐바 앞에서는 단순접속사는 וּ가 된다는 원칙이 우선하기 때문에 두 번째의 독법은 사실 필요가 없다. 1:2에서 우리가 이미 본 것처럼 말이다. 그럼에도 불구하고 두 번째 독법을 반영하고 있는 이유는 BHS의 모체가 되는 레닌그라드 사본이 이 3:2에서 이 두 가지 독법을 다 반영하고 있기 때문이다. 이처럼 BHS는 레닌그라드 사본을 충실히 반영하고 있는 것이 특징이다.

הַקְּרִיאָה : 선포, 메시지(proclamation, message)

- 이 단어는 구약성경 전체에서 오직 여기에만 단 한 번 나오는 *hapax legomenon* 이다. 칠십인경은 τὸ κήρυγμα τὸ ἔμπροσθεν, 즉 "이전 메시지"로 번역하고 있다.

דֹּבֵר : **דבר**의 칼(말하다, to speak) 분사 능동 남성 단수

- HALOT에 따르면 דבר는 주로 피엘형으로 사용되지만(1100번), 칼형 역시 40번이 사용되고 있다. 칼형으로 사용될 경우는 전부 부정사 연계형으로 사용되거나 분사형으로만 사용되고 있다. 칼형이 완료나 미완료 등으로 사용되는 경우는 아예 없다. 기타 사용된 형태는 니팔형, 푸알형, 히트파엘형이다.

3:3

어휘

• קוּם (아인-봐브[ע"ו]동사): 일어나다(to stand up)

-칼형: קָם (완) יָקוּם (미완) קוּם (명령) וַיָּ֫קָם (봐연, 봐이야콤![발음 주의!])

• הָלַךְ (결함 동사, 페-봐브[פ"ו]동사처럼 변화함): 가다(to go), 걷다/행하다(to walk)

-칼형: הָלַךְ (완) יֵלֵךְ (미완) וַיֵּ֫לֶךְ (봐연, 액센트에 따른 모음변화!) לֵךְ (명령)

• דָּבָר : 말/말씀(word), 것(thing)

-דָּבָר (절대형) דְּבַר (연계형)

-"말씀대로": דְּבַר + כְּ → כְּדְבַר → כִּדְבַר (경음점은 해당 자음의 위치에 자동으로 따라 들락날락함)

• היה (페-후음[G"פ]동사+라메드-헤[ל"ה]동사): ~이다(to be), ~이 있다(to be), ~이 되다(to become)

-칼형: הָיָה (완료) יִהְיֶה (미완료) וַיְהִי (봐브연속법)

-"그것이[그녀가] ~이었다": ָה + הָיָה → הָיְהָה → הָיְתָה (완료 3인칭 여성 단수에서 ה가 ת가 되는 것이 라메드-헤[ל"ה]동사의 아주 중요한 특징!!!)

• אֱלֹהִים : 하나님(God), 신(gods) (자체가 복수형)

-"하나님에게": אֱלֹהִים + לְ → לְאֱלֹהִים → לֶאֱלֹהִים, → לֵאלֹהִים

-לֵאמֹר와 이것만 이런 식으로 변화. 나머지는 그냥 לֶאֱ, 형태 유지함

-לֵאלֹהִים은 기본적으로는 "하나님에게"라는 의미이지만, 이 표현은 또한 "아주, 매우, 최고로" 등의 의미를 가진 숙어일 수도 있음(아래의 "단어 및 구문 해설"을 참조)

• מַהֲלָךְ : 통로(passage), 거리(stretch of road), 여정(journey)

-מַהֲלָךְ (절대형) מַהֲלַךְ (연계형)

• שְׁלֹשׁ / שָׁלוֹשׁ (3, three)의 여성(שְׁלֹשָׁה) 연계형

-שְׁלֹשָׁה (여성 절대형) שְׁלֹשֶׁת (여성 연계형, 어미 특이)

• יוֹם : 날 혹은 낮(day)

-단수: יוֹם 복수: יָמִים

-"3일"(three days): שְׁלֹשֶׁת יָמִים

-2:1의 "3일 낮"(three days)은 שְׁלֹשָׁה יָמִים으로 쓰인 바 있음

-즉 "3일" 혹은 "3일 낮"이란 표현으로 שְׁלֹשֶׁת יָמִים / שְׁלֹשָׁה יָמִים 둘 다 허용. 즉 숫자가 연계형이나 절대형으로 뒤의 명사와 함께 쓰이는 경우들이 있음. 또 숫자가 명사 뒤에 올 수도 있음(다음 절의 경우).

본문

וַיָּקָם יוֹנָה
וַיֵּלֶךְ אֶל־נִינְוֶה כִּדְבַר יְהוָה
וְנִינְוֵה הָיְתָה עִיר־גְּדוֹלָה לֵאלֹהִים מַהֲלַךְ שְׁלֹשֶׁת יָמִים׃

음역

wayyā́qom yônāh

wayyḗlek̠ ʾel-nînweh kid̠b̠ar yhwh(ʾăd̠ōnāy)

wənînwēh hāyt̠āh ʿîr-gəd̠ôlāh lēʾlōhîm mahălak̠ šəlṓšet̠ yāmîm

간역

וַיָּקָם	יוֹנָה
[그러자] 일어났다.	요나가

וַיֵּלֶךְ	אֶל־נִינְוֶה	כִּדְבַר יְהוָה
그리고 갔다.	니느웨로	하나님의 말씀대로

וְנִינְוֵה	הָיְתָה	עִיר־גְּדוֹלָה	לֵאלֹהִים	מַהֲלַךְ שְׁלֹשֶׁת יָמִים׃
니느웨는	~였다.	큰 성읍	하나님에게	삼일길되는

윤문

그러자 요나가 일어났다. 그리고 하나님의 말씀을 따라 니느웨로 갔다. 니느웨는 하나님께 큰 성읍으로서, 삼일길이 되는 [크기]였다.

단어 및 구문 해설

וַיָּקָם : קוּם (일어서다, to stand up)의 칼 미완료 3인칭 남성 단수

- *wayyiqtol* 형(봐브 연속법+미완료 형)은 내러티브가 원래의 흐름으로 돌아감을 표시한다.

וַיֵּלֶךְ : הלך (가다, 행하다, to go, walk)의 칼 미완료 3인칭 남성 단수

וַיָּקָם יוֹנָה וַיֵּלֶךְ

- 3:1-3이 1:1-3과 거의 동일하다는 것은 위에서 지적한 바가 있다. 그러나 이 대목에서 드디어 3:1-3은 이 평행본문으로부터 완전히 벗어난다. 1:3은 וַיָּקָם יוֹנָה לִבְרֹחַ라고 되어 있는 반면에 3:3은 וַיָּקָם יוֹנָה וַיֵּלֶךְ라고 되어 있다. 1:3과 달리 요나는 이번에는 하나님께서 명령하신 대로 움직인다.

כִּדְבַר : 전치사 כְּ + דָּבָר (말, word)의 단수 연계형

כִּדְבַר יהוה : 신탁 성취 문구(oracle fulfillment formula)

- 1장과는 달리 이 3장의 장면에서는 요나가 최소한 표면적으로는 하나님의 말씀대로 하고 있다는 것을 이 "신탁 성취 문구"가 나타내준다.

וְנִינְוֵה הָיְתָה עִיר־גְּדוֹלָה לֵאלֹהִים

- X-*qatal*형의 구문은 topicalization이 그 기능이다. 즉 본문의 흐름 중에서 초점의 변화가 있는 경우에 그것을 나타내준다. 여기에서는 내러티브의 흐름을 중단

하고, 앞 문장의 니느웨에 대한 배경 정보를 제공해준다(Tucker, 67).

- 더 나아가서 X-הוה 구문은 마치 우리가 강조하고 싶은 중요한 내용에는 굵은 글씨를 사용하는 것과 같이 "문법적으로 사실을 진술하는 문장이 가능한 한 최고로 굵은 쓰여진 것과 마찬가지"이다(Tucker, 67). 여기에서 Tucker는 Rocine, 338을 인용하고 있다. 다시 말해 이 구문은 본문상의 가장 중요한 요소를 표시해준다(Dawson, 159) (Tucker, 67).
- 위의 두 가지 점을 종합해 볼 때 이 구절은 단순히 초점상의 변화만을 나타내주는 것이 아니라 이 저작 전체에 중요한 핵심사항을 전해주고 있음을 나타내주고 있는 것일 수가 있다(Tucker, 67).

וְנִינְוֵה

- 이 문장에서 도치된 이 주어에 사용된 봐브 계합사(waw-copulative)는 앞의 절과 이 절을 연결시켜주는 역할을 하는데, "וְ를 가진 절의 내용은 다른 절[즉 앞 절]을 더 잘 이해하는데 있어서 필요한 배경적 정보를 언급한다"(MNK, 299) (Tucker, 67).

הָיְתָה : **היה** (이다, 있다, to be)의 칼 완료 3인칭 여성 단수

- **עִיר**가 여성명사라서 여성 단수 동사가 사용됨.

-참고로 **הָיְתָה** (**הָיָה** 칼 완료 3인칭 여성 단수)의 변화는 다음의 도표를 참조하라 (1:2의 **עָלָה**, 1:10의 **עָשָׂה**의 변화와 궁극적으로 동일).

	단수	복수
3인칭 남	הָיָה	הָיוּ
여	הָיְתָה	
2인칭 남	הָיִיתָ	הֱיִיתֶם

여	הָיִית	הֲיִיתֶן
1인칭 공	הָיִיתִי	הָיִינוּ

גְּדוֹלָה : גָּדוֹל (큰, big, great)의 여성형 단수.

- עִיר가 여성명사라서 형용사에 여성 단수 어미가 옴.

לֵאלֹהִים : 전치사 לְ + אֱלֹהִים (하나님, God)

- 이 문구는 그 자체만 기본적으로 직역하면 "하나님에게"(to God), 혹은 "하나님을 위하여"(for God) 정도가 된다. 그러나 조금 더 엄밀하게 살펴 보면 이 문구의 해석은 훨씬 더 다양하게 이해될 수가 있다. 이 문구의 문맥상의 진짜 의미는 다음의 몇 가지 정도로 더 자세하게 따져볼 수 있다. (기본적으로 Tucker, 67-68 참조.)

(1) "극히"라는 통상적인 번역과 같이 최상급을 나타내는 표현으로 해석해 볼 수도 있다. 이 경우 "극히 큰 성읍"이라는 번역을 얻을 수 있다. 때로 "하나님"이라는 단어가 최상급을 나타내는데 사용될 수 있다는 것은 잘 알려져 있다(참고, 삼상 14:15; 창 23:6 등, Tucker, 67). 이러한 해석과 더불어 주석가들은 고고학적이고 역사적인 자료들을 동원해서 이 해석이 맞음을 증명하고자 한다(Wolff, 148; Allen, 221-22). 이 해석은 많이 수용되고 있다(WO, 268; LXX; KJV; JPS; NRSV, NIV).

→ 그러나 Sasson은 이런 해석에 반기를 든다. 그에 따르면 "하나님"이 최상급으로 사용된 경우들은 모두 "하나님"이 명사를 직접 수식하지 이 요나서의 경우처럼 전치사 לְ를 동반하지 않는다. 그러므로 이 요나서의 독특한 경우도 마찬가지로 해석하는 것은 옳지 않다고 그는 주장한다.

(2) 두 번째로 אֱלֹהִים을 여호와 하나님이 아닌 이방신을 가리키는 것으로 해석하는 것이다. 이경우 "신들에게" 혹은 "신들을 위하여"(to/for gods)라고 번역하

는 것이 가능하다. 그러나 אֱלֹהִים을 이방신으로 이해하는 것은 이러한 이방신의 존재 자체를 인정하지 않는 구약의 전체적 논조와 맞지 않다. 구약은 하나님 이외의 다른 신의 존재 자체를 인정하지 않는다. 또한 이 해석은 요나서 자체의 신학과도 맞지 않는 듯 하다. 1장에서 우리는 이방 선원들이 폭풍 속에서 막연히 자기 신들에게 부르짖던 것에서 변화하여 진정한 하나님을 알아나가는 모습을 살펴 본 적이 있다. 그런데 갑자기 여기에서 다시 이방신에 대한 언급이 등장한다는 것은 요나서의 플롯의 흐름과 어울리지 않는다.

(3) 세 번째 해석은 אֱלֹהִים을 여호와 "하나님에게" 혹은 "하나님을 위한"(to/for God)이란 의미로 해석하는 것이다. 그러나 이 해석은 다음의 해석과의 관련성 속에서 파악해야 한다.

(4) 네 번째 해석은 이 문구를 "하나님에게 속한"(belonging to/of God)이라고 해석하는 것이다. 즉 이 문구에서 전치사 לְ는 뒤에 따라오는 명사에 소유격적인 의미를 부여해준다는 것이다(GKC, 419-20). 이런 소유격의 의미는 원래는 단순히 연계형만으로도 그 의미를 나타내는 것이 가능하다. 이처럼 연계형 대신 לְ를 사용하는 경우는 선행하는 명사가 후속 명사에 의해 한정되는 것을 막아준다. 예를 들어 בֶּן־יִשַׁי는 "이새의 그 아들"(*the* son of Jesse)이라는 의미로 한정될 수 있다. 그러나 "이새의 한 아들"(*a* son of Jesse)이라고 표현하고 싶은 경우에는 לְיִשַׁי בֵּן라고 하면 된다. 니느웨가 "하나님에게 속한 그 [유일한] 성읍"(the great city belonging to God)이 아니라 "하나님에게 속한 한 성읍"(a great city belonging to God)이기 때문에 본문처럼 לְ를 사용하여 소유관계를 애둘러 말하는 것이 타당하다.

내레이터가 니느웨를 하나님께 속한 것이라고 직접적으로 언급한 것은 일종의 아이러니를 창출한다(Tucker, 68). 왜냐하면 내레이터의 이 진술은 요나의 행동 속에 반영된 나르시즘과 대조를 이루기 때문이다. 또한 이러한 언급은 이 구절이 "문법적으로 굵은 글씨로 쓰여진 것처럼 강조되어 있다"는 위의 언급과 상응한다. 이 구절은 4:10-11의 하나님의 말씀을 예비하는 복선을 깔아주기 때문이다.

מַהֲלַךְ : מַהֲלָךְ (통로, 거리, 여정, passage, stretch of road, journey)의 연계형
- 이 명사의 어근은 동사 הלךְ이다. 즉 "가다"라는 동사에서 "가는 것", "여정"이라는 뜻의 명사가 파생된 것이다.

שְׁלֹשֶׁת : שָׁלֹשׁ 혹은 שָׁלוֹשׁ (3, three)의 여성(שְׁלֹשָׁה) 연계형.
- 복수 남성 명사 앞에는 이처럼 여성형 단수 연계형이 온다.

מַהֲלַךְ שְׁלֹשֶׁת יָמִים
- 이 문구는 생략된 절의 일부이다. וְנִינְוֵה הָיְתָה가 생략된 것이다. 이처럼 생략된 절이 사용되는 경우는 이 구절에서처럼 생략된 사항이 무엇인지가 분명할 때이다.

3:4

어휘

• חלל (페-후음[G"פ]동사+아인중복[ע"ע]동사): (히필) 시작하다(to begin), 일어나다(to stand up)

-히필형: הֵחֵל (완) יָחֵל (미완) וַיָּ֫חֶל (봐연)

-완료형인 הֵחֵל의 끝음절 חֵל는 원래는 חִיל이어야 좀 더 규칙 동사 변화에 가깝겠지만 위와 같이 חֵל를 취함. 이 점이 아인중복[ע"ע]동사의 특징: הֵחִיל → הֵחֵל [הֵמִים → הֵםֵם])

-이 동사가 "시작하다"란 의미로 사용될 때 뒤에 오는 "לְ + 부정사 연계형"와 함께 "~하기 시작하다"란 구문을 형성.

• בוֹא (아인-봐브[ע"ו]동사): 오다(to come) 들어가다(to enter)

-칼형: בָּא (완) יָבוֹא (미완) בוֹא (명령) בוֹא (부연)

-"가기를": בוֹא + לְ → לָבוֹא (ל아래의 모음 주의! ל 다음에 오는 동사의 부정사 연계형이 단모음인 경우 불분리 전치사 ל의 모음이 이렇게 ◌ָ가 됨!)

-"그리고 그가 들어가기 시작했다": וַיָּ֫חֶל לָבוֹא

• עִיר : 성읍(city)

-그 성읍: הָעִיר

-"그 성읍 안으로": הָעִיר + בְּ → בְּהָעִיר → בָ עִיר → בָּעִיר

-본문에서는 경음점 빠짐: בָעִיר

• מַהֲלָךְ : 통로(passage), 거리(stretch of road), 여정(journey)

מַהֲלָךְ (절대형) מַהֲלַךְ (연계형)

• אֶחָד : 1(one)

-אֶחָד (절대형) אַחַד (연계형)

-"하루": יוֹם אֶחָד

-"하룻길": מַהֲלַךְ יוֹם אֶחָד

• קָרָא (라메드-알렙[ל"א]동사): 외치다(to shout)

-칼형: קָרָא (완) יִקְרָא (미완) קְרָא (명령)

• אָמַר (페-알렙[פ"א]동사): 말하다(to speak)

-칼형: אָמַר (완) יֹאמַר (미완) וַיֹּאמֶר (봐연, 봐요메르) אֱמֹר (명) אֱמֹר (부연)

• עוֹד : 아직(still), 더(more)

-NET 해설: עוֹד는 "한정된 만큼의 시간이 추가됨"(limited temporal continuation)을 의미한다고 보고 이것을 "at the end of…"로 해석. 즉 "40일의 <u>끝에</u>"(at the end of forty days)라고 해석. 개역개정판의 "40일이 지나면"은 좋은 해석이라 할 수 있음.

• אַרְבָּעִים : 40(forty)

-אַרְבַּע (4, four)의 복수형

-숫자 3부터 9까지는 복수형은 해당 숫자x10(즉 4x10=40)

• הפך (페-후음[G"פ]동사): (칼) 돌다(to turn), 뒤집다(to overturn), 멸망시키다(demolish)

-니팔형은 칼형의 수동적 의미

-니팔형: נֶהְפַּךְ (완) יֵהָפֵךְ (미완) נֶהְפָּךְ (분) (니팔 분사형은 끝음절의 모음이 길어진 것을 제외하고는 완료형과 동일)

-니팔 분사 변화: נֶהְפָּךְ (남성) נֶהְפָּכָה / נֶהְפֶּכֶת (여성)

-본문에서는 강한 액센트로 모음 조정: נֶהְפָּכֶת

본문

וַיָּחֶל יוֹנָה לָבוֹא בָעִיר מַהֲלַךְ יוֹם אֶחָד

וַיִּקְרָא

וַיֹּאמַר

עוֹד אַרְבָּעִים יוֹם וְנִינְוֵה נֶהְפָּכֶת׃

음역

wayyā́ḥel yônā^{h} lāḇôʾ ḇāʿîr mahălaḵ yôm ʾeḥāḏ

wayyiqrāʾ wayyōʾmar

ʿôḏ ʾarbāʿîm yôm wənînwē^{h} nehpā́ḵeṯ

간역

מַהֲלַךְ יוֹם אֶחָד	בָעִיר	לָבוֹא	יוֹנָה	וַיָּחֶל
하룻길 정도	그 성 안으로	들어가기	요나가	그리고 시작했다.

וַיִּקְרָא
그리고 외쳤다.

וַיֹּאמַר
그리고 말했다.

נֶהְפָּכֶת׃	וְנִינְוֵה	אַרְבָּעִים יוֹם	עוֹד
뒤집어질 것이다.	니느웨가	사십일이면	이제.

윤문

요나가 그 성으로 들어가기 시작해서 하룻길 정도를 가면서 말하여 외쳤다. "이제 사십일이 지나면 니느웨가 무너지리라".

단어 및 구문 해설

וַיָּחֶל : חלל (히필, 시작하다, to begin)의 히필 3인칭 남성 단수

- *wayyiqtol* 형은 내러티브가 원래의 흐름으로 돌아감을 표시한다. 즉 3절 후반절의 니느웨에 대한 내레이터의 해설로부터 다시 내러티브의 사건의 진행에 대한 서술로 돌아감을 나타낸다.

- חלל은 니팔, 피엘, 푸알 형에서는 모두 "더럽히다, 부정하게 하다, [신성]모독하다"(pollute, defile, profane)는 의미로 일관되게 사용된다. <u>그러나 오직 히필 형</u>

에서만 "~을 시작하다"라는 의미가 부여되며, 히필 형에서 "오염시키다"란 의미로 사용된 경우는 오직 두 번뿐이다(민 30:3; 겔 39:7).
- "시작하다"란 의미로 사용될 때 뒤에는 "לְ + 부정사 연계형"이 와서 "~하기 시작하다"란 구문을 형성한다.

לָבוֹא : 전치사 לְ + **בּוֹא** (오다, to come)의 부정사 연계형

בָעִיר : 전치사 בְּ + 정관사 הַ◌ + **עִיר** (city, 도시, 성, 성읍)
- **בַ**가 아닌 **בָ**가 된 이유는 **עִיר**의 첫번째 자음이 후음인 **ע**이기 때문이다.

מַהֲלַךְ יוֹם אֶחָד
- 이 명사구는 여기에서는 부사구로서 작용한다. 즉 동작의 지속 정도를 나타내는 역할을 한다.

וַיִּקְרָא : וַ◌ + **קרא** (부르다, 외치다; to call, shout)의 칼 미완료 3인칭 남성 단수

עוֹד אַרְבָּעִים יוֹם : **אַרְבָּעִים** (40, forty)
- 이 시간의 부사구는 casus pendens이다. 즉 문장의 서술부의 밖에 서 있다. *waw*가 이 부사구와 뒤의 문장을 구분한다. 그러나 의미상으로는 이 부사구는 뒷 문장의 동사가 나타내는 동작의 시간의 틀을 제공해준다(MNK, 339).
- **יוֹם**은 단수이다. 보통은 1이상의 숫자에는 복수 명사가 사용되지만 이 경우처럼 명사가 집합명사처럼 이렇게 사용되는 경우도 많다(MNK, 268).

וְנִינְוֵה :
נֶהְפָּכֶת : **הפךְ** (돌다, 뒤집다, 멸망시키다; to turn, overturn, demolish)의 니팔 분사 여성 단수

- 여기에서 분사는 임박한 행동(*futurum instans*)을 나타낸다. WO는 이런 경우 "임박성"과 "확실성"이 함께 동반되며, 영어 표현으로 하면 "I am going to..." 정도의 어법에 사용되는 뉘앙스가 들어있다고 지적한다(627). AC는 선지서에는 수사법적인 차원에서 이러한 용법의 분사가 자주 사용되고 있다고 지적한다(81).

- (Tucker, 70-71) הפך는 칼형에서는 주로 심판의 결과로 어떤 성읍이 당하는 운명을 나타낸다(창 19:25, 29, 소돔과 고모라; 신 29:22, 소돔과 고모라와 같이 멸망을 당했던 도시들인 아드마와 스보임; 호 7:8 에브라임). 그러나 니팔형에서는 "[마음을] 돌이키다"란 의미와 더불어 구원의 의미를 담고 있는 경우가 많다(참고, 출 14:5; 삼상 10:6; 사 60:5; 63:10; 렘 2:21; 31:13; 시 66:6). 또 호세아 11:8에서는 하나님의 마음이 "뒤집혀진다" 혹은 "돌아눕는다". 물론 니팔이 칼형의 의미를 이어받아 멸망당함을 의미하는 경우도 있다(참고, 수 8:20). 많은 학자들은 이 구절에서 요나서의 내레이터가 이 양면성을 가진 단어를 활용해서 아이러니를 창출하고 있다고 생각한다.

3:5

어휘

- אמן (페-후음[G"פ]동사[א"פ동사 아님!!!]): (히필) 믿다(to believe in)

  -히필형: הֶאֱמִין (완) יַאֲמִין (미완)

  -"그리고 그들이 믿었다": וַיַּאֲמִינוּ (미완)

  -"를 믿다": הֶאֱמִין בְּ

- אִישׁ : 남자 혹은 남성(man), 남편(husband), 사람(human being)

  -אִישׁ의 명사 변화 도표

	단수	복수
절대형	אִישׁ	אֲנָשִׁים
연계형	אִישׁ	אַנְשֵׁי

- קָרָא (라메드-알렢[ל"א]동사): 외치다(to shout)

  -칼형: קָרָא (완) יִקְרָא (미완) קְרָא (명령)

  -"그리고 그들이 외쳤다": וַיִּקְרְאוּ

- צוֹם : 금식, 금식 기간(fast, period of fasting)

- לָבַשׁ : (옷을) 입다(to clothe, put on)

  -칼형: לָבַשׁ (완) יִלְבַּשׁ (미완)

  -"그리고 그들이 (옷을) 입었다": וַיִּלְבְּשׁוּ

- שַׂק : 베옷(sackcloth)

  -שַׂק (단수) שַׂקִּים (복수) (이중점 주의!)

- גָּדוֹל : 큰(great) → (명사) 큰 사람(성인)

  -גָּדוֹל (절대형) גְּדוֹל (연계형)

  -"그들의 가장 큰 자로부터"(from their greatest): מִגְּדוֹלָם (מִן + גְּדוֹל + ־ָם)

(더 상세한 내용과 최상급적 의미에 대해서는 아래의 단어 및 구문 해설 참조)

• קָטָן : 작은(small) (더 흔한 קָטֹן과 동족어이자 동의어)

-קָטָן (절대형) קְטַן (연계형) (주의! 끝자음 이중점 숨어 있음! 즉 קְטַנּ)

-"그들의 가장 작은 자까지"(from their greatest): עַד־קְטַנָּם (ם ָ + קְטַנּ + עַד) (더 상세한 내용과 최상급적 의미에 대해서는 아래의 단어 및 구문 해설 참조)

본문

וַיַּאֲמִינוּ אַנְשֵׁי נִינְוֵה בֵּאלֹהִים
וַיִּקְרְאוּ־צוֹם
וַיִּלְבְּשׁוּ שַׂקִּים *מִגְּדוֹלָם וְעַד־קְטַנָּם׃

음역

wạyya'ămînû 'anšê nînwē^h bē'lōhîm

wayyiqrə'û-ṣôm

wayyilbəšû śaqqîm miggədôlām wəʿad-qəṭannām

간역

בֵּאלֹהִים	אַנְשֵׁי נִינְוֵה	וַיַּאֲמִינוּ
하나님을	니느웨 사람들이	그러자 믿었다

צוֹם־	וַיִּקְרְאוּ
금식을	그리고 선포했다

וְעַד־קְטַנָּם׃	*מִגְּדוֹלָם	שַׂקִּים	וַיִּלְבְּשׁוּ
그들의 작은자들까지	그들의 큰자들로부터	베옷을	그리고 입었다

윤문

그러자 니느웨 사람들이 하나님을 믿었다. 그리고 그들은 금식을 선포하고 큰 자들로부터 작은 자들까지 [모두] 베옷을 입었다.

단어 및 구문 해설

וַיַּאֲמִינוּ : **אמן** (히필, 믿다; to believe in)의 히필 미완료 3인칭 남성 복수

- 믿는 대상은 전치사 **בְּ** 다음에 온다. (전치사 **לְ**와 함께 사용된 경우도 있다, 신 9:23; 사 43:10.) (참고: 헬라어 "믿다"는 *πιστευω εις*로 히브리어와 동일한 구성을 갖추고 있음.)
- "여호와를 믿는다"는 의미로 이 숙어가 **יהוה**란 단어와 함께 사용되는 경우는 구약에 자주 등장한다(창 15:6; 출 14:31 [모세도 역시 이 숙어의 목적어]; 민 14:11; 20:12; 신 1:32; 왕하 17:14; 대하 20:20).
- 여호와 대신에 **אֱלֹהִים**과 함께 사용된 경우는 오직 이 구절과 시 78:22 (소위 엘로힘 시편)뿐이다.
- 여호와 혹은 **אֱלֹהִים**이 그냥 동사만 사용되어 문맥상 하나님에 대한 신앙을 나타내는 경우도 있다(출 4:31; 사 7:9; 28:16).
- 신약의 "아멘"이란 표현은 이 **אמן**이란 동사에서 나온 것이다. 참고로 중요한 파생명사로는 **אֱמוּנָה**와 **אֱמֶת**가 있다.

אַנְשֵׁי : **אִישׁ** (사람, 남자; man)의 복수인 **אֲנָשִׁים**의 연계형

בֵּאלֹהִים : 전치사 **בְּ** + **אֱלֹהִים**

צוֹם : 금식, 금식 기간(fast, period of fasting) (욜 1:14; 2:12, 15).

וַיִּלְבְּשׁוּ : **לבשׁ** (옷입다; to clothe, put on)

שַׂקִּים : שַׂק (베옷; sackcloth) (욜 1:8, 13).

מִגְּדוֹלָם : 전치사 מִן + גָּדוֹל (큰; great)+ 3인칭 소유격 인칭대명사 ם◌ָ

קְטַנָּם : קָטָן (작은; small)+ 3인칭 소유격 인칭대명사 ם◌ָ

מִגְּדוֹלָם וְעַד־קְטַנָּם

- וְעַד...מִן는 숙어로 "…로부터…까지"(from…to…)의 의미를 가진다.

- גָּדוֹל과 קָטָן은 함께 쓰여져 가장 큰 것부터 가장 작은 것까지를 다 포함하는 포괄적인 의미를 갖는다. 즉 이 구절의 경우 "가장 큰 자로부터 가장 작은 자까지"란 의미를 갖는다.

- 히브리어에서 형용사의 최상급은 뒤에 어떤 것에 의해서 한정되는 것을 통해 표시된다. 여기에서는 인칭대명사에 의해서 형용사가 한정됨으로써 최상급적 의미가 나타나고 있다. "그들의 가장 큰 자들로부터 [그들의] 가장 작은 자들까지".

3:6

어휘

- נגע (페-눈[פ"ן]동사): 닿다, 이르다(to reach)
  - -칼형: נָגַע (완) יִגַּע (미완)
  - -"그리고 그것이 이르렀다": וַיִּגַּע (미완)
- דָּבָר : 말(word), 것/일(thing)
  - -"그 말" 혹은 "그것/그 일": הַדָּבָר
- מֶ֫לֶךְ : 왕(king)
- קום (아인-봐브[ע"ו]동사): 일어나다(to stand up)
  - -칼형: קָם (완) יָקוּם (미완) קוּם (명령) וַיָּ֫קָם (봐연)
- כִּסֵּא : 보좌(throne)
  - -"그의 보좌로부터"(from his throne): וֹ + כִּסֵּא + מִן → מִכִּסְּאוֹ → מִכִּסְאוֹ

  (ס의 이중점이 쉐봐 때문에 탈락. 이런 경우 흔함!)
- עָבַר (페-후음[G"פ]동사): (칼) 지나가다(to pass) (히필) 지나가게 하다(to let something pass) → 벗다(to take off) (파생적 의미!)
  - -히필형: הֶעֱבִיר (완) יַעֲבִיר (미완) יַעֲבֵר (간명) וַיַּעֲבֵר (봐연)
- אַדֶּ֫רֶת : 장의(robe) (제사장들이 입는 것과 같은 긴 옷을 의미)
  - -뒤의 세 자음과 모음을 보면 세골명사 형태인 것을 알 수 있으며, 이 뒷부분이 세골명사 변화함
  - -אַדֶּרֶת (절대형) אַדַּרְתּ (연계형)
  - -"그의 장옷"(his robe): אַדַּרְתּוֹ
- מֵעַל: ~위로부터(from the above of)
  - -복합 전치사: עַל + מִן → מִעַּל (자음 동화) → מֵעַל (ע이 후음이라 이중점 대신 앞 모음 길게)
  - -מֵעַל에 인칭대명사가 올 때의 변화는 2절의 עַל 참조.
  - -"그의 위로부터"(from his above→from him): מֵעָלָיו (메알라브, 발음 주의!)

• כסה (라메드-헤[ל"ה]동사): (피엘) 덮다(to cover)

-피엘형: כִּסָּה (완) יְכַסֶּה (미완) יְכַס (간명) וַיְכַס (봐연)

-칼형도 쓰이는 경우가 있으나 피엘형이 기본. 가장 많이 쓰임.

• שַׂק : 베옷(sackcloth)

• יָשַׁב (페-봐브[פ"ו]동사): 앉다(to sit), 거주하다(to dwell)

-칼형: יָשַׁב (완) יֵשֵׁב (미완) וַיֵּשֶׁב (봐연)

• אֵפֶר : 먼지, 흙(soil, dust)

본문

וַיִּגַּע הַדָּבָר֙ אֶל־מֶ֣לֶךְ נִֽינְוֵ֔ה
וַיָּ֙קָם֙ מִכִּסְא֔וֹ
וַיַּעֲבֵ֥ר אַדַּרְתּ֖וֹ מֵעָלָ֑יו
וַיְכַ֣ס שַׂ֔ק
וַיֵּ֖שֶׁב עַל־הָאֵֽפֶר׃

음역

wayyiggaʿ haddāḇār ʾel-méleḵ nîṇwēʰ

wayyā́qom mikkisʾô

wayyaʿăḇēr ʾaddartô mēṇʿālāyw

wayəḵas śaq

wayyḗšeḇ ʿal-hāʾḗp̄er

간역

וַיִּגַּע	הַדָּבָר	אֶל־מֶלֶךְ	נִינְוֵה
이르렀다.	그 일이	왕에게	니느웨의

וַיָּקָם	מִכִּסְאוֹ
그가 일어났다	그의 보좌로부터

וַיַּעֲבֵר	אַדַּרְתּוֹ	מֵעָלָיו
그가 벗었다	그의 옷을	그로 위로부터

וַיְכַס	שַׂק
그가 덮었다	베옷을

וַיֵּשֶׁב	עַל־הָאֵפֶר׃
그가 앉았다	그 재 위에

윤문

그 일이 니느웨의 왕에게 이르자 그가 자기의 보좌로부터 일어나서 자기의 의복을 벗고 베옷을 입고 재 위에 앉았다.

단어 및 구문 해설

וַיִּגַּע : **נגע** (닿다, 이르다; to reach)의 칼 미완료 3인칭 남성 단수

- 이 구절에서 **נגע**는 **אֶל**과 함께 쓰이고 있는데, 이것은 촉각적인 의미이다. 즉 "그 말이 왕에게 도달하였다" 정도의 의미이다. 감정적인 의미에서의 다가옴, 즉 "~마음을 감동시켰다"란 의미(영어로 to touch)로 사용되기 위해서는 전치사 **בְּ**가 필요하다. Tucker, 73은 이런 점에 근거해서 Wolff, 151; Stuart, 484 등이 이 단어를 감정적인 의미로 이해하는 것에 반대한다.

הַדָּבָר : 정관사 הַ◌ּ + דָּבָר (말, 것; word, thing)

- 이 단어는 문맥에 따라 "말"이라는 의미를 가질 수도 있고, "~것"을 의미할 수

도 있다. 현재의 문맥에서 정황상 이 두 가지 의미가 다 가능하다. "~것"이라고 이해하는 경우, 이 단어는 현재 니느웨 성안에서 일어나고 있는 해프닝들을 가리키는 것으로 이해될 것이다. 또한 "말"이라는 의미로 보는 경우 이것이 요나가 전한 메시지라고 이해하는 것과 하나님의 말씀이라고 이해하는 것을 고려해 볼 수 있다.

וַיָּקָם מִכִּסְאוֹ :

וַיָּקָם : קוּם (일어나다, to stand up)의 칼 미완료 3인칭 남성 단수

-이 단어는 1:1-2의 하나님의 말씀에 대한 요나의 반응을 상기시킨다. 1:1-2에서 하나님의 말씀(דְּבַר־יהוה)이 임했을 때 이어지는 1:3에서 요나는 일어나(קוּם) 도망치는 길을 택했다.

-그러나 이 3:6에서 니느웨 왕은 요나의 메시지와 그것이 일으킨 소동에 대한 소식(הַדָּבָר)이 임하자 일어나(קוּם) 여러 가지 바른 반응들을 보인다.

-이런 면에서 요나서의 다른 모든 등장인물들과 마찬가지로 이 니느웨 왕 역시 요나의 대조인물(foil)로서의 역할을 한다.

מִכִּסְאוֹ : 전치사 מִן + כִּסֵּא (보좌, throne) + 소유격 인칭 대명사 3인칭 남성 단수 וֹ

וַיַּעֲבֵר : עבר (지나가다, to pass)의 히필 미완료 3인칭 남성 단수

- 여기에서는 문맥상 "벗다"(to remove clothes)의 의미를 갖고 있다.

אַדַּרְתּוֹ : אַדֶּרֶת (장의; robe) + 소유격 인칭 대명사 3인칭 남성 단수 וֹ

מֵעָלָיו : 전치사 מִן + 전치사 עַל + 목적격 인칭 대명사 3인칭 남성 단수 ו

וַיְכַס : וַ◌ּ + כסה의 피엘(덮다, to cover) 미완료 3인칭 남성 단수

- כסה의 피엘형은 완료형과 미완료형이 각각 כִּסָּה, יְכַסֶּה이다. 참고로 이 단어처럼 어간의 마지막 자음이 ה인 동사들은 칼, 니팔 등 형을 가리지 않고 완료형은 ◌ָה, 미완료형은 ◌ֶה로 끝이 나는 특징이 있다.
- 봐브 연속법(waw consecutive)에서는 미완료형이 최대한 짧아지는 경향이 있는데 כסה처럼 끝이 ה로 끝나는 단어들은 이 마지막의 ה가 그 앞의 모음과 함께 떨어져 나간다. 즉 וַיְכַסֶּה → וַיְכַסּ → וַיְכַס . 마지막 변화는 이 과정에서 ס에 찍힌 이중점도 함께 사라지는 것을 나타낸 것이다. 왜냐하면 히브리어에서 단어의 마지막 자음에는 이중점이 올 수가 없기 때문이다.

וַיֵּשֶׁב : וַ◌ּ + ישׁב (앉다, 거주하다; to sit, dwell)의 칼 미완료 3인칭 남성 단수

אֵפֶר : 먼지, 흙(soil, dust)
- 거의 같은 뜻을 지닌 עָפָר와 중언법(hendidys)을 이루는 경우도 많다(창 18:27; 욥 30:19; 42:6).
- אֵפֶר 위에 앉거나 אֵפֶר를 뒤집어 쓰는 행위는 슬픔을 나타내는 표시이다.

3:7

어휘

• זָעַק (아인-후음[G"ע]동사): 부르짖다(to cry out), [도움을] 청하다(to call [for help]) (히필) ~것이 선포되게 하다(=선포하다) (to make something proclaimed=proclaim)

-1:5 선원들의 부르짖음 참조

-칼형: זָעַק (완) יִזְעַק (미완)

-히필형: הִזְעִיק (완) יַזְעִיק (미완) יַזְעֵק (간명) וַיַּזְעֵק (봐연)

• אָמַר (페-알렙[פ"א]동사): 말하다(to speak)

-칼형: אָמַר (완) יֹאמַר (미완) וַיֹּ֫אמֶר (봐연, 봐요메르) אֱמֹר (명) אֱמֹר (부연)

-전치사 לְ + 부정사 연계형: לְאֱמֹר → לֶאֱמֹר → לֵאמֹר (가라사대, saying)

• בְּ + נִינְוֵה = בְּנִינְוֵה

-전치사 בְּ는 "throughout"로 많이 번역

• טַ֫עַם : 명령, 칙령(order, decree)

-세골명사. 두 번째 자음이 후음인 ע인 관계로 그 자신과 그 앞 자음의 ◌ֶ이 ◌ַ로 바뀐 것임

-표준형 명사는 모음이 ◌ֶ◌ֶ◌ 형태를 띰. 그렇지 않은 경우는 알고 보면 거의 대부분 다 세골명사임. 주로 후음 때문에 위와 같은 상황 발생.

-기타 사항들은 "단어 및 구문 해설" 참조

• מֶ֫לֶךְ : 왕(king)

• גָּדוֹל : 큰(great) →중요한(important), 위대한(great) → 중요한 사람 → 보통 "귀족들"(nobles)로 번역됨(요나서 3:7, 개역개정판, "대신들")

	단수	복수
절대형	גָּדוֹל	גְּדוֹלִים
연계형		גְּדוֹלֵי

-"그(왕)의 대신들": גְּדוֹלָיו

• אָדָם : 사람(man), 남자(man)

-הָאָדָם (여기서 정관사는 "그"[the]라는 개념보다는 "사람 일반"을 나타내는 총칭적 개념)

• בְּהֵמָה : (1) 짐승 일반 (2) 네 발 달린 짐승 (3) [네 발 달린] 가축 (뒤로 갈수록 집합이 좁아짐!)

-בְּהֵמָה는 집합명사. 영어의 people이란 단어처럼 그 자체가 복수적 개념 가짐

-הַבְּהֵמָה (여기서 정관사는 "그"[the]라는 개념보다는 "짐승 혹은 가축 일반"을 나타내는 총칭적 개념)

• בָּקָר : 가축(cattle). (특별히 네 발 달린 가축 중 큰 가축들, 소 등을 의미)

-הַבָּקָר (여기서 정관사는 "그"[the]라는 개념보다는 "[네 발 달린 큰] 가축 일반"을 나타내는 총칭적 개념)

• צֹאן : 가축(cattle). (특별히 네 발 달린 가축 중 작은 가축들, 즉 양이나 염소 등을 의미)

-הַצֹּאן (여기서 정관사는 "그"[the]라는 개념보다는 "[네 발 달린 작은] 가축 일반"을 나타내는 총칭적 개념)

• אַל : 아니(not)

• טעם (아인-후음[G"ע]동사): (칼) 맛보다(to taste), 먹다(to eat)

-טָעַם (완) יִטְעַם (미완) יִטְעַם (간명)

-"[그들이] 먹게 하라"(let them eat): יִטְעֲמוּ

-앞의 טַ֫עַם (명령, 칙령, order, decree)과 어근의 자음 동일

• מְאוּמָה : 어떤 것(something), 아무것(anything)

• רעה (아인-후음[G"ע]동사+라메드-헤[ל"ה]동사): 먹다(to eat), [먹이를] 먹다 (to feed) (즉 가축들이 "먹는다"는 뜻의 동사로서 주어는 가축들이 됨)

-רָעָה (완) יִרְעֶה (미완) יֵרַע (간명[?], 추정)

-"그들이 먹지 못하게 하라": יִרְעוּ

-위 변화의 설명: וּ + יֵרַע → יֵרְ֫עוּ → יִרְ֫עוּ (첫 음절이 액센트 없는 폐음절이라 모음이 단모음이 되어야 하니 יֵר → יִר)

(본문상에서는 이 미완료 3인칭 남성 복수 형태가 그대로 간접명령의 의미로 사용됨. 따라서 위 동사의 파싱은 칼 간접명령 3인칭 남성 복수가 정확한 답임.)

• מַ֫יִם : 물(water)

• שָׁתָה (라메드-헤[ל"ה]동사): 마시다(to drink)

-שָׁתָה (완) יִשְׁתֶּה (미완) יֵשְׁתְּ (간명)

-"그들이 마실 것이다": יִשְׁתּוּ

-본문상에서는 이 마지막 미완료 3인칭 남성 단수 형태가 그대로 간접명령의 의미로 사용됨.

본문

וַיַּזְעֵק

וַיֹּאמֶר בְּנִינְוֵה מִטַּעַם הַמֶּלֶךְ וּגְדֹלָיו לֵאמֹר

הָאָדָם וְהַבְּהֵמָה הַבָּקָר וְהַצֹּאן

אַל־יִטְעֲמוּ מְאוּמָה

אַל־יִרְעוּ

וּמַיִם אַל־יִשְׁתּוּ׃

음역

wayyazʿēq

wayyṓʾmer bənînwē^{h} miṭṭáʿam hammélek̲ ûg̲əd̲ōlāyw lēʾmōr

hāʾād̲ām wəhabbəhēmā^{h} habbāqār wəhaṣṣōʾn

ʾal-yiṭʿămû məʾûmā^{h}

ʾál-yirʿû

ûmáyim ʾal-yištû

간역

וַיַּזְעֵק

그리고 [그가] 선포하였다

וַיֹּאמֶר בְּנִינְוֵה מִטַּעַם הַמֶּלֶךְ וּגְדֹלָיו לֵאמֹר

그리고 말하였다 니느웨 중에 조서로부터 그 왕과 그 신하들의

הָאָדָם וְהַבְּהֵמָה הַבָּקָר וְהַצֹּאן

사람과 짐승과 가축과 양은

אַל־יִטְעֲמוּ מְאוּמָה

먹지 마라 그 어떤 것도

אַל־יִרְעוּ

(꼴을) 뜯지 마라

וּמַיִם אַל־יִשְׁתּוּ

그리고 물을 마시지 마라

윤문

왕이 자신과 신하들의 조서를 통해 선포하였다. “사람과 가축, 큰 가축과 작은 가축 모두 음식을 먹거나 꼴을 뜯지 마라. 물도 마시지 마라.”

단어 및 구문 해설

וַיַּזְעֵק : זעק (부르짖다, to cry)의 히필(선포하다, to make a proclamation) 미완료 3인칭 남성 단수

בְּנִינְוֵה

- 여기에서 전치사 בְּ는 "through"로 많이 번역된다.

וַיֹּאמֶר בְּנִינְוֵה מִטַּעַם הַמֶּלֶךְ וּגְדֹלָיו לֵאמֹר

- 이 문장에서 직접인용문, 즉 칙령의 내용이 어디에서 시작하는지는 항상 논란의 대상이 되어 왔다. 대부분의 역본들(CJB, NIV, NRSV, NJPS, NEB, TNK)은 직접인용문이 בְּנִינְוֵה 다음부터 시작된다고 본다. 그러나 또한 고금의 다른 역본들(LXX; KJV, NKJV, NLT, YLT)은 לֵאמֹר 다음부터 직접인용문이 시작된다고 보기도 한다.
- Tucker는 이 문제와 관련하여 두 가지 고려점을 제시한다.

(1) 그는 בְּנִינְוֵה 위에 *zaqeph qaton*이 오는 것과 לֵאמֹר에 *atnach*가 온다는 점에 주목한다. 그는 *zaqeph qaton*은 בְּנִינְוֵה를 앞의 וַיֹּאמֶר와 연결시키는 것으로 이해한다. 그리고 *atnach*는 칙령의 내용을 לֵאמֹר 이전의 사항들과 구분지어 주는 역할을 한다고 본다.

(2) 그에 따르면 Miller (196)라는 학자는 말을 도입하는 문구(metapragmatic verbs)가 두 개 사용되는 경우 직접인용문은 לֵאמֹר 다음에 온다는 점을 지적하였다(창 39:14-15; 출 15:1; 민 30:3-5; 수 9:22-23; 삿 16:18b; 21:10-11).

מִטַּעַם : 전치사 מִן + טַעַם (명령, 칙령; order, decree)

- 이 단어는 성경에서 기본적으로는 "(음식의) 맛"(taste), 느낌(feeling, sense) 정도의 의미를 갖고 있다.
- 그러나 아카드어에서 파생된 의미로 명령, 칙령(order, decree) 등의 의미도 갖

고 있다. 구약성경에서 이 단어가 이 의미로 사용된 것은 이 구절이 유일하다.
- 전치사 מִן은 WO, 213에 따르면 "어떤 기준이나 진리의 기원이 되는 사람이나 권세를 표시한다". Sasson은 이 전치사를 "on the authority of the kings and his counselors"로 번역한다(240).

וּגְדֹלָיו : 접속사 וְ + גָּדוֹל + 복수명사에 오는 3인칭 남성 단수 소유격 인칭 대명사 ◌ָיו
- 접속사 וְ는 그 다음에 ◌ְ가 오면 וּ 형태를 취한다.
- גָּדוֹל은 여기에서는 "강력한, 부유한, 중요한"(powerful, wealthy, important) 등 사회적 지위를 나타내는 의미로 사용되고 있다.
- 이 구절에서는 "귀족들"(nobles)이란 의미로 주로 번역된다.

הָאָדָם וְהַבְּהֵמָה הַבָּקָר וְהַצֹּאן
- 이 어구는 크게 두 개의 제유법(merismus)으로 이루어져 있다. 첫번째 제유법은 הָאָדָם וְהַבְּהֵמָה이다. 뜻은 "사람과 짐승을 무론하고", 즉 "모든 생명체는" 정도가 될 것이다. 두 번째 제유법은 הַבָּקָר וְהַצֹּאן이 될 것이다. 이 것은 앞의 제유법의 두 번째 요소인 וְהַבְּהֵמָה를 부연설명해주는 제유법으로써 "니느웨 안의 모든 짐승들은" 정도의 의미로 이해하면 될 듯하다. 아래의 설명을 더 참조하라.
- בְּהֵמָה는 사람과 대조되는 온갖 "짐승들"을 가리키는 단어이다.
- בָּקָר는 문맥상 "가축떼" 혹은 "소떼" 등으로 번역되고는 하는데 이것의 가장 기초적인 의미는 네 발 달린 가축들 중 크기가 큰 가축들을 집합적으로 가리키는 단어이다. *NIDOTTE*, 1: 707에 따르면 이 단어는 황소, 암소, 송아지 등을 포함한다.
- צֹאן은 "양떼"로 많이 번역되기도 한다. 이 단어는 네 발 달린 가축중 크기가 작은 짐승들을 집합적으로 가리키는 단어이다. "양떼"뿐 아니라 "염소떼" 등도 여기에 포함될 수 있다. 양자가 혼합된 것도 역시 이 단어로 표현된다.

- בָּקָר와 צֹאן을 합치면 가축 전체를 가리키는 단어인 בְּהֵמָה이 된다.

יִטְעֲמוּ : טעם (맛보다, 먹다; to taste, eat)의 칼 간접명령 3인칭 남성 복수
- 히브리어의 명령형은 부정어(אַל, לֹא)와 함께 사용될 수 없다. 이런 경우 간접 명령이 사용된다.

מְאוּמָה : 어떤 것(something)
- 이 단어는 אַל이나 לֹא, 혹은 אֵין 등과 함께 쓰여 "그 어떤 것도..."(nothing at all)란 구문을 형성한다.

יִרְעוּ : רעה (먹다, [먹이를] 먹다; to eat, feed)의 칼 간접명령 3인칭 남성 복수
- "(목자등이) 돌보다, 치다, 보호하다"(to shepherd, pasture, protect)란 의미로도 많이 쓰인다. 여기에서 "목자"(shepherd)란 단어(רֹעֶה, 분사형)가 파생되었다.

אַל־יִטְעֲמוּ מְאוּמָה אַל־יִרְעוּ
- Tucker는 יִטְעֲמוּ와 יִרְעוּ가 각각 הָאָדָם과 הַבְּהֵמָה를 따로 받는 것으로 이해한다(77).

יִשְׁתּוּ : שתה (마시다, to drink)의 칼 간접명령 3인칭 남성 복수

וּמַיִם אַל־יִשְׁתּוּ :
- וּמַיִם이 도치되어 있다.
-접속사 모양이 וּ인 것은 그 다음의 자음이 순음인 מ이기 때문. 접속사 וְ는 그 다음의 자음이 순음(ב, מ, פ)이거나 그 모음이 ְ인 경우 모양이 וּ가 됨.

3:8

어휘

• כסה : (피엘) 덮다(to cover); (히트파엘) (자신을) 덮다(to cover oneself)

-피엘형: כִּסָּה (완) יְכַסֶּה (미완)

-히트파엘형: הִתְכַּסָּה (완) יִתְכַּסֶּה (미완)

-"그들이 ~으로 자신을 덮을 것이다": יִתְכַּסּוּ

-본문상에서는 이 마지막 미완료 3인칭 남성 단수 형태가 그대로 간접명령의 의미로 사용됨.

• שַׂק : 베옷(sackcloth)

-שַׂק (단수) שַׂקִּים (복수) (이중점 주의!)

• אָדָם : 사람(man), 남자(man)

-הָאָדָם (여기서 정관사는 "그"[the]라는 개념보다는 "사람 일반"을 나타내는 총칭적 개념)

• בְּהֵמָה : (1) 짐승 일반 (2) 네 발 달린 짐승 (3) [네 발 달린] 가축 (뒤로 갈수록 집합이 좁아짐!)

-הַבְּהֵמָה (여기서 정관사는 "그"[the]라는 개념보다는 "짐승 혹은 가축 일반"을 나타내는 총칭적 개념)

• קָרָא (라메드-알렢[ל"א]동사): 외치다(to shout)

-칼형: קָרָא (완) יִקְרָא (미완) קְרָא (명령)

-"그들이 외칠 것이다": וַיִּקְרְאוּ (미완)

-본문상에서는 이 마지막 미완료 3인칭 남성 단수 형태가 그대로 간접명령의 의미로 사용됨.

• חָזְקָה : 힘(strength, force) (발음 주의! 호즈카)

-"힘차게"(mightily): בְּחָזְקָה

• שׁוּב (아인-봐브[ע"ו]동사): 돌다(to turn)

-칼형: שָׁב (완) יָשׁוּב / יָשֵׁב (미완)

-"그들이 돌이킬 것이다": יָשֻׁבוּ

- אִישׁ : 남자 혹은 남성(man), 남편(husband), 사람(human being); 각자(each), 각 사람(each one)

  -현재 본문에서는 이 단어의 독특한 용례로서 "각자, 각 사람"(each, each one)이라는 뜻으로 사용됨. 영어와 달리 함께 쓰이는 동사는 복수형 취함.

- דֶּרֶךְ : 길(way)

  -דֶּרֶךְ (절대형) דֶּרֶךְ (연계형, 단독) דַּרְכּ (연계형, 인칭대명사 함께)

  -"그의 길": דַּרְכּוֹ

  -"그의 길로부터": דַּרְכּוֹ + מִן → מִדַּרְכּוֹ

- רַע : 나쁜(evil)

  -רַע (남성) רָעָה (여성)

  -"그 나쁜": הָרָעָה

  -"그의 나쁜 길로부터": מִדַּרְכּוֹ הָרָעָה

- חָמָס : 폭력, 악행(violence, wrong)

  -"그 악행"(the violence): הֶחָמָס (정관사의 독특한 모음 주의!)

- אֲשֶׁר : ~것들(which) (영어의 관계대명사, 관계부사 등을 다 포괄하는 접속사로 선행사를 관계대명사나 관계부사 절 속에 다시 반복할 수도 있음)

- כַּף : 손바닥(palm; 혹은 신체 중의 움푹 들어간 곳)

	단수	쌍수	복수
절대형	כַּף	כַּפַּיִם	כַּפּוֹת
연계형	כַּף	כַּפֵּי	כַּפּוֹת 혹은 כַּפּוֹתֵי
이중점 주의!!!			

-"그들의 손바닥 안에": בְּכַפֵּיהֶם

본문

וְיִֽתְכַּסּוּ שַׂקִּים הָֽאָדָם֙ וְהַבְּהֵמָה
וְיִקְרְאוּ אֶל־אֱלֹהִים בְּחָזְקָה
וְיָשֻׁבוּ אִישׁ מִדַּרְכּוֹ הָֽרָעָה וּמִן־הֶחָמָס אֲשֶׁר בְּכַפֵּיהֶֽם׃

음역

wəyiṯkassû śaqqîm hāʾāḏām wəhabbəhēmāʰ

wəyiqrəʾû ʾel-ʾĕlōhîm bəḥozqāʰ

wəyāšúḇû ʾîš middarkô hārāʿāʰ ûmin-heḥāmās ʾăšer bəḵappêhem

간역

וְיִֽתְכַּסּוּ	שַׂקִּים	הָֽאָדָם֙	וְהַבְּהֵמָה
입으라	베옷을	사람과	짐승은

וְיִקְרְאוּ	אֶל־אֱלֹהִים	בְּחָזְקָה
그리고 외치라	하나님께	강하게

וְיָשֻׁבוּ	אִישׁ
그리고 돌이키라	각자

מִדַּרְכּוֹ הָֽרָעָה	וּמִן־הֶחָמָס	אֲשֶׁר בְּכַפֵּיהֶֽם׃
그 악한 길과	그 폭력으로부터	그들의 손들에 있는

윤문

그리고 사람과 짐은 베옷을 입고, 하나님께 힘써 외치며, 각자 자신의 길과자신의 손으로 저지른 폭력으로부터 돌이키라.

단어 및 구문 해설

וְיִתְכַּסּוּ : כסה (덮다, to cover)의 히트파엘 간접명령 3인칭 남성 복수

- 여기에서 ו 계속법이 사용된 것이 아니라 봐브 계합사(waw copulative, וְ)가 사용되고 있는 점을 주목하라. 간접명령형을 나열할 때는 이처럼 봐브 계합사(waw copulative)가 주로 사용된다.

- 7절에 이어서 이 절에서도 간접명령형이 계속 사용되고 있다. 7절에서는 "~하지 말라"는 의미에서 세 개의 간접명령이 나오고, 이 8절에서는 "~하라"는 의미에서 역시 세 개의 간접명령(וְיִתְכַּסּוּ, וְיִקְרְאוּ, וְיָשֻׁבוּ - 전부 봐브 계합사[waw copulative]와 함께 쓰이고 있음에 주목)이 나온다는 점에서 이 두 구절은 서로 균형을 이루고 있다(Tucker, 78).

	7절 하반절	8절
a	אַל־יִטְעֲמוּ מְאוּמָה	וְיִתְכַּסּוּ שַׂקִּים
b	אַל־יִטְעֲמוּ	וְיִקְרְאוּ אֶל־אֱלֹהִים
c	וּמַיִם אַל־יִשְׁתּוּ׃	וְיָשֻׁבוּ אִישׁ

הָאָדָם וְהַבְּהֵמָה

- 앞 절과 마찬가지로 이 절에서도 왕의 명령들을 수행하는 주체는 이 "사람과 짐승들"이다.

וְיִקְרְאוּ אֶל־אֱלֹהִים

- 이 어구는 요나서에서 신에게 탄원을 할 때 사용된다. 선원들(1:5,14), 선장(1:6), 니느웨 사람들(3:8), 요나(2:3, אֱלֹהִים 대신 יהוה) 등이 그것이다.

בְּחָזְקָה : 전치사 בְּ + חָזְקָה (힘; strength, force)

- בְּחָזְקָה는 “힘으로(by force), 맹렬하게(vehemently)” 정도의 의미를 갖고 있다.
- בְּחָזְקָה의 발음에 유의하라. “브하즈카”가 아니라 “브호즈카”로 읽어야 한다.

וְיָשֻׁבוּ : שׁוּב (돌아오다; to turn back, return)의 칼 간접명령 3인칭 남성 복수
- ישׁב (앉다, 거주하다; to sit, dwell)과 혼동하지 말라. 이 단어의 미완료 및 관련 변화는 יֵשֵׁב을 기본으로 해서 이루어진다.

מִדַּרְכּוֹ : 전치사 מִן + דֶּרֶךְ (길, way) + 3인칭 남성 단수 소유격 인칭대명사 וֹ

הָרָעָה : 형용사 רַע (악한, evil)의 여성형 단수
- 기본적으로 나는 이 단어를 형용사로 본다.
- 그러나 또 하나의 견해는 이 רעה를 추상명사(여성형)로 보고, 이 단어가 앞의 דֶּרֶךְ와 동격관계에 있다고 보는 것이다. 명사의 동격관계에 대해서는 WO, 229-32를 보라.

חָמָס : 폭력, 악행(violence, wrong)

בְּכַפֵּיהֶם : 전치사 בְּ + כַּף (손바닥, palm; 혹은 신체 중의 움푹 들어간 곳)의 복수 + 소유격 인칭 대명사 3인칭 남성 복수 הֶם
- 이 소유격 인칭대명사 3인칭 복수는 מִדַּרְכּוֹ에서 소유격 인칭대명사 3인칭 남성 단수 וֹ가 사용된 것과 상충된다. 이에 따라 많은 역본들은 이러한 인칭대명사의 차이를 상쇄시키려고 시도한다. 그러나 Trible은 상이한 견해를 제시한다. 그녀에 따르면 인칭대명사의 변화는 구문론적 평행법(syntactical parallelism)으로 이해되어야 하며, 이러한 인칭의 차이는 악에 대한 책임을 각각 개인과 집단의 책임으로 돌리는 역할을 하고 있다는 것이다(1994, 186).

3:9

어휘

• מִי : 누구(who)

• יָדַע (페-바브[פ"ו]동사+라메드-헤[ל"G]동사): 알다(to know)

-칼: יָדַע (완) יֵדַע (미완) דַּע (명) דַּעַת (부연) יוֹדֵעַ (분능, 발음: 요데아)

• שׁוּב (아인-바브[ע"ו]동사): 돌아오다(to turn back, return)

-칼형: שָׁב (완) יָשׁוּב (미완)

• נחם : 후회하다(to regret, be sorry)

-니팔형과 피엘형이 기본

-니팔형: נִחַם (완←נִנְחַם) יִנָּחֵם (미완)

• אֱלֹהִים : 하나님(God), 신(gods) (자체가 복수형)

-"그 하나님": הָאֱלֹהִים

• חָרוֹן : 진노(anger)

-חָרוֹן (절대형) חֲרוֹן (연계형)

-"진노로부터": חֲרוֹן + מִן → מֵחֲרוֹן

• אַף : 분노(anger)

	단수	쌍수
절대형	אַף	אַפַּ֫יִם
연계형	אַף	אַפֵּי
이중점 주의!		

-"그의 분노": אַפּוֹ

-"그의 분노": חֲרוֹן אַפּוֹ (חָרוֹן과 אַף는 동어반복적 개념!)

• לֹא : 아니(not)

• אָבַד (페-알렢[פ"א]동사): 망하다(to perish)

-칼형: אָבַד (완) יֹאבַד / יֹאבֵד (미완)

-칼 미완료 1인칭 공통 복수: נֹאבֵד

-"우리가 망하지 않도록"(so that we might not perish): וְלֹא־נֹאבֵד (구문론적 설명은 아래의 "단어 및 구문 해설" 참조)

본문

מִי־יוֹדֵעַ
יָשׁוּב וְנִחַם הָאֱלֹהִים
וְשָׁב מֵחֲרוֹן אַפּוֹ
וְלֹא נֹאבֵד׃

음역

mî-yôḏēᵃᶜ yāšûḇ wəniḥam hāʾĕlōhîm wəšāḇ mēḥărôn ʾappô wəlōʾ nōʾḇēḏ

간역

יוֹדֵעַ־	מִי
알겠느냐?	누가

הָאֱלֹהִים	וְנִחַם	יָשׁוּב
그 하나님이	[그가] 마음을 바꾸어	[그가] 돌이키시고

אַפּוֹ	מֵחֲרוֹן	וְשָׁב
그의 화의	분노로부터	[그가] 돌이키셔서

וְלֹא נֹאבֵד׃
[그리고] 멸망시키지 않을 줄을

윤문

그 하나님이 돌이키시고 마음을 바꾸셔서, 자신의 진노로부터 돌이켜서 멸망시키지 않으실지 누가 알겠느냐?

단어 및 구문 해설

יוֹדֵעַ : **ידע** (알다; to know)의 칼 분사 남성 단수

מִי־יוֹדֵעַ

- 의문사 + 분사의 조합은 감탄의 의미를 갖는 것으로 이해하는 것이 가장 타당하다. 특히 문장의 서두에서 그런 조합을 갖는 경우는 더욱 그러하다. MNK는 이 두 단어가 사실은 "고정화된 표현"(a fixed expression)이며, 이 표현의 주요 기능은 결과가 어떻게 될지 알 수 없는 것에 대한 소망을 나타내는 것이라고 주장하였다(323). Crenshaw는 이 문구가 문장의 서두에 나타나는 경우는 구약에서 총 네 번(삼하 12:22; 욜 2:14; 시 90:11; 욘 3:9)이며, 기타의 위치에 6번이 나타난다는 것을 지적하였다. 특히 이 문구가 절의 초두에 오는 경우에 이 문구는 **אוּלַי** 와 동의어로 이해될 수 있으며, 따라서 3:9의 이 말은 1:6의 선장의 말과 연결될 수 있다는 것을 주장하였다(276).

יָשׁוּב : **שׁוב** (돌아오다; to turn back, return)의 칼 미완료 3인칭 남성 단수

- 앞의 문구와 연결된 미완료형은 소원의 의미(volitive mood)를 나타낼 수 있다. 이것은 이어나오는 두 개의 동사의 경우에도 마찬가지이다.

וְנִחַם : 봐브 연속법 + **נחם**의 니팔(후회하다; to regret, be sorry) 완료 3인칭 남성 단수

וְשָׁב : 봐브 연속법 + **שׁוב** (돌아오다; to turn back, return)의 칼 완료 3인칭 남성

단수

מֵחֲרוֹן : 전치사 מִן + חָרוֹן (진노, anger)
- חָרוֹן은 항상 하나님의 진노를 가리킬 경우에만 사용(HALOT)

אַפּוֹ : אַף (분노, anger) + 3인칭 남성 단수 소유격 인칭대명사 וֹ
- 이 단어는 "코, 콧구멍"(nose, nostril)이라는 의미를 갖고 있기도 하다.
- 이 단어는 "화, 분노"(anger, wrath)란 의미로 총 224번 사용되며, 주로 하나님의 진노를 가리킬 때 사용된다(Struthers, in *NIDOTTE*, 1:463).[3]
- חֲרוֹן אַפּוֹ 혹은 חֲרוֹן אַף יהוה라는 어구로도 많이 사용된다. 이 어구로 사용되는 경우 진노의 주체는 항상 하나님이다.
- אַף와 같이 사용되는 명사로는 חֳרִי (열, heat, 항상 אַף와 함께 사용됨, 총 6번), חֵמָה (진노, rage, אַף와 함께 총 21번 사용됨), עֶבְרָה (분노, anger, אַף와 함께 총 12번 사용됨), זַעַף (진노, anger, אַף와 함께 총 1번), קֶצֶף (분노, anger, אַף와 함께 총 3번 사용됨)
- אַף와 관련된 동사로는 אנף (화내다; to be angry)가 있는데, 이 동사는 칼형과 히트파엘형으로 사용된다. 이 동사는 잠 2:12를 제외하고는 항상 여호와가 주어로 등장한다.

נֹאבֵד : אבד (멸망하다, to perish)의 칼 미완료 1인칭 공동 복수
- אבד는 특수한 약동사이다(소위 페-알렙[פ"א] 동사). 이 동사군에 속하는 동사는 총 5개이다. אמר (말하다; to say), אכל (먹다; to eat), אבד (망하다; to perish), אבה (원하다; to want), אפה (굽다; to bake) (처음 두 개는 무조건 외워야겠죠?). 이 다섯 단어를 제외하고 א으로 시작하는 단어는 페-알렙 동사가 아니라 그냥 페-후음 동사 취급을 하면 된다.

3) 이하의 통계는 Struthers를 참고한 것이다.

וְלֹא נֹאבֵד

- 여기에서 ו는 봐브 계합사(waw copulative)이다(즉 봐브 연속법이 아닌 단순접속사라는 뜻). 이 경우 이 미완료는 앞의 동사들의 목적 혹은 결과를 나타낸다(영어의 so…that.... 혹은 so that).

-이 니느웨 왕의 말은 1:6의 선장의 말과 상당히 흡사하다. 해당 구절의 "단어 및 구문 해설"을 참조하라.

3:10

어휘

- ראה (페-후음[G"פ] 동사+아인-후음[G"ע] 동사+라메드-헤[ל"ה] 동사): 보다 (to see)

  -칼형: רָאָה (완료) יִרְאֶה (미완료) יֵרֶא (간명) וַיַּרְא (봐연) רְאֵה (명) רְאוֹת / רְאוֹ (부연) רָאֹה / רָאוֹ (부절) רֹאֶה (분능) רָאוּי (분수)

위의 변화에서 보듯이 이 동사는 히브리어 약동사 중 가장 변화가 극심한 동사들 중의 하나이다. 또한 가장 빈도수가 높은 단어들 중의 하나이기도 하다. 그러니 위의 변화를 잘 읽혀 두어야 한다. 그러나 당장 다 외울 필요는 없다. 다만 봐브 연속법 형태만은 철저하게 읽혀라. 엄청나게 나오니까.

- אֱלֹהִים : 하나님(God), 신(gods) (자체가 복수형)

  -"그 하나님": הָאֱלֹהִים

- מַעֲשֶׂה : 일(work), 행위(deed), 업적(accomplishment)

  -עָשָׂה (행하다, 만들다)에서 파생. 동사 앞에 מִ를 붙여 명사를 만드는 것은 명사를 만드는 가장 흔한 방법들 중의 하나임(מִ□□□). 이 단어의 경우는 동사의 첫 자음이 후음이라 모음 조정 발생(מִעְ → מַעֲ)

- שׁוּב (아인-봐브[ע"ו]동사): 돌아오다(to turn back, return)

  -칼형: שָׁב (완) יָשׁוּב (미완)

- דֶּרֶךְ : 길(way)

  -דֶּרֶךְ (절대형) דֶּרֶךְ (연계형, 단독) דַּרְכְּ (연계형, 인칭대명사 함께)

  -"그들의 길": דַּרְכָּם

  -"그들의 길로부터": מִן + דַּרְכָּם → מִדַּרְכָּם

- רַע : 나쁜(evil)

  -רַע (남성) רָעָה (여성)

-“그 나쁜”: הָרָעָה

-“그들의 그 나쁜 길로부터”: מִדַּרְכָּם הָרָעָה

• נחם : 후회하다(to regret, be sorry)

-니팔형과 피엘형이 기본

-니팔형: נִחַם (완←נִנְחַם) יִנָּחֵם (미완)

• רָעָה : 악(evil), 재앙(disaster), 심판의 의도(혹은 “계획”) (여성명사)

-1:2의 “단어 및 구문 해설”의 해당 단어의 설명 참조. 현 구절에서는 이 단어의 니느웨의 악에 대한 하나님의 심판의 의도(혹은 “계획”)으로 이해하는 것이 문맥상 적절. 그러나 “악”이란 뜻과 동일한 단어를 쓴다는 점에서 히브리어 본문상에는 이런 다양한 뜻들이 서로 상응성이 있다는 점을 항상 기억할 것

-“그 심판의 재앙(혹은 ‘계획’)”(the evil): הָרָעָה

• אֲשֶׁר : ~것들(which) (영어의 관계대명사, 관계부사 등을 다 포괄하는 접속사로 선행사를 관계대명사나 관계부사 절 속에 다시 반복할 수도 있음)

• דבר : (칼) 말하다(to speak); (피엘) 말하다(to speak)

-이 동사는 피엘형이 기본(1100번 정도)

-피엘형: דִּבֵּר / דִּבֶּר (완) יְדַבֵּר (미완)

• עָשָׂה (페-후음[G"פ]동사+라메드-헤[ל"ה]동사): 만들다(to make), ~하다(to do)

-칼형: עָשָׂה (완) יַעֲשֶׂה (미완) יַעַשׂ (간명) וַיַּעַשׂ (봐연) עֲשֵׂה (명) עֲשׂוֹת (부연) עָשֹׂה (부절) עֹשֶׂה (분능) עָשׂוּי (분수) (다양한 형태로 쓰임이 많은 동사이니 잘 익혀둘 것!)

-“~하기를”: עֲשׂוֹת (부연) + לְ → לְעֲשׂוֹת → לַעֲשׂוֹת

• לְ : ~에게(to)

-“그들에게”: לָהֶם

• לֹא : 아니(not)

본문

וַיַּרְא הָאֱלֹהִים֙ אֶת־מַעֲשֵׂיהֶם

כִּי־שָׁבוּ מִדַּרְכָּם הָרָעָה

וַיִּנָּחֶם הָאֱלֹהִים עַל־הָרָעָה

אֲשֶׁר־דִּבֶּר לַעֲשׂוֹת־לָהֶם

וְלֹא עָשָׂה׃

음역

wayyár᾽ hā᾽ĕlōhîm ᾽eṯ-máʿăśêhem

kî-šā́ḇû middarkām hārāʿāʰ

wayyinnā́ḥem hā᾽ĕlōhîm ʿal-hārāʿāʰ

᾽ăšer-dibber laʿăśôṯ-lāhem

wəlō᾽ ʿāśā́ʰ

간역

אֶת־מַעֲשֵׂיהֶם	הָאֱלֹהִים֙	וַיַּרְא
그들의 행위들을	그 하나님이	그리고 보았다

הָרָעָה	מִדַּרְכָּם	שָׁבוּ	כִּי־
그 악한	그들의 길로부터	그들이 돌이킨 것을	(목적어절 접속사)

עַל־הָרָעָה	הָאֱלֹהִים	וַיִּנָּחֶם
그 악에 대하여	그 하나님이	그리고 후회하셨다

לָהֶם	לַעֲשׂוֹת־	דִּבֶּר	אֲשֶׁר־
그들에게	행하기로	그가 말한	(관계대명사)

עָשָׂה׃	וְלֹא
하지	그리고 않으셨다

윤문

그 하나님께서 그들의 행위를 보셨다. 왜냐하면 그들이 자신들의 악한 행위로부터 돌이켰기 때문이었다. 그리고 하나님은 자신이 그들에게 행하시기로 말씀하신 그 악에 대해서 뉘우치시고 [그 악을] 행하지 않으셨다.

단어 및 구문 해설

מַעֲשֵׂיהֶם : **מַעֲשֶׂה** (일, 행위, 업적; work, deed, accomplishment)의 복수 + 소유격 인칭대명사 3인칭 남성 복수

- **מַעֲשֶׂה**는 **עשׂה**란 동사로부터 파생된 명사이다.

שָׁבוּ : **שׁוּב** (돌이키다, to turn back)의 칼 완료 3인칭 남성 공성

מִדַּרְכָּם : 전치사 **מִן** + **דֶּרֶךְ** (길, way) + 소유격 인칭대명사 3인칭 남성 복수

וַיִּנָּחֶם : **נחם**의 니팔(후회하다, to regret) 미완료 3인칭 남성 단수

לַעֲשׂוֹת : **עשׂה**의 칼 부정사 연계형

- **ל"ה** 동사는 칼, 니팔, 피엘 등의 형태를 불문하고 부정사 연계형은 모두 **ה**가 탈락되는 대신에 **וֹת**가 오는 형태를 취한다.

제 4 장

4:1

어휘

• רעע (페-후음[G"פ]동사+아인-중복[ע"ע]동사): 악하다(to be bad)

-칼형: רַע (완료) יֵרַע (미완료) וַיֵּרַע (봐연)

-칼 3인칭 남성 단수, "그것이(혹은 그가) 악했다": וַיֵּרַע (문맥상 "그것이 악했다"가 맞다고 봐야 함)

• רָעָה : 악(evil) (여성명사)

• גָּדוֹל : 큰(great)

-남성: גָּדוֹל 여성: גְּדוֹלָה

-현 본문에서는 גְּדוֹלָה의 첫 자음 גּ에 경음점 빠짐. 앞의 연결된 단어의 끝이 ◌ָה로 끝났기 때문: גְדוֹלָה

-"그것이 크게 악했다"(동족 목적어 구문): וַיֵּרַע רָעָה גְדוֹלָה

• חרה (페-후음[G"פ]동사+라메드-헤[ל"ה]동사): 뜨겁다(뜨거워지다) (be[come] hot)→ "화내다(to be angry)"라는 의미 파생

-칼형: חָרָה (완료) יֶחֱרֶה (미완료) יִחַר (간명) וַיִּחַר (봐연)

-"화내다"라는 의미로 사용될 때 화를 내는 주체는 לְ를 통해 표현

-חָרוֹן (진노, anger)와 동족어

• לְ : ~에게(to)

-"그에게": לוֹ

-"그가 화냈다"(He became angry): וַיִּחַר לוֹ (히브리어를 직역하자면 It became hot to him)

본문

וַיֵּרַע אֶל־יוֹנָה רָעָה גְדוֹלָה
וַיִּחַר לוֹ

음역

wayyḗraʿ ʾel-yônāʰ rāʿāʰ g̱əḏôlāʰ

wayyī́ḥar lô

간역

וַיֵּרַע אֶל־יוֹנָה רָעָה גְדוֹלָה

큰 악을 요나에게 그것이 악을 가져다 주었다

וַיִּחַר לוֹ

그에게 그리고 그것이 뜨겁게 되었다

윤문

그 일이 요나에게 매우 심하게 악하게 생각되자 그가 화가 났다.

단어 및 구문 해설

וַיֵּרַע: **רעע** (악하다, to be bad)의 칼 미완료 3인칭 남성 단수

- 많은 번역본들은 이 **רעע**를 비인칭 구문(an impersonal construction)으로 해석한다(LXX, NIV 등). 비인칭 구문은 "it rains", 즉 "비가 온다"라는 문장에서 "it"이라는 주어가 아무런 지시적 기능이나 그 자체의 의미가 없이 그냥 "rains"라는 동사가 하나의 문장이 되기 위해서 주어를 필요로 하기 때문에 사용된 경우와 같은 것을 가리킨다.

- 히브리어에서 비인칭 구문은 감정이나 경험을 통한 느낌을 나타내는 동사 등과 함께 사용된다. 일례로 다음에 나오는 וַיִּחַר לוֹ, "그리고 그가 분노했다"라는

구절에서 동사 חרה는 주어가 따로 없이 "분노했다"(became hot)라는 감정을 표현한다. 그리고 이 감정의 주체는 뒤이어 나오는 전치사 לְ와 함께 표시된다. 이 예로 든 문장의 경우에는 לוֹ가 왔으므로 3인칭 남성 단수인 "그"가 의미상의 주체가 된다. 따라서 이 문장은 한국어로 번역하자면 "그가 분노했다" 정도가 된다.

- Tucker, 85는 וַיֵּרַע도 비인칭 구문에 해당한다는 주장을 하며, WO, 377을 그 논거로 든다. 그러나 사실 WO, 377은 뒤의 חרה의 경우가 비인칭 주어라고 제시하고 있지, וַיֵּרַע가 비인칭 구문이라고 하고 있는 것은 결코 아니다. 물론 377 n. 43에 רעע가 언급되어 있기는 하지만 이것은 경우가 좀 다르다. Tucker는 WO의 내용을 잘못 파악하고 있는 것으로 보인다.

- 이보다 나은 해석은 Wolff, BK, 133; Davies *VT* 27 (1977), 105,111 등이 제시하고 있는 것으로 여겨진다(HALOT).

- Wolff, 165는 Tucker처럼 이 단어의 주어를 비인칭주어로 보는 해석들을 거부한다. 그 이유는 רעע가 비인칭 구문으로 사용될 경우에는 이 동사의 주체는 항상 전치사 לְ (느 2:10; 13:8)나 בְּעֵינֵי (~의 눈에, ~의 눈으로 보기에; 창 48:17; 사 59:15; 대상 21:7 등 자주)를 통해 표현된다는 것이다. 참고로 WO, 376 (22.7b)는 비인칭 구문의 실질적인 주체는 전치사 לְ를 통해 표현된다고 지적한 바가 있다.

- 반면에 이 요나서 4:1의 רעע는 전치사 אֶל과 함께 사용되고 있다. Wolff에 따르면 이 전치사는 동작의 목적을 강조한다. 이처럼 רעע가 אֶל과 함께 사용된 이 문장에서 이 단어의 의미는 단순히 "악하다, 악하게 보이다"(to be evil, appear evil)란 자동사적 의미가 아니라 "악을 가져다주다"(to bring evil)란 타동사적 의미로 이해되어야 한다. 참고로 이 동사가 לְ와 사용된 경우에도 이미 이처럼 타동사적 의미로 사용된 경우들(삼하 20:6; 시 106:32)도 있으므로 이러한 타동사적 의미가 이상한 것이 아님을 Wolff는 지적한다.

- 이러한 타동사적 의미로 이 동사를 이해하는 것은 이 동사 뒤에 רעה גדולה란

동족목적어가 나오는 점을 잘 설명해 준다.

- 이처럼 이 동사를 타동사로 이해할 경우에는 이 רעע의 주어가 무엇인가 하는 것이 관건이 된다. 이 주어는 3:10b의 내용이다. 즉 하나님이 그 악으로부터 돌아선 것이 요나에게 "악을 가져다 준" 것이다.

- 이 동사를 한국어로 자연스럽게 번역한다면 "그것이 요나에게 악하게 느껴졌다", "그것이 요나의 감정을 상하게 하였다"(it displeased Jonah) 정도가 될 것이다.

וַיֵּרַע אֶל־יוֹנָה רָעָה גְדוֹלָה

- 이 구문은 동족 목적어 구문이다. 명사 רעה는 동사 רעע의 동족목적어이다. 즉 이 두 단어는 같은 어원에서 파생된 것이다. 앞에서도 여러 번 사용된 이러한 동족 목적어 구문은 동사를 강조하는 기능을 한다. 이처럼 강조의 기능을 더욱 강화하기 위하여 내레이터는 רעה에 גדולה (גדול의 여성형, "큰, great")란 형용사를 덧붙이고 있다. 따라서 이 구문은 "그것이 요나에게 아주 심히 악하게 느껴졌다" 정도의 의미가 된다.

- 흥미로운 점은 여기에서 רעה란 단어 및 그 동족어들의 활용이다. 이 단어는 1:2; 3:8,10 등과 연결을 만들어준다. 애초에 하나님께서 요나를 니느웨에 보내신 이유는 1:2에서 밝히고 있듯이 니느웨의 악(רעה)이었다. 니느웨의 악이 하나님 앞에 상달되었기 때문에 하나님은 그 악을 해결하기 위해 요나를 부르신 것이다. 그러나 요나의 이 소명은 3:8,10에서 니느웨가 그 "악한 길로부터"(הָרָעָה מִדַּרְכּוֹ) 돌이킨 것을 보고 하나님께서 그들에게 내리려던 재앙(혹은 재앙의 계획)(הָרָעָה)을 돌이키셨다. 그런데 하나님께서 재앙의 계획을 취소하신 바로 이것이 요나에게는 "악"(הָרָעָה), 즉 무척이나 감정이 상하게 하는 결과를 가져 온 것이다. 하나님과 니느웨의 הָרָעָה는 3:8,10을 통해서 해결된 반면 요나의 הָרָעָה는 이제부터 시작인 것이다. 하나님께서는 지금까지는 니느웨의 רָעָה를 위해서 활동하셨다면 이제부터는 요나에게 다가온 이 רָעָה를 해결해 주셔야만 한다. 4

장의 내용은 바로 이 점을 중심으로 해서 전개된다. (이러한 해석과 어느 정도 비슷한 해석은 Wolff, 165에도 나온다. 나의 해석이 좀 더 넓고 포괄적이다.)

וַיִּחַר: חרה (화내다, to be angry)의 칼 미완료 3인칭 남성 단수
- 감정을 나타내주는 이 단어는 위에서 언급한 바와 같이 비인칭 구문으로 주로 쓰인다. 이런 경우 감정의 주체는 전치사 לְ 다음에 온다.

וַיִּחַר לוֹ:
- חרה의 의미상의 주어는 לוֹ의 목적격 인칭 대명사 3인칭 남성 단수인 "그"이다. 즉 요나의 감정의 주체이다. 따라서 해석은 "그가 분노했다"이다. 그가 분노한 것은 1a절의 내용대로 하나님이 니느웨를 용서한 것이 요나에게 "악을 가져다 준" 결과이다.
- חרה는 4장에서 가장 중요한 단어들 중의 하나이다. 지금까지 숨겨져 있던 요나의 감정을 드러낸 이 단어는 4:4,9(x2)에 세 번 더 언급된다. 4,9절에서 하나님은 요나에게 너의 "성냄"이 어찌 합당하냐고 물으신다. 거기에 대해 요나는 4:9에서 자신이 성냄으로 인해 죽기까지 할지라도 합당하다고 고집을 피운다.
- חרה 역시 앞의 문맥의 3:9를 연상시킨다(Wolff, 165). 3:9의 חָרוֹן은 חרה에서 파생된 명사이다. 하나님은 니느웨의 회개를 보고 당신의 분노에서 돌아서시고, 결국 재앙을 돌이키셨다. 반면 하나님의 이러한 태도는 요나를 분노하게 만들었다.

4:2

유의사항!

4:2-3의 기도는 2:2-10의 요나의 기도와 상응하는 요소들이 있음을 유념할 것. 요나서가 1-2장/3-4장의 이중구조로 되어 있음을 보여주는 증거들 중의 하나임.

-2장에서 요나는 자신을 살려달라고 기도하고 있지만 4장에서는 차라리 죽고 싶다고 기도하고 있다는 점이 두 기도 사이의 대비를 이룸.

어휘

• פלל (아인중복[ע"ע]동사): (히트파엘) 기도하다(to pray)

-히트파엘형: הִתְפַּלֵּל (완) יִתְפַּלֵּל (미완) וַיִּתְפַּלֵּל (봐연)

-이 동사는 오직 히트파엘형으로만 쓰임

-명사형은 이 동사 어근에 명사 접두어 תּ를 넣고, 아인중복 부분에 이중점이 찍힌 여성 명사 형태: תְּפִלָּה.

-비슷한 유형은 "찬양하다"(to praise)란 뜻의 הלל (동 הִתְהַלֵּל 명 תְּהִלָּה)

• אָמַר (페-알렢[פ"א]동사): 말하다(to speak)

-칼형: אָמַר (완) יֹאמַר (미완) וַיֹּ֫אמֶר (봐연, 봐요메르) אֱמֹר (명) אֱמֹר (부연)

-본 구절에서와 같이 וַיֹּ֫אמֶר에 강한 액센트가 오면 끝모음이 미완료의 원래 형태의 것으로 되돌아감: וַיֹּאמַר

• אָנָּה : 감탄사.

-감탄사 אָהּ (아!, Ah!) + נָא

• הֲ : 의문부호(현대어의 ?와 같은 기능. 문장 처음에 옴)

• לוֹא : לֹא의 완전철자법 형태

• זֶה : 이것(this, 지시대명사 남성 단수)

• דָּבָר : 말/말씀(word), 것(thing)

-דָּבָר (절대형) דְּבַר (연계형)

-"내 말"(my word): דְּבָרִי

• עַד : ~까지(up to)

문맥에 따라 "~하는 동안"(during, while)이라는 개념으로도 간혹 쓰이며, 이 구절의 경우가 그러함.

• היה (페-후음[G"פ] 동사+라메드-헤[ל"ה] 동사): ~이다(to be), ~이 있다(to be), ~이 되다(to become)

-칼형: הָיָה (완) יִהְיֶה (미) וַיְהִי (봐연) הֱיֵה (וֶהְיֵה) (명) הֱיוֹת (부연)

-"내가 있는": ◌ִי + הֱיוֹת → הֱיוֹתִי

-"내가 있는 동안": עַד־הֱיוֹתִי

• עַל : ~위에(on), ~에(at)

• אֲדָמָה : 땅(earth, land)

-אֲדָמָה (절대형) אַדְמַת (연계형)

-"나의 땅(고국)에": ◌ִי + אַדְמַת → אַדְמָתִי

• כֵּן : 그래서(so)

-עַל־כֵּן : 그러므로(therefore). 중요한 접속사. 꼭 익힐 것.

• קדם : (피엘) ~앞에 있다(to be in front); (לְ+부정사 연계형과 함께) 전에 ~을 하다(do ~ before).

-피엘형: קִדֵּם (완) יְקַדֵּם (미완)

-"내가 전에 ~을 했다"(I ~ before): קִדַּמְתִּי (ד 아래의 모음은 필리피의 법칙 때문)

-동족 명사 קֶדֶם은 "앞, 동쪽"(front, east)이란 뜻을 갖고 있음. 이 명사에서 파생된 이 동사는 "앞에 있다", "전에 ~을 하다" 등의 뜻을 가짐.

• בָּרַח (라메드-후음[G"ל]동사): 도망하다(to flee)

-칼형: בָּרַח (완) יִבְרַח (미완) בְּרַח (명령) בְּרֹחַ (부연) בָּרוֹחַ (부연) בֹּרֵחַ (분)

-"도망하기 위하여": בְּרֹחַ + לְ → לְבְרֹחַ → לִבְרֹחַ

-"내가 전에 도망을 했다": קִדַּמְתִּי לִבְרֹחַ

- **תַּרְשִׁישׁ** : 타르쉬쉬. 지명.
- **יָדַע** (페-봐브[פ"ו]동사+라메드-헤[G"ל]동사): 알다(to know)

  -칼: **יָדַע** (완) **יֵדַע** (미완) **דַּע** (명) **דַּעַת** (부연) **יוֹדֵעַ** (분)

  -"내가 알았다" 혹은 "내가 알다": **יָדַעְתִּי** (지각을 나타내는 동사는 특히 등장인물의 대사 중에 완료가 쓰일 때는 현재형으로 번역하는 것이 나은 경우가 많음)
- **אַתָּה** : 너(you) (주격 2인칭 남성 단수)
- **אֵל** : 하나님(God), 신(gods)
- **חַנּוּן**: 자비로운(merciful), 은혜로운(graceful)

  -**חנן** "~에게 호의를 보이다"(to favor), **חֵן** "은총, 호의"(grace, favor) 등과 동족어
- **רַחוּם**: 동정하는(sympathetic) 연민 있는(compassionate)

  -**רֶחֶם** "모태, 자궁"(womb)에서 파생

  -위의 **חַנּוּן**과 거의 동의어처럼 쓰임

  -"자비롭고 은혜로운 하나님": **אֵל חַנּוּן וְרַחוּם**

  -위의 하나님에 대한 표현은 구약성경에서 많이 등장(출 34:6 등). 추가적 설명은 단어 및 구문 해설을 참조.
- **אָרֵךְ** : 느린(slow), 관대한(indulgent)

  -**אָרֵךְ** (절대형) **אֶרֶךְ** (연계형) (□□□ [절] → □□□ [연])
- **אַף** : 코(nose), 콧구멍(nostril), 분노(wrath), 화(anger)

  - "코"란 단어에서 "분노"란 파생적 의미 나온 것임(소가 흥분할 때 콧김 나오는 만화 그림 생각하면 됨)

  -**אַף** (단수) **אַפַּיִם** (쌍수)

  -"오래 참으시는"(slow in anger←"콧구멍이 긴"[having long nostrils]):

אֶרֶךְ אַפַּיִם (אֶרֶךְ가 구약에 사용된 횟수는 총 15번인데 그 중 12번이 이 구문에 쓰임)

- רַב : 많은(many), 풍부한(plentiful)
- חֶסֶד : 공동체를 향한 의무(obligation in community), 충성(loyalty), 신실(faithfulness), 호의(favor), 은혜(grace)
- נחם : 후회하다(to regret, be sorry)

  -니팔형과 피엘형이 기본

  -니팔형: נִחַם (완←נִנְחַם) יִנָּחֵם (미완) נִחָם (분) (니팔 완료와 분사는 마지막 모음의 길이를 빼고는 동일한 모양!)

  -"~에 대해 후회하시는": נִחָם עַל
- רָעָה : 악(evil), 재앙(disaster) (여성명사)

  -"그 재앙": הָרָעָה

본문

וַיִּתְפַּלֵּ֨ל אֶל־יְהוָ֜ה
וַיֹּאמַ֗ר
אָנָּ֤ה יְהוָה֙ הֲלוֹא־זֶ֣ה דְבָרִ֗י עַד־הֱיוֹתִי֙ עַל־אַדְמָתִ֔י
עַל־כֵּ֥ן קִדַּ֖מְתִּי לִבְרֹ֣חַ תַּרְשִׁ֑ישָׁה
כִּ֣י יָדַ֗עְתִּי
כִּ֤י אַתָּה֙ אֵל־חַנּ֣וּן וְרַח֔וּם
אֶ֤רֶךְ אַפַּ֙יִם֙ וְרַב־חֶ֔סֶד
וְנִחָ֖ם עַל־הָרָעָֽה׃

음역

wayyiṯpallēl ʾel-yhwh(ʾăḏōnāy)

wayyōʾmar

ʾānnā^{h} yhwh(ʾāḏōnāy) hălôʾ-ze^{h} ḏəḇārî

ʿaḏ-hĕyôṯî ʿal-ʾaḏmāṯî

ʿal-kēn qiddámtî liḇrō^{a}ḥ taršî́šā^{h}

kî yāḏáʿtî

kî ʾattā^{h} ʾēl-ḥannûn wəraḥûm

ʾéreḵ ʾappáyim wərab-ḥéseḏ

wənīḥām ʿal-hārāʿā^{h}

간역

וַיִּתְפַּלֵּל	אֶל־יְהוָה
그리고 (그가) 기도했다	여호와께

וַיֹּאמַר
그리고 말했다

אָנָּה	יְהוָה
아!	여호와여

הֲלוֹא־זֶה	דְבָרִי
이것이 아니었나이까?	나의 말이

עַד־הֱיוֹתִי	עַל־אַדְמָתִי
내가 있을 때	나의 땅에

עַל־כֵּן	קִדַּמְתִּי	לִבְרֹחַ	תַּרְשִׁישָׁה
그러므로	내가 전에 했나이다	도망치는 것을	다시스로

כִּי	יָדַעְתִּי
왜냐하면	내가 알았기 때문입니다

כִּי	אַתָּה	אֵל־	חַנּוּן	וְרַחוּם
~을(절을 이끔)	당신이	하나님인 것을	은혜롭고	자비로우시며

אֶרֶךְ אַפַּיִם וְרַב־חֶסֶד

오래 참으시고 인자가 많으시고

וְנִחָם עַל־הָרָעָה׃

돌이키시는 그 재앙[의 의도]으로부터

윤문

그래서 그가 여호와께 기도하여 말했다. "아 여호와여 내가 내 나라에 있을 때에 내가 이런 말을 하지 않았습니까? 그러므로 내가 그 때 다시스로 도망하려 했던 것입니다. 왜냐하면 저는 당신이 은혜롭고, 자비로우시며, 오래 참으시는 분이고, 인자가 많으신 분이라 그 악으로부터 돌이키실 것을 알았기 때문입니다".

단어 및 구문 해설

וַיִּתְפַּלֵּל: פלל의 히트파엘(기도하다, to pray) 미완료 3인칭 남성 단수

וַיִּתְפַּלֵּל...וַיֹּאמַר

- 이처럼 두 동사가 봐브 연속법으로 연결되는 것은 2:2-3의 경우에도 마찬가지이다. 이 점은 요나서 2장과 4장이 서로 상응함을 보여주는 하나의 증거가 된다.
- 요나의 말을 직접인용을 통해 도입하는데 있어서 וַיִּתְפַּלֵּל와 וַיֹּאמַר라는 다중적 동사 틀(multiple verb frame)을 사용하고 있다는 점에 주목한다(Miller, 307)(Tucker, 86). 이런 경우 첫 번째 동사는 요나의 말(speech)이 언급된 방식, 즉 기도라는 방식을 밝혀준다. 그리고 두 번째 동사는 실제로 요나의 말을 도입하는 역할을 한다(Rocine, 10).

אָנָּה: 1:14 참조.

הֲלוֹא: 의문문을 나타내는 불변화사(particle) הֲ + 부정을 나타내는 불변화사

לוא.

- 이 두 불변화사의 조합은 수사의문문의 도입구로 사용된다. 그리고 이 수사의문문은 청자(聽者, addressee), 즉 대화의 상대방이 쉽게 반박할 수 없는 진술로 이어진다(MNK, 322) (Tucker, 87). 따라서 이 수사의문문은 어떤 정보를 얻어내기 위해 주어지는 것이 아니라 일종의 고발이나 비난을 제기하기 위한 것이다.

דְּבָרִי : דָּבָר (말, 말씀, word) + ִ◌י (소유격 인칭 대명사 1인칭 공통 단수)

עַד: ~동안(during)

- עַד는 기본적으로 "~까지"(as far as, until)의 의미로 쓰인다. 문맥에 따라서 이 절의 경우처럼 "~하는 동안"이라는 의미로도 사용된다.

הֱיוֹתִי: היה의 부정사 연계형(היות) + ִ◌י (인칭대명사 1인칭 공통 단수)

- ִ◌י는 여기에서 부정사로 사용된 동사 היה의 주어 역할을 하고 있다.

אַדְמָתִי : אֲדָמָה (땅, earth, land) + ִ◌י (소유격 인칭 대명사 1인칭 공통 단수)

עַל־כֵּן : 그러므로(therefore)

- 이 어구는 앞뒤 문장 사이에 인과관계를 부여해준다. 즉 이 어구 앞의 문장에서 언급된 사항 때문에 이 어구 다음의 결과가 발생했다는 것을 명시적으로 나타내주는 역할을 하는 것이 이 어구의 기능이다.

קִדַּמְתִּי : קדם의 피엘 완료 1인칭 공통 단수

- קדם이란 어원은 "앞", "전", "미리" 등의 의미를 갖고 있다. 동사 피엘형은 그 단어의 어간이 이미 품고 있는 특질이나 물체가 작용할 때 나타나게 될 상태를 구현하는 것을 나타낸다(WO, §24.4g). 예를 들어 אֹהֶל은 "장막"(tent)이란 단어

이다. 이 단어로부터 파생된 동사 אהל의 피엘형은 "[장막을] 치다"(to pitch [a tent])란 뜻이 된다. 또한 עִוֵּר란 형용사는 "눈이 먼, 장님의"(blind)란 뜻이다. 이 단어에서 파생된 동사 피엘형은 "눈을 멀게 하다"(to blind)란 뜻이 된다.
- 이런 식으로 קדם에서 파생된 동사의 피엘형은 "앞에 있게 되다, ~을 마주하게 되다"란 의미, 즉 "~을 만나다, ~에게 접근하다"(to meet, approach) 등의 의미를 갖게 된다.
- 현재의 이 요나서 구절에서 이 동사는 "לְ + 부정사 연계형"의 구문 앞에 쓰여서 "전에 ~을 하다"(to do previously) 정도의 의미를 갖고 있다. 한국어로 옮길 때는 마치 부사처럼 "전에"(previously) 정도로 옮기면 딱 좋다.
- HALOT는 "to do for the first time"이란 뜻을 제시한다. 그러나 이것은 문맥과 별로 어울리지 않는 듯 하다.

יָדַעְתִּי כִּי
- ידע, 즉 "알다"(to know)란 동사 다음의 כִּי는 ידע의 목적절을 이끈다. 즉

חַנּוּן: 자비로운, 은혜로운(merciful)
- 이 단어는 חנן (~에게 호의를 보이다; to favor)이란 어원에서 파생된 단어이다.
- 이 단어는 거의 전적으로 하나님의 속성을 나타내는데 사용된다. 인간의 속성을 나타내는데 사용된 유일한 경우는 시 112:4 뿐이다. 이 시편의 구절은 하나님을 경외하는 자의 성품으로 חַנּוּן וְרַחוּם וְצַדִּיק (은혜롭고, 자비롭고, 의로운)을 열거하고 있다. (참고로 최근에 나온 G. K. Beale, *We Become what we worship* [IVP Academic, 2008]은 사람은 자신이 섬기는 대상을 닮는다는 것을 화두로 해서 성경 본문들을 풀어나간다. 그의 이 주장은 십계명의 제 1-3계명이 왜 하나님만을 섬기고, 우상을 섬기는 것을 금지하는지를 잘 설명해준다.)

רַחוּם: 동정하는(sympathetic, compassionate)

- 이 단어는 רֶחֶם (모태, 자궁, womb)에서 파생된 것으로 보인다.
- 이 단어 역시 거의 전적으로 하나님의 속성을 나타내는데 사용된다. 인간의 속성을 나타내는데 사용된 유일한 경우는 חַנּוּן과 마찬가지로 시 112:4 뿐이다. 앞의 חַנּוּן의 해설을 참고하라.

חַנּוּן וְרַחוּם

- 이 두 단어는 하나님의 속성을 나타내는데 자주 사용되는 표현이다. 이 두 단어는 서로 의미상의 차이가 있다기 보다는 거의 동일한 의미를 갖고 있다는 보는 것이 타당할 것이다. 즉 이 두 단어는 이런 식으로 결합되어 중언법(hendiadys)을 이루고 있는 것이다.
- 이 중언법적 표현은 사실은 출 34:6-7에 선포된 여호와의 이름에 근거를 둔 것이다. 구약에서 가장 자주 인용되는 구절들 중의 하나인 이 출애굽기의 구절은 원래는 רַחוּם וְחַנּוּן이다(참고, 또한 시 86:15; 103:8†).
- 그러나 흥미롭게도 더 많은 구절들(욜 2:13; 욘 4:2; 시 111:4; 145:8; 느 :17,31; 대하 30:9†)은 이 요나서의 구절처럼 חַנּוּן וְרַחוּם의 순서를 사용하고 있다.

אֵֽל־חַנּוּן וְרַחֽוּם

- אֵֽל의 아래에 찍힌 액센트 부호 메텍(ֽ◌)은 "필수불가결하다"(Gesenius, 64)(Tucker, 89). 만약 이 메텍이 없었다면 이 אֵל은 마케프(*maqqeph*, ־)에 의해 다음 단어와 연결된 연계형이므로 액센트 없는 폐음절이 될 것이기 때문에 단모음을 가져야만 할 것이다. 즉 אֵל이 아닌 אֶל이 되어야 할 것이다. 그러나 메텍이 액센트를 보존해줌으로써 이러한 현상을 막아준다.
- וְרַחֽוּם 위의 자켑 카톤(*zaqeph qaton*, ◌ׅ)은 이 단어를 אֵֽל־חַנּוּן와 연결해서 하나의 단위로 읽어야 함을 나타내준다(Tucker, 89).

אֶרֶךְ אַפַּיִם

אֶרֶךְ : אָרֵךְ (느린, slow)의 연계형

- 이 단어는 항상 אֶרֶךְ אַפַּיִם의 구문으로만 사용된다.

- אֶרֶךְ는 אָרֹךְ란 형용사와 마찬가지로 기본적으로는 "긴"(long)이란 뜻을 갖고 있는 것으로 보인다. 참고로 동족어는 אֹרֶךְ "길이"(length)이다.

- אֶרֶךְ אַפַּיִם의 숙어는 문자적으로는 "콧구멍이 긴" 정도의 의미가 되는데, 앞에서도 언급한 바와 같이 "코", "콧구멍"을 뜻하는 אַף는 "분노, 화"(anger)란 부차적인 의미를 갖고 있다. 여기에서 "화를 내는데 오래 걸리는"이라는 부차적인 의미가 생긴 것이다. 그리고 결국에는 "오래 참는", "관대한", "인내심이 많은" 등의 의미로 정착된 것으로 보인다.

- אֶרֶךְ אַפַּיִם은 "형용사 연계형 + 명사 절대형"의 구성으로 이루어져 있다. 이런 경우를 WO § 9.5.3c는 *epexegetical genitive*라고 부른다. 통상적인 "연계형 + 절대형"의 genitive 구문에서는 절대형이 연계형을 수식하게 된다. 예를 들어 מַלְכֵי חֶסֶד (자비로운 왕들)란 구문에서 뒤의 절대형 חֶסֶד가 앞의 연계형 מַלְכֵי를 수식한다. 그러나 "형용사 연계형 + 명사 절대형"으로 이루어진 *epexegetical genitive*의 경우에는 앞의 연계형 형태의 형용사가 뒤의 절대형의 명사의 속성 등을 나타내준다. 예를 들어 טֹבַת מַרְאֶה (용모가 아름다운)이란 문구에서 טוֹב이란 형용사의 여성형 단수인 טֹבַת는 뒤에 오는 절대형 명사 מַרְאֶה의 속성을 나타내준다. 마찬가지로 אֶרֶךְ אַפַּיִם의 경우도 연계형 형용사 אֶרֶךְ는 뒤의 절대형 명사 אַפַּיִם의 속성을 나타내준다.

וְרַב־חֶסֶד

- 이 구문도 앞의 구문과 마찬가지로 "형용사 연계형 + 명사 절대형"의 구문이다. רַב이 חֶסֶד의 속성을 나타내어 "인자가 많으신"이란 뜻을 갖는다.

- אֶרֶךְ אַפַּיִם과 וְרַב־חֶסֶד 역시 동어반복적인 느낌이 있다. 이것도 중언법적으로 이해하는 것이 좋을 듯 하다.

וְנִחָם : 접속사 וְ + **נחם**의 니팔("후회하다", regret) 분사 남성 단수 절대형

וְנִחָם עַל־הָרָעָה

- 이 문구는 야웨의 속성을 나타내는 문구들의 목록 속에 포함되어 있다. 그러나 또한 문맥상으로는 3:10의 **וַיִּנָּחֶם הָאֱלֹהִים עַל־הָרָעָה**와 연결된다. 요나는 자신이 알고 있던 하나님의 속성 그대로 하나님이 정말 니느웨에게 예정하신 "재앙을 내리지 않는" 것을 보고는 4:2에서 하나님께 따지고 있는 것이다. 요나는 자신이 고국에 있을 때, 즉 도망을 치기 전에 하나님께 제기했던 우려가 실제로 발생했다는 점에 대해서 하나님 앞에 당당하게 외치고 있는 것이다.

אֵל־חַנּוּן וְרַחוּם אֶרֶךְ אַפַּיִם וְרַב־חֶסֶד וְנִחָם עַל־הָרָעָה

- 이 문구는 원래 출애굽기 34:6-7의 유명한 구절에 기초하고 있다.
- 앞에서 언급한 바와 같이 **חַנּוּן וְרַחוּם**은 단어의 순서가 뒤바뀌어 있다.
- 출애굽기의 34:6-7은 구약성경에서 자주 인용되는 유명한 구절이기는 하지만 하나님의 속성으로 끝의 **וְנִחָם עַל־הָרָעָה**가 추가되어 있는 경우는 오직 요엘서 2:13와 욘 4:2 뿐이다. 이처럼 오직 요엘서와 요나서만이 하나님의 속성에 대한 이러한 독특한 표현을 사용하고 있다는 점은 이 두 책간의 밀접한 관계를 보여주는 증거가 된다.

4:3

어휘

• עַתָּה : 이제(now)

-"자, 이제": וְעַתָּה (등장인물의 대사 중 말의 흐름을 바꾸는 아주 중요한 중요한 담화기호[discourse marker], 상세한 내용은 단어 및 구문 해설 참조)

• לָקַח (일종의 페-눈[פ"ן]동사, 첫 자음 ל가 נ처럼 움직임): 취하다(to take)

-칼형: לָקַח (완) יִקַּח (미완) קַח (명) לַ֫קַחַת (부연)

• נָא : 제발(please) (명령형 등에 붙는 불변화사[particle])

• נֶ֫פֶשׁ : 혼(soul), 사람(man), 목숨(life), 숨(breath)

• מִן : ~로부터(from)

-"나로부터": מִמֶּנִּי

• כִּי : 왜냐하면(because)

• טוֹב : 좋은(good)

• מָ֫וֶת : 죽음(death)

-מָ֫וֶת (절대형) מוֹת (연계형) (□ָ□ֶ → □וֹ□)

-"나의 죽음"(my death): מוֹתִי

• חַי : 살아 있는(alive); (복수, חַיִּים) 생명(life), 삶(life)

-"생명"이란 뜻으로는 항상 복수형 חַיִּים이 쓰임

-복수: חַיִּים (절대형) חַיֵּי (연계형)

-"나의 생명": □ִי + חַיֵּי → חַיַּי (□ִי와 □ֵי의 중복으로 □ֵי가 생략됨)

-본문에서는 여기에 강한 액센트와 장모음화 됨: חַיָּ֑י

-"나의 생명보다"(than my life): חַיַּי + מִן → מֵחַיָּ֑י

-2:7의 설명도 참조할 것

본문

וְעַתָּה יְהוָה
קַח־נָא אֶת־נַפְשִׁי מִמֶּנִּי
כִּי טוֹב מוֹתִי מֵחַיָּי ס

음역

wəʿattāh yhwh(ʾăḏōnāy)

qaḥ-nāʾ ʾeṯ-napšî mimménnî

kî ṭôḇ môṯî mēḥayyāy s

간역

יְהוָה	וְעַתָּה
여호와여	이제 그러므로

מִמֶּנִּי	אֶת־נַפְשִׁי	קַח־נָא
나로부터	나의 생명을	취하소서

מֵחַיָּי ס	מוֹתִי	טוֹב	כִּי
나의 삶보다	나의 죽음이	낫기 [때문입니다]	왜냐하면

윤문

그러니 여호와여 이제 나의 생명을 가져가소서. 제게는 죽음이 삶보다 낫습니다.

단어 및 구문 해설

וְעַתָּה : 접속사 וְ + עַתָּה (이제, now)

- 시간을 나타내는 부사인 עַתָּה는 접속사 וְ와 결합하여 담화기호(discourse marker)로 사용된다(WO, 667; MNK, 333) (Tucker, 89).

- Arnold and Choi, 4.2.14(b)는 이 문구에 대해서 두 가지 점을 지적한다.

(1) 이 문구는 대화(담화?, discourse) 중에 논리나 말의 흐름에 있어서의 어떤 전환을 나타내는 경우가 자주 있다. 이 문구 앞에 언급된 사항들에 기초한 논리적인 결론을 나타내는 경우가 자주 있다.
(2) 이 문구가 가진 이러한 기능은 시간적인 전환을 동반하는 경우가 자주 있다. 즉 이 문구 앞에 나오는 과거의 사건들에 대한 언급은 이 문구 뒤의 현재 및 미래의 행동에 대한 촉구로 이어지는 경우가 많다.
이 (1)과 (2)의 요소를 반영하여 영어 역본들은 보통 이 문구를 "Therefore, now,..."("그러므로, 이제...) 등으로 많이 번역한다.
- 이 구절의 경우 이 문구 뒤에 나오는 호소, 즉 죽는 것이 사는 것보다 나으니 자기 목숨을 하나님이 가져가 달라는 요나의 호소는 2절에서 그가 말한 내용에 기초한 논리적 귀결인 것이다. 또한 2절의 과거의 사건들에 대한 언급은 3절에서 현재의 하나님의 행동에 대한 촉구로 이어지고 있다.

קַח־נָא : **לקח** (취하다, to take)의 칼 명령형 남성 단수 + **נָא**

מוֹתִי : **מָוֶת** (죽음, death)의 연계형 **מוֹת** + 소유격 인칭대명사 1인칭 공통 단수 **ִי◌**

מֵחַיָּי : 전치사 **מִן** + **חַי** (생명, life)의 복수 **חַיִּים** + 복수에 붙는 소유격 인칭대명사 1인칭 공통 단수 **ָי◌**
- 전치사 **מִן**은 여기에서 비교급으로 사용되고 있다. "~**טוֹב מִן**"은 "~보다 낫다"(better than~)라고 번역하면 된다.
- 생명이란 단어는 특정한 경우를 제외하고는 주로 복수형이 많이 사용된다.
- 특히 **מָוֶת**의 반대어로는 단수 **חַי**가 아닌 복수 **חַיִּים**이 사용된다.

כִּי טוֹב מוֹתִי מֵחַיָּי
- 이 문구에서 명사 **מָוֶת**와 **חַיִּים**을 역본들(LXX, Old Latin, Syriac; NRSV, NIV,

JPS) 등은 전통적으로 마치 동사처럼 번역하고 있다(Tucker, 90). 즉 "생명보다 죽음이 낫다"가 아니라 "사는 것이 죽는 것보다 낫다"로 번역하고 있다. 위의 간역의 번역은 원문의 품사를 보존한 것이다.

4:4

어휘

• הֲ : 의문부호(현대어의 물음표[?]와 같은 기능. 문장 처음에 옴)

-모음 ◌ֲ는 뒤에 후음이 오는 경우에는 ◌ַ가 됨: הַהֵיטֵב

• יטב (페-요드[פ"י]동사): (칼) 좋다(to be good), 정당하다(to be right); (히필) 잘 대해주다(to treat graciously), ~것을 잘 하다(make something good); (히필 부정사 절대형) 부사로 전환되어 "잘"(well), "철저히"(thoroughly)

-칼형: יָטַב (완) יִיטַב (미완)

-히필형: הֵיטִיב (완) יֵיטִיב (미완) הֵיטֵב (명) הֵיטִיב (부연) הֵיטֵב (부절)

-일부 동사들의 히필 부정사 절대형은 부사로 전환되어 쓰이는 경우가 많음

-이 단어 역시 부사화되어 "잘"(well), "철저히"(thoroughly) 정도의 의미로 쓰임.

-현재 문맥에서는 이 문장 전체를 수식하는 이 부사를 "~것이 옳다"(it is right that ~) 정도로 해석하는 것이 좀 더 자연스러움: הַהֵיטֵב ("~하는 것이 옳으냐?"[Is it right that~])

• חרה (페-후음[G"פ]동사+라메드-헤[ל"ה]동사): 뜨겁다(뜨거워지다) (be[come] hot)→ "화내다(to be angry)"라는 의미 파생

-칼형: חָרָה (완) יֶחֱרֶה (미완) יִחַר (간명) וַיִּחַר (봐연)

-"화내다"라는 의미로 사용될 때 화를 내는 주체는 לְ를 통해 표현:

חָרָה לְ : "~가 화내다"

-חָרוֹן (진노, anger)와 동족어

• לְ : ~에게(to)

-"너에게": לְךָ

-현 본문에서는 לְךָ에 강한 액센트와 와서 לָךְ가 됨(לְךָ → לָךְ [לְ와 2인칭 남성 단수와 조합에 액센트가 올 때 일어나는 변화. 잘 익혀둬야 함)

-“네가 화내다”(you are angry): חָרָה לְךָ → חָרָה לָךְ

본문

וַיֹּאמֶר יְהוָה
הַהֵיטֵב חָרָה לָךְ

음역

wayyṓʾmer yhwh(ʾăḏōnāy)

hahêṭēḇ ḥā́rāʰ lāḵ

간역

לָךְ	חָרָה	הַהֵיטֵב	יְהוָה	וַיֹּאמֶר
네가 [의미상의 주어]	화내는 [것이냐?]	정당하게	여호와께서	말씀하셨다

윤문

그러자 여호와께서 말씀하셨다. “네가 화내는 것이 정당하냐?”

단어 및 구문 해설

הַהֵיטֵב : 의문사 הֲ + **יטב**의 히필(~을 잘 하다, to do well to~) 부정사 절대형

- 의문사 הֲ는 후음 앞에서는 הַ 혹은 הֶ의 형태를 취한다. 후음 앞에서 הֶ를 취하는 경우는 후음이 모음으로 ָ나 ֳ를 취할 때이며, 그 이외에는 הַ의 형태를 취한다(Gesenius, § 100m-100n).

- 어떤 동사들의 히필형(그리고 약간의 피엘형) 부정사 절대형은 완전히 부사

처럼 고착된 경우들이 있다(WO, 592-593; AC, 76-77). 예를 들어 הַרְבֵּה (많이, 많은; much, many), הֵיטֵב (잘, 완전히; well, thoroughly), הַשְׁכֵּם (일찍, early), הַרְחֵק (멀리, far), מַהֵר (빨리, quickly) 등이 그것이다.

חָרָה : חרה (화내다, to be angry) 칼 완료 3인칭 남성 단수
- 이 동사는 4:1에서 설명한 바와 같이 비인칭 구문으로 자주 쓰인다.
- 이 동사에 화를 내는 주체는 전치사 לְ 다음에 온다. 즉 2인칭 단수인 "너"가 의미상의 주어로서, 화를 내는 주체이다.

הַהֵיטֵב חָרָה לָךְ
- J-M, § 161b는 이 문장을 감탄문으로 읽어서 "네가 정말 화가 났구나"(you are really angry)!"란 뜻으로 이해해야 한다고 주장한다. 그러나 수사의문문으로 이해하는 것이 더 타당성이 있어 보인다. Wolff, 169는 문맥상 이 문장을 감탄문으로 이해해서는 안 된다는 점을 지적한다. 그에 따르면 이 절과 거의 완전하게 동일한 9절의 문장은 분명히 의문문으로 이해되어야만 한다. 왜냐하면 이 9절에서 하나님은 이 거의 동일한 문장으로 요나에게 질문을 던지고, 요나는 그에 대해서 대꾸를 하는 것이 분명하기 때문이다. 따라서 9절이 의문문으로 이해되어야 한다면 4절의 이 문장도 반드시 의문문으로 이해되어야만 한다는 Wolff의 주장은 확실히 타당성이 있다.

4:5

어휘

• יָצָא (페-봐브[פ"ו]동사): 나가다(to go out)

-칼형: יָצָא (완료) יֵצֵא (미완료) וַיֵּצֵא (봐연)

• עִיר : 성읍(city) (여성 명사)

-"그 성읍"(the city): הָעִיר

-"그 성읍으로"(toward the city): הָעִיר + לְ → לְהָעִיר → ל ָעִיר → לָעִיר

-"그 성읍 안에"(in the city): הָעִיר + בְּ → בְּהָעִיר → ב ָעִיר → בָּעִיר

• יָשַׁב (페-봐브[פ"ו]동사): 앉다(to sit), 거주하다(to dwell)

-칼형: יָשַׁב (완료) יֵשֵׁב (미완료) וַיֵּשֶׁב (봐연)

• קֶדֶם : 동쪽(east)

-"~의 동쪽에"(at the east of): לְ + קֶדֶם + מִן → מִקֶּדֶם לְ

-"그 성의 동쪽에"(at the east of the city): מִקֶּדֶם לָעִיר

• עָשָׂה (페-후음[G"פ]동사+라메드-헤[ל"ה]동사): 만들다(to make), 하다(do)

-칼: עָשָׂה (완) יַעֲשֶׂה (미완) יַעַשׂ (간명) וַיַּעַשׂ (봐연) עֲשֵׂה (명) עֲשׂוֹת (부연)

• לְ : ~에게(to), ~을 위하여(for)

-"그를 위하여"(즉 "자신을 위하여") (for him): לוֹ

• שָׁם : 거기에(there)

• סֻכָּה : 초막(hut)

• תַּחַת : 아래에(under)

-"그녀[그것]의 아래에"(under her [it]): תַּחְתֶּיהָ

• צֵל : 그림자(shadow), 그늘(shade)

-"그 그늘"(the shade): הַצֵּל

-"그 그늘 속에서"(under the shade): הַצֵּל + בְּ → בַּצֵּל

• עַד : ~까지(until, up to)

-"~할 때까지"(until): עַד אֲשֶׁר

• ראה (페-후음[G"פ] 동사+아인-후음[G"ע] 동사+라메드-헤[ל"ה] 동사): 보다 (to see)

-칼형: רָאָה (완료) יִרְאֶה (미완료) יֵרֶא (간명) וַיַּרְא (봐연) רְאֵה (명)

• מַה : 무엇(what), 어떻게(how) (의문사)

-1:6 설명 참조

• היה (페-후음[G"פ] 동사+라메드-헤[ל"ה] 동사): ~이다(to be), ~이 있다(to be), ~이 되다(to become)

-칼형: הָיָה (완료) יִהְיֶה (미완료) וַיְהִי (봐브연속법)

본문

וַיֵּצֵא יוֹנָה מִן־הָעִיר
וַיֵּשֶׁב מִקֶּדֶם לָעִיר
וַיַּעַשׂ לוֹ שָׁם סֻכָּה
וַיֵּשֶׁב תַּחְתֶּיהָ בַּצֵּל
עַד אֲשֶׁר יִרְאֶה מַה־יִּהְיֶה בָּעִיר׃

음역

wayyēṣēʾ yônāʰ min-hāʿîr

wayyḗšeḇ miqqéḏem lāʿîr

wayyaʿaś lô šām sukkāʰ

wayyḗšeḇ taḥtéʸhā baṣṣēl

ʿaḏ ʾăšer yirʾeʰ maʰ-yyihyeʰ bāʿîr

간역

מִן־הָעִיר	יוֹנָה	וַיֵּצֵא
그 성으로부터	요나가	그리고 나왔다

לָעִיר	מִקֶּדֶם	וַיֵּשֶׁב
그 성의	동쪽에	그리고 앉았다

סֻכָּה	שָׁם	לוֹ	וַיַּעַשׂ
초막을	거기에	자신을 위해	그리고 만들었다

בַּצֵּל	תַּחְתֶּיהָ	וַיֵּשֶׁב
그늘 속에	그 아래에	그리고 앉았다

בָּעִיר׃	יִּהְיֶה	מַה־	יִרְאֶה	עַד אֲשֶׁר
그 성 안에서	일어나는지	무엇이	그가 볼	때까지

윤문

요나가 그 성에서 나와서 성의 동쪽에 앉았다. 그리고 자신을 위해 초막을 하나 짓고, 그 성안에서 무슨 일이 일어날지를 보게 될 때까지 그 초막의 그늘 아래 머물렀다.

단어 및 구문 해설

וַיֵּצֵא : **יצא** (나가다, to go out)의 칼 미완료 3인칭 남성 단수

וַיֵּשֶׁב : **יָשַׁב** (앉다, 거하다; to sit, dwell)의 칼 미완료 3인칭 남성 단수

מִקֶּדֶם : 전치사 **מִן** + **קֶדֶם** (동쪽, east)

- **מִקֶּדֶם לְ**는 "~의 동쪽에"(east of)라는 의미로 사용된다.

וַיַּעַשׂ : **עשׂה** (하다, 만들다; to do, make)의 칼 미완료 3인칭 남성 단수.

- **עשׂה**의 칼 미완료 3인칭 남성 단수형은 원래 **יַעֲשֶׂה**이다. 어간의 끝에 **ה**가 오는 동사들(즉 라메드-헤[ל"ה] 동사들)은 미완료형의 끝 부분이 **הֶ◌**로 끝나는 특징을 갖는다. 그리고 **ע**은 후음이므로 합성 쉐바인 ◌ֲ를 취했다. 이 합성 쉐바의 영

향으로 앞의 י는 모음이 ◌ִ에서 ◌ַ로 변화했다. 이런 이유로 해서 이 약동사 어간은 칼 미완료 3인칭 남성 단수가 יַעֲשֶׂה의 형태를 갖추게 된 것이다.

(1) 강동사의 경우 칼 미완료 3인칭 남성 단수의 형태는 יִקְטֹל이다. 이 강동사의 형태를 약동사인 עשׂה에 대입하면 יִעְשׂה가 되어야 할 것이다.

(2) 그러나 ל"ה 동사는 미완료형에서 끝이 ◌ֶה로 끝이 나야 하므로 יִעְשֶׂה가 되어야 한다.

(3) ע은 후음이다. 후음의 특성 중의 하나는 단순 쉐와 ◌ְ가 올 자리에 합성 쉐와가 온다는 것이다. 세 개의 합성 쉐와(◌ֲ ◌ֱ ◌ֳ) 중 어느 것이 올 것인지는 형태나 어간의 자음에 따라서 달라진다. 이 경우는 ◌ֲ가 오므로 יִעֲשֶׂה가 되어야 한다.

(4) 합성 쉐와 앞의 모음은 합성 쉐와에 의해 영향을 받는다. ◌ֲ와 동일 계열의 모음이 와야 하므로 יִעֲ가 יַעֲ가 된다. 따라서 결과적인 형태는 יַעֲשֶׂה가 되는 것이다.

שָׁם : 거기에(there)

סֻכָּה : 초막(hut)

תַּחְתֶּיהָ : 전치사 תַּחַת + 목적격 인칭 대명사 3인칭 여성 단수

- תַּחַת는 뒤에 인칭대명사가 올 때 마치 명사 복수 연계형과 같은 형태를 취하는 전치사들 중의 하나이다. 이 전치사와 인칭대명사 사이에 י가 추가된 것은 그러한 이유 때문이다.

בַּצֵּל : 전치사 בְּ + צֵל (그림자, 그늘; shadow, shade)

עַד אֲשֶׁר : ~때까지(until). 절을 이끎.

יִרְאֶה : ראה (보다, to see)의 칼 미완료 3인칭 남성 단수

4:6

어휘

- מנה (라메드-헤[ל"ה]동사): (칼) 세다(to count); (피엘) 임명하다(appoint); 제공하다(to supply) (요나서의 개역개정판 번역은 "예비하다"[총 4회, 욘 1:17; 4:6, 7, 8])
  -피엘형: מִנָּה (완) יְמַנֶּה (미완) יְמַן (간명) וַיְמַן (봐연)
- קִיקָיוֹן : 피마자(아주까리, caster oil plant) (?) (정체 불명의 식물)
  -구약 전체에서 오직 이 요나서 4장에만 나옴(총 5회)
- עלה (페-후음[G"פ]동사+라메드-헤[ל"ה]동사): (칼) 올라가다(to go up)
  -칼형: עָלָה (완) יַעֲלֶה (미완) יַעַל (간명) וַיַּעַל (봐연)
- מֵעַל: ~위로부터(from the above of)
  -복합 전치사: עַל + מִן → מִעַל (자음 동화) → מֵעַל (ע이 후음이라 이중점 대신 앞 모음 길게)
  -"~으로부터"(from): מֵעַל לְ
  -"요나로부터"(from Jonah): מֵעַל לְיוֹנָה
- צֵל : 그림자(shadow), 그늘(shade)
- רֹאשׁ : 머리(head)
  -"그의 머리": רֹאשׁוֹ
- נצל (페-후음[G"פ]동사): 제거하다(remove), 구하다(to save)
  -칼형: הִצִּיל (완) יַצִּיל (미완) הַצֵּל (명) הַצִּיל (부연)
  -"구하기 위하여": לְהַצִּיל
- לְ : ~에게(to), ~를 위하여(for), ~를(직접 목적어를 이끄는 전치사)
  -לְ는 때로는 אֵת / אֶת처럼 직접 목적어를 이끌기도 한다는 점을 기억할 것
  -"그를": לוֹ
- רָעָה : 악(evil), 괴로움(trouble) (여성명사)
  -비록 직접적 문맥에서 "괴로움"이라는 뜻으로 번역하는 것이 좋으나 이

단어의 일차적인 의미인 “악”이라는 뜻으로 지금까지 이 단어가 사용되어 온 것의 연장선에서 이 단어가 사용됨을 기억할 것. 어차피 히브리어로는 동일한 단어. 외국어 번역시에 이 동일한 단어의 흐름이 사라지는 점 유의. 이런 것이 바로 히브리어를 배워야 하는 이유.

-רָעָה (절대형) רָעַת (연계형)

-“그의 괴로움”: רָעָתוֹ

-“그의 괴로움으로부터”: מִן + רָעָתוֹ → מֵרָעָתוֹ

• היה (페-후음[G"פ] 동사+라메드-헤[ל"ה] 동사): ~이다(to be), ~이 있다(to be), ~이 되다(to become)

-칼형: הָיָה (완) יִהְיֶה (미) וַיְהִי (봐연) הֱיֵה (וֶהְיֵה) (명) הֱיוֹת (부연)

-부정사 연계형이 단독으로 쓰일 때는 הֱיוֹת이지만 전치사 לְ 등과 쓰일 때는 הְיוֹת 형태를 취함(הֱיוֹת → הְיוֹת): הְיוֹת + לְ → לִהְיוֹת (“있도록 하기 위하여”, in order to be)

• שָׂמַח (라메드-후음[G"ל]동사): 기뻐하다(to be joyful, rejoice)

-칼형: שָׂמַח (완) יִשְׂמַח (미완)

• שִׂמְחָה : 기쁨(joy)

-위 동사와 동족어

• גָּדוֹל : 큰(great)

-남성: גָּדוֹל 여성: גְּדוֹלָה

-“그가 아주 크게 기뻐하였다”(동족 목적어 구문): וַיִּשְׂמַח שִׂמְחָה גְּדוֹלָה

본문

וַיְמַן יְהוָה־אֱלֹהִים קִיקָיוֹן

וַיַּעַל ׀ מֵעַל לְיוֹנָה

לִהְיוֹת צֵל עַל־רֹאשׁוֹ

לְהַצִּיל לוֹ מֵרָעָתוֹ
וַיִּשְׂמַח יוֹנָה עַל־הַקִּיקָיוֹן שִׂמְחָה גְדוֹלָה׃

음역

wayəman yhwh(ʾăḏōnāy)-ʾĕlōhîm qîqāyôn

wayyáʿal mēʿal ləyônāʰ

lịhyôṯ ṣēl ʿal-rōʾšô ləhaṣṣîl lô mērāʿāṯô

wayyiśmaḥ yônāʰ ʿal-haqqîqāyôn śimḥāʰ g̱əḏôlāʰ

간역

וַיְמַן	יְהוָה־אֱלֹהִים	קִיקָיוֹן
예비하셨다	여호와 하나님께서	키카욘을

וַיַּעַל ׀	מֵעַל	לְיוֹנָה
그러자 [그것이] 올라갔다	위로	요나의

לִהְיוֹת	צֵל	עַל־רֹאשׁוֹ
있게 되도록	그늘이	그의 머리 위에

לְהַצִּיל	לוֹ	מֵרָעָתוֹ
구해내도록	그를	그의 악으로부터

וַיִּשְׂמַח	יוֹנָה	עַל־הַקִּיקָיוֹן	שִׂמְחָה גְדוֹלָה׃
그러자 기뻐하였다	요나가	그 키카욘으로 인해	큰 기쁨을

윤문

그 때 여호와 하나님께서 키카욘을 준비하셨다. 그것이 요나의 위로 자라나 그의 머리 위에 그늘을 드리워서 그가 당하고 있는 고통으로부터 그를 구해주었다. 그러자 요나가 그 키카욘으로 인해 아주 심히 기뻐하였다.

단어 및 구문 해설

וַיְמַן : מנה의 피엘(할당하다, 임명하다; apportion, appoint) 미완료 3인칭 남성 단수

יְהוָה־אֱלֹהִים

- יְהוָה란 이름과 אֱלֹהִים이란 이름은 요나서 전체에 걸쳐서 자주 사용되지만 이 두 이름이 한꺼번에 연결되어서 사용된 것은 이 경우뿐이다.

קִיקָיוֹן :

이 단어는 구약성경에서 오직 이 요나서 4장에만 나온다(총 5번, 6[x2],7,9,10절). 이 단어가 가리키는 식물이 무엇인지에 대한 추론들이 많이 있으나 그 어느 견해도 확정하는 것은 불가능하다(Trible, 1994, 209 n. 41).

וַיַּעַל : עלה (올라가다, to go up)의 칼 미완료 3인칭 남성 단수

- 이것의 약동사 변화는 5절의 וַיַּעַשׂ를 참고하라. 어간의 자음을 제외하고는 모든 변화가 완전히 동일한 이유로 이루어진다.

מֵעַל : 전치사 מִן + 전치사 עַל

מֵעַל לְ : ~의 위로(above)

וַיַּעַל ׀ מֵעַל

- 여기에서 파세크(*paseq*, ׀)가 들어간 이유는 이어지는 두 단어 וַיַּעַל과 מֵעַל의 마지막 음절이 עַל로 비슷하기 때문에 독자에게 주의를 주기 위한 것이다. 즉 이 두 단어가 모두 원래부터 본문에 있던 것임을 주지시키기 위한 것이다(Trible, 1967, 52).

רֹאשׁוֹ : רֹאשׁ (머리, head) + 소유격 인칭 대명사 3인칭 남성 단수 וֹ

לִהְיוֹת צֵל עַל־רֹאשׁוֹ
- "לְ + 부정사 연계형"의 구문은 목적절이나 결과절이 될 수 있다. 이 절의 경우 Tucker, 95는 목적절로 이해한다. 그러나 결과절로 이해하는 것 역시 충분히 가능하다고 생각한다.

לְהַצִּיל : נצל의 히필(제거하다, 구하다; to save, remove)

לוֹ :
- 이 문구는 לְהַצִּיל의 목적어 역할을 한다. 즉 "그를"이라고 해석된다.

מֵרָעָתוֹ : מִן + רָעָה + 소유격 인칭 대명사 3인칭 남성 단수 וֹ
- 여성 명사인 רָעָה의 연계형은 רָעַת이다. 여기에 소유격 인칭대명사가 붙어서 רָעָתוֹ가 된다.

לְהַצִּיל לוֹ מֵרָעָתוֹ
- 이 "לְ + 부정사 연계형" 역시 목적절이나 결과절이 될 수 있다. 이 절의 경우 역시 Tucker, 95는 목적절로 이해한다. 그러나 이 경우 역시 결과절로 이해하는 것이 불가능한 것은 아닌 듯 하다. 뒤에 이어지는 문장의 내용, 즉 "요나가 그 키카욘으로 인해 심히 기뻐했다"는 문장과의 연결을 위해서는 결과절로 이해하는 것이 더 나아 보인다.
- Tucker, 95는 또한 이 절이 앞의 לִהְיוֹת צֵל עַל־רֹאשׁוֹ에 종속된 절로 이해한다. 그러나 이 두 절이 모두 다 וַיַּעַל에 걸린다고 보는 것 역시 불가능하지는 않은 것 같다.

וַיִּשְׂמַח יוֹנָה עַל־הַקִּיקָיוֹן שִׂמְחָה גְדוֹלָה

- 이 구문은 요나서의 내레이터가 즐겨 사용하고 있는 동족목적어 구문이다. 동사 שָׂמַח와 목적어 שִׂמְחָה는 동족어이다. 이런 동족목적어 구문은 동사의 의미를 강조하기 위한 것이다. 동족목적어에 גְדוֹלָה란 형용사를 쓴 것 역시 요나서의 특징적인 문체이다.

- 이 문장은 앞 절에서 키카욘이 한 역할, 즉 요나를 그가 당하고 있는 רָעָה로부터 구해준 것과 연결시켜서 이해해야 한다. 즉 이 문장은 1:2로부터 이어지는 רָעָה란 단어와 관련된 모든 사항들과의 연관성 속에서 보아야만 제대로 그 의미를 이해할 수가 있는 것이다. 1:2에서 요나는 니느웨의 רָעָה 때문에 하나님의 명령을 받았다. 그러나 그는 3:10에서 하나님은 니느웨가 회개하자 니느웨에 내리기로 하신 רָעָה를 취소하신다. 그것이 요나에게는 커다란 רָעָה로 다가왔고, 그 때문에 크게 분노했다. 이처럼 요나는 니느웨가 직면한 רָעָה가 취소된 것에 대해서는 무척이나 싫어하는 감정을 드러낸다. 하지만 그는 니느웨가 겪도록 되어 있었던 רָעָה와 비교하면 하찮기 그지 없는 자신의 רָעָה, 즉 자신이 뜨거운 태양 때문에 당하는 고통으로서의 רָעָה로부터 자기가 구원을 받은 것에 대해서 아주 심히 기뻐한다. 요나는 다른 사람의 커다란 고통의 문제에 대해서는 제대로 된 연민의 감정을 품지 못했던 반면 자신의 작은 고통의 문제가 해결되는 것에 대해서는 아주 큰 기쁨을 나타내는 것이다. 이런 점에서 이 문장은 요나의 이런 자기중심적 태도를 잘 보여주고 있다.

4:7

어휘

• מנה (라메드-헤[ל"ה]동사): (칼) 세다(to count); (피엘) 임명하다(appoint); 제공하다(to supply) (요나서의 개역개정판 번역은 "예비하다"[총 4회, 욘 1:17; 4:6, 7, 8])

-피엘형: מִנָּה (완) יְמַנֶּה (미완) יְמַן (간명) וַיְמַן (봐연)

• תּוֹלַעַת : 벌레(worm)

-다른 철자법으로는 תּוֹלֵעָה도 있음

> **참고**
>
> שָׁנִי ("진홍색[scarlet] [염료]")이라는 단어와 함께 쓰여 שָׁנִי תּוֹלַעַת는 "진홍색" 혹은 "진홍색 물건"을 가리키는 표현. תּוֹלַעַת의 알이 진홍색 염료를 만드는 재료로 쓰였기 때문이라고 함.

• עלה (페-후음[G"פ]동사+라메드-헤[ל"ה]동사): (칼) 올라가다(to go up)

-칼형: עָלָה (완) יַעֲלֶה (미완) עֲלֵה (명) עֲלוֹת (부연)

• בְּ : ~안에(in); 부정사 연계형과 함께 쓰여 "~할 때"(when)이란 의미로 쓰임

-"올라갈 때"(즉 "[해가] 뜰 때"): עֲלוֹת + בְּ → בְּעֲלוֹת → בַּעֲלוֹת

• שַׁחַר : 새벽(dawn), 여명(daybreak)

-세골명사. 후음 때문에 모음 수정됨(שֶׁחֶר → שַׁחַר)

-"그 새벽": הַשַּׁחַר

-"새벽이 밝아올 때": בַּעֲלוֹת הַשַּׁחַר

• מָחֳרָת : 다음날(the following day)

-מָחָר (내일, tomorrow)에서 파생

-"그 다음 날"(the next day): הַמָּחֳרָת

-"그 다음날에"(on the next day): הַמָּחֳרָת + לְ → לְהַמָּחֳרָת → לַמָּחֳרָת

• נכה (페-눈[פ"ן]동사+라메드-헤[ל"ה]동사): (히필) 치다(to strike)

-히필형: הִכָּה (완) יַכֶּה (미완) יַךְ (간명) וַיַּךְ (봐연)

-"그것이(그녀가) 쳤다"(and it [she] hit): וַתַּךְ

• קִיקָיוֹן : 피마자(아주까리, caster oil plant) (?) (정체 불명의 식물)

-구약 전체에서 오직 이 요나서 4장에만 나옴(총 5회)

• יָבֵשׁ (페-요드[פ"י]동사): 시들다(to wither)

-칼형: יָבֵשׁ (완) יִיבַשׁ (미완)

-강한 액센트로 위의 미완료형의 모음 변화: יִיבָשׁ

본문

וַיְמַ֤ן הָֽאֱלֹהִים֙ תּוֹלַ֔עַת
בַּעֲל֥וֹת הַשַּׁ֖חַר לַֽמָּחֳרָ֑ת
וַתַּ֥ךְ אֶת־הַקִּיקָי֖וֹן
וַיִּיבָֽשׁ׃

음역

wayəman hā̩ʾĕlōhîm tôláʿaṯ

baʿălôṯ haššáḥar la̩mmoḥŏrāṯ

wattaḵ ʾeṯ-haqqî̩qāyôn

wayyîḇāš

간역

תּוֹלַ֔עַת	הָֽאֱלֹהִים֙	וַיְמַ֤ן
벌레를	그 하나님께서	예비하셨다.

לַמָּחֳרָת	הַשַּׁחַר	בַּעֲלוֹת
그 다음날	새벽이	올랐을 때

אֶת־הַקִּיקָיוֹן	וַתַּךְ
그 키카욘을	그러자 [그것이] 쳤다.

וַיִּיבָשׁ׃
그러자 [그것이] 말랐다.

윤문

그 다음날 새벽이 되었을 때 그 하나님께서 벌레를 예비하셨다. 그 [벌레]가 그 키카욘을 먹어치워서 그것이 말라붙었다.

단어 및 구문 해설

תּוֹלַעַת : 벌레(worm)

בַּעֲלוֹת : 전치사 בְּ + עלה의 칼 부정사 연계형

הַשַּׁחַר : 정관사 + שַׁחַר (새벽, 여명, dawn)

לַמָּחֳרָת : 전치사 לְ + מָחֳרָת (다음날, the following day)
- מָחֳרָת는 מָחָר (내일, tomorrow)이란 단어에서 파생되었다.

וַתַּךְ : נכה의 히필(치다, to strike)의 미완료 3인칭 여성 단수
- נכה의 히필 완료형과 미완료형은 각각 הִכָּה, יַכֶּה이다.
- 미완료형인 יַכֶּה를 강동사의 형태로부터 따라가 보자.

(1) קטל의 히필 미완료 3인칭 남성 단수는 יַקְטִיל이다. נכה의 변화도 여기에서부터 추적하기 위해 가상적인 형태를 만들면 יַנְכִיה가 될 것이다.

(2) 우선 ל"ה 동사는 미완료는 칼이든 니팔이든 히필이든 상관없이 마지막 음절의 형태가 ◌ֶה이다. 따라서 יִנְכִיה는 우선 יִנְכֶה가 되어야 한다.
(3) נ이 쉐바와 함께 올 때, 즉 נְ이 될 때 נ은 뒷자음에 동화된다. 따라서 יִנְכֶה는 יִכְכֶה가 된다.
(4) 히브리어는 כְכֶ의 경우와 동일한 자음이 이런 형태로 연속될 경우 자음을 하나만 표기하고 대신 이중점을 찍어준다. 따라서 כְכֶ는 כֶּ가 된다. 이것을 위의 יִכְכֶה에 적용시키면 최종적인 형태인 יַכֶּה가 된다.
- 칼 미완료 3인칭 여성 단수형은 앞의 יַ가 תַּ로 바뀌어 תַּכֶּה가 된다. 봐브 연속법과 함께 사용될 경우 ל"ה 동사의 마지막 음절의 ◌ֶה는 탈락된다. 즉 תַּכֶּה는 봐브 연속법과 함께 사용될 경우 일단 וַתַּכֶּה가 되지만 마지막 음절의 ◌ֶה가 탈락되어 וַתַּךְ가 남는다.
- 결론적으로 וַתַּךְ에는 원래 어간을 구성하던 세 자음인 נכה에서 오직 가운데의 כ만 이 칼 미완료 3인칭 여성 단수 봐브 연속법의 형태 속에 남아 있게 된다.

וַיִּיבָשׁ : יָבֵשׁ (시들다, to wither)의 칼 미완료 3인칭 남성 단수
- 원래 יָבֵשׁ의 칼 미완료 3인칭 남성 단수는 וַיִּיבַשׁ이다. 그러나 이 단어가 이 구절의 끝에 옴으로써 강세를 받게 되기 때문에 בַשׁ의 모음이 단모음인 ◌ַ에서 장모음인 ◌ָ로 변한 것이다.

4:8

어휘

• היה (페-후음[G"פ]동사+라메드-헤[ל"ה]동사): ~이다(to be), ~이 있다(to be), ~이 되다(to become)

-칼형: הָיָה (완) יִהְיֶה (미완) וַיְהִי (봐연)

• זָרַח (라메드-후음[G"ל]동사): (해가) 뜨다(to rise), 빛나다(to shine)

-칼형: זָרַח (완) יִזְרַח (미완) זְרַח (명) זְרֹחַ (부연)

• כְּ : ~처럼(like, as); 부정사 연계형과 함께 쓰여 "~할 때"(when)란 뜻으로도 쓰임.

-이런 용법에 있어서 בְּ와 비슷함. 그러나 양자간의 차이점을 굳이 말하라면 בְּ는 그냥 일반적인 시간의 부사절(when)을 이끈다면 כְּ는 동시성, 긴박성이 좀 더 강조됨(as soon as). בְּ가 선이라면 כְּ는 점에 가깝다 할 수 있음. 그러나 양자의 구분이 절대적이지는 않음.

-"뜰 때": זְרֹחַ + כְּ → כְּזְרֹחַ → כִּזְרֹחַ

• שֶׁמֶשׁ 해(sun)

-"그 해": הַשֶּׁמֶשׁ

-"해가 뜰 때": כִּזְרֹחַ הַשֶּׁמֶשׁ

• מנה (라메드-헤[ל"ה]동사): (칼) 세다(to count); (피엘) 임명하다(appoint); 제공하다(to supply) (요나서의 개역개정판 번역은 "예비하다"[총 4회, 욘 1:17; 4:6, 7, 8])

-피엘형: מִנָּה (완) יְמַנֶּה (미완) יְמַן (간명) וַיְמַן (봐연)

• רוּחַ : 바람(wind), 영(spirit), 마음(mind)

• קָדִים : 동쪽(the east)

-"동풍"(east wind): רוּחַ קָדִים

• חֲרִישִׁית : (형용사 여성형) 뜨거운(scorching) (hapax legomenon!)

-이 형용사 남성 단수는 חֲרִישִׁי로 추정

-“뜨거운 동풍”(a scorching east wind): רוּחַ קָדִים חֲרִישִׁית

• נכה (페-눈[פ"ן]동사+라메드-헤[ל"ה]동사): (히필) 치다(to strike)

-히필형: הִכָּה (완) יַכֶּה (완) יַךְ (간명) וַיַּךְ (봐연)

-“그것이(그녀가) 쳤다”(and it [she] hit): וַתַּךְ

• רֹאשׁ : 머리(head)

• עלף (페-후음[G"פ]동사): (히트파엘) 어지러움을 겪다(to be faint)

-히트파엘형: הִתְעַלֵּף (완) יִתְעַלֵּף (미완)

-강한 액센트로 모음 변화: וַיִּתְעַלָּף (미완)

• שָׁאַל (아인-후음[G"ע]동사): (칼) 묻다(to ask), 부탁하다(to ask)

-칼형: שָׁאַל (완) יִשְׁאַל (미완)

• מוּת (아인중복[ע"ע]동사): 죽다(to die)

-칼형: מֵת (완, 좀 특이!) יָמוּת (미완) וַיָּ֫מָת (봐연, 봐야모트[발음 주의!])

מוּת (명) מוּת (부연)

-“죽게 되기를”: מוּת + לְ → לְמוּת → לָמוּת (לְ → לָ [부정사 연계형이 단음절인 경우 이렇게 됨!])

• נֶ֫פֶשׁ : 혼(soul), 사람(man), 목숨(life), 숨(breath)

-נֶ֫פֶשׁ (절대형) נֶ֫פֶשׁ (연계형 단독) נַפְשׁ (연계형, 인칭대명사 함께)

-“그의(자신의) 목숨”: נַפְשׁוֹ

-“그의 생명이 죽게 되기를 구했다”: וַיִּשְׁאַל נַפְשׁוֹ לָמוּת

• אָמַר (페-알렢[פ"א]동사): 말하다(to speak)

-칼형: אָמַר (완) יֹאמַר (미완) וַיֹּ֫אמֶר (봐연, 봐요메르) אֱמֹר (명) אֱמֹר (부연)

• טוֹב: 좋은(good)

• מָ֫וֶת : 죽음(death)

-מָ֫וֶת (절대형) מוֹת (연계형) (□ָ□ֶ□ → □וֹ□)

-“나의 죽음”(my death): מוֹתִי

• חַי : 살아 있는(alive); (복수, חַיִּים) 생명(life), 삶(life)

-"생명"이란 뜻으로는 항상 복수형인 חַיִּים이 쓰임

-복수: חַיִּים (절대형) חַיֵּי (연계형)

-"나의 생명": ◌ַי + חַיֵּי → חַיַּי (◌ַי와 ◌ֵי의 중복으로 ◌ֵי가 생략됨)

-본문에서는 여기에 강한 액센트와 장모음화 됨: חַיָּי

-"나의 생명보다"(than my life): חַיָּי + מִן → מֵחַיָּי

본문

וַיְהִי ׀ כִּזְרֹחַ הַשֶּׁמֶשׁ
וַיְמַן אֱלֹהִים רוּחַ קָדִים חֲרִישִׁית
וַתַּךְ הַשֶּׁמֶשׁ עַל־רֹאשׁ יוֹנָה
וַיִּתְעַלָּף
וַיִּשְׁאַל אֶת־נַפְשׁוֹ לָמוּת
וַיֹּאמֶר טוֹב מוֹתִי מֵחַיָּי׃

음역

wayəhî kizrōaḥ haššémeš

wayəman ʾĕlōhîm rûaḥ qāḏîm ḥărîšîṯ

wattaḵ haššémeš ʿal-rōʾš yônāh

wayyiṯʿallāp̄

wayyišʾal ʾeṯ-nap̄šô lāmûṯ

wayyṓʾmer ṭôḇ môṯî mēḥayyāy

간역

הַשֶּׁמֶשׁ	כִּזְרֹחַ	וַיְהִי׀
그 태양이	떴을 때	[그리고 있었다]

חֲרִישִׁית	רוּחַ קָדִים	אֱלֹהִים	וַיְמַן
찌는듯한	동풍을	하나님이	그리고 예비하셨다.

יוֹנָה	עַל־רֹאשׁ	הַשֶּׁמֶשׁ	וַתַּךְ
요나의	머리 위에	그 태양이	그러자 쳤다.

וַיִּתְעַלָּף
그러자 [그가] 어지러워 했다.

לָמוּת	אֶת־נַפְשׁוֹ	וַיִּשְׁאַל
죽기를	그의 생명이	그래서 [그가] 간구했다.

מֵחַיָּי׃	מוֹתִי	טוֹב	וַיֹּאמֶר
나의 삶보다	나의 죽음이	좋나이다	그리고 [그가] 말하였다.

윤문

해가 뜰 때 하나님께서 뜨거운 동풍을 예비하셨다. 그리고 태양이 요나의 머리 위에 이글거리자 그가 어지러워 했다. 그러자 그가 자기의 생명을 거두어달라고 간구하며 말했다. "죽는 것이 사는 것보다 낫나이다".

단어 및 구문 해설

וַיְהִי׀

- 여기에 요나서에 나타나는 세 번째이자 마지막의 파세크 기호(|)가 나온다. Trible은 이 마지막 파세크의 용도가 굳이 필요하지 않은 단어인 **וַיְהִי**에 주목하도록 하기 위한 것이라고 주장한다(1967, 53). 또한 실제로 라틴어 역본인 Vulgate와 시리아어 역본에는 이 단어가 빠져 있다고 지적한다.

- 그러나 **וַיְהִי**가 "**כְּ** + 부정사 연계형"과 사용되어 "~할 때"를 의미하는 예는 구약성경 내에 무수히 많기 때문에 Trible이 지적한 파세크의 용도가 과연 맞는 것

인지에 대해서는 의문이 생긴다.

כִּזְרֹחַ : 전치사 כְּ + זרח ([해가] 뜨다, 빛나다, to rise, shine)의 칼 부정사 연계형.
- 이 단어는 הַשֶּׁמֶשׁ 등과 함께 사용되어 "해가 뜨다"라는 등의 관용구를 형성한다.

הַשֶּׁמֶשׁ : 정관사 + שֶׁמֶשׁ (해, sun)

קָדִים : 동쪽(the east)
- 이 단어는 그 자체로도 "동풍"(east wind)을 의미할 수 있다. 그러나 이 구절에서처럼 רוּחַ란 단어와 결합되어 רוּחַ קָדִים 혹은 רוּחַ הַקָּדִים이 "동풍"을 의미할 수도 있다.
- 호세아 13:15에 따르면 "동풍", 곧 "여호와의 바람"은 심판을 의미한다.

חֲרִישִׁית : (형용사 여성형) 뜨거운(scorching)†
- 이 단어는 구약성경에서 오직 여기에만 나오는 hapax legomenon이다.

וַיִּתְעַלָּף : עלף의 히트파엘(어지러움을 겪다, to be faint) 미완료 3인칭 남성 단수
- 이 단어의 히트파엘형은 오직 암 8:13과 욘 4:8에만 나온다(†). (참고로 단어 전체로는 총 6회.)

וַיִּשְׁאַל: שאל (묻다, to ask)의 칼 미완료 3인칭 남성 단수

לָמוּת : 전치사 לְ + מות (죽다, to die)의 칼 부정사 연계형

4:9

어휘

• הֲ : 의문부호(현대어의 물음표[?]와 같은 기능. 문장 처음에 옴)

-모음 ◌ֲ는 뒤에 후음이 오는 경우에는 ◌ַ가 됨: הַהֵיטֵב

• יטב (페-요드[פ"י]동사): (칼) 좋다(to be good), 정당하다(to be right); (히필) 잘 대해주다(to treat graciously), ~것을 잘 하다(make something good); (히필 부정사 절대형) 부사로 전환되어 "잘"(well), "철저히"(thoroughly)

-칼형: יָטַב (완) יִיטַב (미완)

-히필형: הֵיטִיב (완) יֵיטִיב (미완) הֵיטֵב (명) הֵיטִיב (부연) הֵיטֵב (부절)

-일부 동사들의 부정사 절대형은 부사로 전환되어 "잘"(well), "철저히"(thoroughly) 정도의 의미로 쓰임.

-현재 문맥에서는 "~것이 옳다"(it is right that ~) 정도로 해석하면 된다: הַהֵיטֵב ("~하는 것이 옳으냐?"[Is it right that~])

• חרה (페-후음[G"פ]동사+라메드-헤[ל"ה]동사): 뜨겁다(뜨거워지다) (be[come] hot)→ "화내다(to be angry)"라는 의미 파생

-칼형: חָרָה (완) יֶחֱרֶה (미완) יִחַר (간명) וַיִּחַר (봐연)

-"화내다"라는 의미로 사용될 때 화를 내는 주체는 לְ를 통해 표현:

חָרָה לְ : "~가 화내다"

-חָרוֹן (진노, anger)와 동족어

• לְ : ~에게(to)

-"너에게": לְךָ

-"네가 화내다"(you are angry): חָרָה לְךָ

-"나에게": לִי

-"내가 화내다"(I am angry): חָרָה לִי

• קִיקָיוֹן : 피마자(아주까리, caster oil plant) (?) (정체 불명의 식물)

-구약 전체에서 오직 이 요나서 4장에만 나옴(총 5회)

• עַד : ~까지(until, up to)

• מָוֶת : 죽음(death)

-"죽더라도"(even unto death): עַד־מָוֶת

본문

וַיֹּאמֶר אֱלֹהִים אֶל־יוֹנָה

הַהֵיטֵב חָרָה־לְךָ עַל־הַקִּיקָיוֹן

וַיֹּאמֶר

הֵיטֵב חָרָה־לִי עַד־מָוֶת׃

음역

wayyṓʾmer ʾĕlōhîm ʾel-yônāʰ

hahêṭēḇ ḥārāʰ-ləḵā ʿal-haqqîqāyôn

wayyṓʾmer

hêṭēḇ ḥārāʰ-lî ʿaḏ-mā́weṯ

간역

אֶל־יוֹנָה	אֱלֹהִים	וַיֹּאמֶר
요나에게	하나님께서	그러자 말씀하셨다.

עַל־הַקִּיקָיוֹן	לְךָ־	חָרָה	הַהֵיטֵב
그 키카욘에 대해	네가	화내는 것이	옳으냐?

וַיֹּאמֶר

그러자 [그가] 말하였다.

עַד־מָוֶת׃	לִי־	חָרָה	הֵיטֵב
죽기까지	내가	화내는 것이	옳으니이다.

윤문

그러자 하나님께서 요나에게 말씀하셨다. "네가 그 키카욘 때문에 화내는 것이 정당하냐?" 요나가 대답하였다. "내가 죽기까지 화낸다 해도 정당하나이다".

단어 및 구문 해설

הַהֵיטֵב : 의문사 ה + **יטב**의 히필 부정사 연계형

- 의문사 הֲ가 הַ가 된 것은 4절을 참조.

- 이 문구는 4절과 마지막의 키카욘에 대한 사항, 그리고 인칭대명사의 문장 안에서의 위치와 액센트 변화에 따른 차이를 제외하고는 동일하다.

חָרָה : **חָרָה**의 칼 완료 3인칭 남성 단수

עַד־מָוֶת : **עַד** + **מָוֶת** ("죽음")

4:10

어휘

- אַתָּה : 너(you) (주격 2인칭 남성 단수)
- חוס (아인-봐브[ע"ו]동사): 연민, 동정을 가지고 보다(to look with compassion or pity on) (개역개정판: "아끼다")
  - -칼형: חָס (완) יָחוּס (미완)
  - -"~을 아끼다": חָס עַל
  - -"네가 ~을 아꼈다": חַסְתָּ עַל
- עמל (페-후음[G"ע]동사): 힘쓰다(to exert oneself)
  - -칼형: עָמַל (완) יַעֲמֹל (미완)
  - -"네가 ~을 위해 힘썼다": עָמַלְתָּ
- גָּדַל: (칼) 크다(to be great, big); (피엘) 키우다(to make big)
  - -칼형: גָּדַל (완) יִגְדַּל (미완)
  - -피엘형: גִּדֵּל (완) יְגַדֵּל (미완)
  - -"네가 키웠다": גִּדַּלְתָּ (דֵּ → דַּ의 변화는 필리피의 법칙 때문)
  - -"네가 그것을 키웠다": וֹ + גִּדַּלְתָּ (목적격 어미 וֹ와의 결합을 위해 תָּ의 모음 탈락) → גִּדַּלְתּוֹ
- שֶׁ : 관계대명사 אֲשֶׁר와 같은 의미
- בֵּן / בֶּן־ : 아들(son), ~살(year old)
  - -בֵּן은 나이를 나타내기도 함(~살짜리, ~years old)
- לַיְלָה : 밤(night)
  - -"하룻밤짜리": בִּן־לַיְלָה (קִיקָיוֹן이 하룻밤만에 자라났다가 하룻밤만에 시든 것을 가리키는 표현)
- היה (페-후음[G"פ]동사+라메드-헤[ל"ה]동사): ~이다(to be), ~이 있다(to be), ~이 되다(to become)
  - -칼형: הָיָה (완) יִהְיֶה (미완) וַיְהִי (봐연)

• אבד (페-알렙[פ"א]동사): 망하다(to perish)

-칼형: אָבַד (완) יֹאבַד (미완)

본문

וַיֹּ֣אמֶר יְהוָ֔ה
אַתָּ֤ה חַ֙סְתָּ֙ עַל־הַקִּ֣יקָי֔וֹן
אֲשֶׁ֛ר לֹא־עָמַ֥לְתָּ בּ֖וֹ וְלֹ֣א גִדַּלְתּ֑וֹ
שֶׁבִּן־לַ֥יְלָה הָיָ֖ה וּבִן־לַ֥יְלָה אָבָֽד׃

음역

wayyṓʾmer yhwh(ʾāḏōnāy)

ʾattāʰ ḥástā ʿal-haqqîqāyṓn ʾăšer lōʾ-ʿāmáltā bô wəlōʾ ḡiddaltô

šebbin-láylāʰ hāyāʰ ûḇin-láylāʰ ʾāḇāḏ

간역

יְהוָ֔ה	וַיֹּ֣אמֶר
여호와께서	그리고 말하였다

עַל־הַקִּ֣יקָי֔וֹן	חַ֙סְתָּ֙	אַתָּ֤ה
키카욘에 대해서	마음을 쏟았다	너는

וְלֹ֣א גִדַּלְתּ֑וֹ	בּ֖וֹ	לֹא־עָמַ֥לְתָּ	אֲשֶׁ֛ר
그것을 기르지도 않은	그것에 대해	애쓰지 않고	[관계대명사]

אָבָֽד׃	וּבִן־לַ֥יְלָה	הָיָ֖ה	שֶׁבִּן־לַ֥יְלָה
멸망한	밤의 아들로	존재했다가	밤의 아들로(단어해설 참조)

윤문

그리고 여호와께서말씀하였다. "나는 내가 애쓰지도 않고 기르지도 않았으며, 하룻밤에 났다가 하루만에 죽은 그 키카욘에 연민을 보였다".

단어 및 구문 해설

אַתָּה חַסְתָּ

אַתָּה: 이 인칭대명사가 없어도 문장은 문제가 없다. 굳이 인칭대명사를 사용한 이유는 강조를 위한 것이다. 요나를 지칭하는 이 **אַתָּה**은 11절 서두의 하나님을 가리키는 **אֲנִי**와 대조를 이룬다.

חַסְתָּ : **חוס** 칼 완료 2인칭 남성 단수

- **חוס**는 "연민, 동정을 가지고 보다"(to look with compassion or pity on)는 뜻이다(BDB).
- 이 단어는 본문에서와 같이 주로 **עַל**이라는 전치사와 같이 쓰인다.
- 소선지서에서 이 단어는 오직 욜 2:17과 욘 4:10-11에만 쓰인다. 이것은 요나서와 요엘서 사이의 연결성을 보여주는 다른 증거들과 더불어 이 두 책의 밀접성을 특히 잘 보여준다.

עָמַלְתָּ : **עמל** (힘쓰다, to exert oneself)의 칼 완료 2인칭 남성 단수.

- 이 단어는 주로 전치사 **בְּ**와 함께 쓰인다.

גִּדַּלְתּוֹ : **גדל**의 피엘(기르다, to let grow) 완료 2인칭 남성 단수 + 목적격 인칭 대명사 3인칭 남성 단수 **וֹ**

- 형용사 **גָּדוֹל** (큰, great)와 동족어이다.
- 칼형이 상태동사인 경우 피엘형에서는 타동사가 된다.

(칼) גָּדַל: 크다(to be great)-상태동사

(피엘) גִּדֵּל: 크게 만들다(to make ~ great)-타동사

- גִּדַּלְתּוֹ는 גִּדַּלְתָּ + וֹ이다. 여기의 목적격 인칭 대명사처럼 모음으로 된 접미어가 오게 되면 동사의 마지막 음절인 תָּ의 모음과 충돌이 일어나게 된다. 이 경우 תָּ의 모음이 탈락해서 תּוֹ로 된다. 즉 גִּדַּלְתָּ + וֹ → גִּדַּלְתְּ (마지막 모음 탈락) + וֹ גִּדַּלְתּוֹ.

שֶׁבִּן־לַיְלָה : 관계대명사 שֶׁ + 명사 בֵּן (아들, son) + לַיְלָה (밤, night)
- בִּן은 בֵּן의 연계형이다. 연계형은 보통은 בֶּן־이 많이 쓰이지만 여기에서처럼 בִּן이 사용되기도 한다.
- בֵּן의 기본 뜻은 "아들"이다. 그러나 나이 혹은 생존기간을 나타내어 "~ 살"의 의미로 사용되기도 한다. 이 구절에서 בִּן־לַיְלָה은 "하룻밤짜리"(one night old) 정도의 의미이다. 즉 키카욘이 하룻밤만 살고 죽었다는 것이다.

4:11

어휘

• חוּס (아인-봐브[ע"ו]동사): 연민, 동정을 가지고 보다(to look with compassion or pity on) (개역개정판: "아끼다")

-칼형: חָס (완) יָחוּס (미완)

-"내가 아낄 것이다": אָחוּס

• יֵשׁ / יֶשׁ־ : ~이 있다(there is) (존재를 나타내는 불변화사)

-반대어인 "~이 없다"(there is not)는 뜻의 단어는 אַ֫יִן / אֵין (there is not)

• בְּ : ~안에(in)

-"그것(그녀)의 안에"(in her [it]): בָּהּ

-"~이 그것(그녀)의 안에 있다"(there is ~ in it): יֶשׁ־בָּהּ

• רבה : (칼) 많다(to be numerous), 위대하다(to be great); (히필) 많게 만들다(to make numerous)

-히필형: הִרְבָּה (완) יַרְבֶּה (미완) הַרְבֵּה (명) הַרְבּוֹת (부연) הַרְבֵּה / הַרְבָּה (부절)

-히필 부정사 절대형이 부사, 형용사, 명사 등으로 변환된 경우들 중의 하나

-BDB에 따르면 이 부정사 연계형이 비교급 구문에서 전치사 מִן과 함께 사용되어 "~보다 더"(more than)의 구문으로 사용되었다고 주장: הַרְבֵּה מִן

• שְׁנַ֫יִם (남)/ שְׁתַּ֫יִם (여): 2 (two) (2라는 숫자이기 때문에 그 자체가 쌍수형 어미[ַ֫יִם]를 갖고 있음)

	절대형	연계형
남성	שְׁנַ֫יִם	שְׁנֵים (혹은 שְׁנֵי)
여성	שְׁתַּ֫יִם	שְׁתֵּים (혹은 שְׁתֵּי)

• עֲשָׂרָה : 10 (ten)

-עֶשְׂרֵה는 여성 명사와 결합해서 11-19의 숫자를 나타날 때 쓰이는 숫자: שְׁנֵים עֶשְׂרֵה (12, twelve)

-עָשָׂר는 남성 명사와 결합해서 11-19의 숫자를 나타낼 때 쓰임

• רִבּוֹ : 아주 큰 숫자(immense number), 만(10,000)

-"12만": שְׁנֵים עֶשְׂרֵה רִבּוֹ

-"12만보다 많은": הַרְבֵּה מִשְּׁנֵים עֶשְׂרֵה רִבּוֹ

참고: מִשְּׁנֵים의 변화

שְׁנֵים + מִן → מִנְשְׁנֵים → מִשְׁשְׁנֵים (자음 동화) מִשְּׁנֵים (중복 자음 이중점으로) → מִשְּׁנֵים (최종: 중복 자음에 단순 쉐바가 올 때는 이중점 생략)

• אָדָם : 사람(man), 남자(man)

-"12만보다 많은 사람": הַרְבֵּה מִשְּׁנֵים עֶשְׂרֵה רִבּוֹ אָדָם

• יָדַע (페-바브[פ"ו]동사+라메드-헤[G"ל]동사): 알다(to know)

-칼: יָדַע (완) יֵדַע (미완)

-이 단어처럼 사람의 인지, 감정 등을 나타내는 단어는 특히 등장인물의 대사 중에 나올 때는 현재형으로 번역하는 것이 좋음

-"~과 ~사이를 구분할 수 있다": יָדַע בֵּין...לְ... (between ~ and ~: 보통은 전치사가 ...בֵּין...וּבֵין이 쓰임)

• יָמִין : 오른쪽(right side)

-"그것의 오른쪽", 즉 "자기 오른쪽": יְמִינוֹ

• שְׂמֹאל : 왼쪽(left side)

-"그것의 왼쪽", 즉 "자기 왼쪽": שְׂמֹאלוֹ

-"그것의 왼쪽으로", 즉 "자기 왼쪽으로": שְׂמֹאלוֹ + לְ → לְשְׂמֹאלוֹ → לִשְׂמֹאלוֹ

-"좌우를 분별하다": יָדַע בֵּין־יְמִינוֹ לִשְׂמֹאלוֹ

- בְּהֵמָה : (1) 짐승 일반 (2) 네 발 달린 짐승 (3) [네 발 달린] 가축 (뒤로 갈수록 집합이 좁아짐!)

- רַב : 많은(many)

  -רַב (남성) רַבָּה (여성)

  -"많은 짐승": בְּהֵמָה רַבָּה

본문

וַאֲנִי לֹא אָחוּס עַל־נִינְוֵה הָעִיר הַגְּדוֹלָה
אֲשֶׁר יֶשׁ־בָּהּ הַרְבֵּה מִשְׁתֵּים־עֶשְׂרֵה רִבּוֹ אָדָם
אֲשֶׁר לֹא־יָדַע בֵּין־יְמִינוֹ לִשְׂמֹאלוֹ
וּבְהֵמָה רַבָּה׃

음역

waʾănî lōʾ ʾāḥûs ʿal-nînwēʰ hāʿîr haggəḏôlāʰ

ʾăšer yeš-bāh harbēʰ mištêm-ʿeśrēʰ ribbô

ʾāḏām ʾăšer lōʾ-yāḏaʿ bên-yəmînô liśmōʾlô

ûḇəhēmāʰ rabbāʰ

간역

הַגְּדוֹלָה הָעִיר	עַל־נִינְוֵה	לֹא אָחוּס	וַאֲנִי
이 큰 성읍	니느웨에 대해서	마음을 쓰지 않겠느냐?	나는

רִבּוֹ אָדָם	מִשְׁתֵּים־עֶשְׂרֵה	הַרְבֵּה	יֶשׁ־בָּהּ	אֲשֶׁר
십이만명보다	많은[사람이]	그 안에	있는	[관계대명사]

לִשְׂמֹאלוֹ	בֵּין־יְמִינוֹ	לֹא־יָדַע	אֲשֶׁר
왼쪽을	오른쪽과	모르는	[관계대명사]

וּבְהֵמָה רַבָּה׃

많은 짐승이

윤문

그러니까 내가 좌우를 분별할 줄 모르는 사람이 십이만명이 넘고 짐승도 많이 있는 이 큰 성읍 니느웨에 대해 마음을 쏟는 것이 합당치 아니하겠느냐?

단어 및 구문 해설

וַאֲנִי לֹא אָחוּס

-주어인 אֲנִי가 동사보다 먼저 나온 것은 강조 용법. 역시 강조 용법으로 인해 동사보다 먼저 등장한, 앞의 10절의 אַתָּה와의 대비를 부각시키기 위한 것이다.

- 문맥상 질문이 이미 표현되어 있는 경우 לֹא와 וְלֹא = הֲלֹא와 וַהֲלֹא로 이해하면 된다. 즉 לֹא와 וְלֹא로 표현된 문장들을 의문문으로 이해하면 된다(출 8:22 (Heb. 8:26); 삼상 20:9; 렘 49:9; 애 3:38; 욘 4:11; 욥 2:10) (HALOT).

- 이 문장의 경우도 모든 역본들은 다 의문문으로 이해한다.

- 서두의 וַאֲנִי는 강조를 위해 추가된 것이며, 10절의 אַתָּה와 대조를 이룬다는 점을 이미 말한 바 있다.

אָחוּס : חוּס의 칼 미완료 1인칭 공통 단수

-미완료형은 때때로 영어의 조동사들이 가진 의미들을 띨 수 있다. 이 단어의 경우는 영어의 can 혹은 should 정도의 의미를 띠는 것으로 이해될 수 있다. 대부분의 서구어 성경들은 후자를 따라간다. 즉 וַאֲנִי לֹא אָחוּס란 문구는 "내가 아껴야 하지 않겠느냐"(Should I not spare) 정도로 번역된다.

הַרְבֵּה מִשְׁתֵּים־עֶשְׂרֵה רִבּוֹ אָדָם (관계대명사의 주어-아래의 בְּהֵמָה רַבָּה와 더불어 첫번째 관계대명사의 공동 주어 역할)

הַרְבֵּה : רבה 의 히필 부정사 절대형(많은 것, 많이; many, much)
- 이 단어는 동사의 다른 형태로는 전혀 안 쓰이고 오직 이처럼 히필 부정사 절대형이 완전히 명사, 부사 등의 품사로 전환되어 사용된다.

מִשְׁתֵּים־עֶשְׂרֵה רִבּוֹ אָדָם
- שְׁתֵּים־עֶשְׂרֵה는 12란 숫자이다. עֶשְׂרֵה는 10이고, שְׁתַּיִם은 2이다.
- 2란 숫자는 남성형은 שְׁנַיִם이고, 여성형은 שְׁתַּיִם이다. 이 남성형과 여성형의 연계형은 각각 שְׁנֵים (혹은 שְׁנֵי)와 שְׁתֵּים (혹은 שְׁתֵּי)이다. 히브리어의 숫자 사용과 관련하여 흥미로운 점은 남성 명사에는 여성형 숫자가, 그리고 여성 명사에는 남성형 숫자가 사용된다는 점이다. 여기에서 수식받는 명사는 맨 끝의 אָדָם이므로 2의 여성형 숫자 연계형인 שְׁתֵּים이 사용되고 있다.
- רִבּוֹ는 "아주 큰 숫자"(immense number) 혹은 "만"(10,000)을 의미한다. רִבּוֹ שְׁתֵּים־עֶשְׂרֵה는 10,000x12가 되므로 120,000이 된다. 그리고 이 숫자군 전체가 뒤의 אָדָם에 걸려서 "십이만명"이라는 의미가 된다.
- 여기에서 אָדָם이 단수가 사용되고 있다는 점을 주목하라. אָדָם은 구약성경에서 한 번도 복수로 사용된 적이 없다.
- 이 어구의 맨 처음에 사용된 전치사는 מִן이다. 이 전치사는 기본적으로는 "from"의 의미를 갖지만 비교급을 나타낼 때는 "~보다 더"(than)란 의미를 갖는다. 따라서 이 어구 전체의 의미는 "12만명 보다 [많은]"이란 의미이다.

יְמִינוֹ : יָמִין (오른쪽, right side) + 소유격 인칭 대명사 3인칭 남성 단수

שְׂמֹאלוֹ : שְׂמֹאל (왼쪽, left side) + 소유격 인칭 대명사 3인칭 남성 단수

בֵּין־יְמִינוֹ לִשְׂמֹאלוֹ : ~לְ ~בֵּין는 "~와 ~를"(between A and B)의 구문이다. 통상적으로 더 많이 쓰이는 표현은 ~וּבֵין ~בֵּין이다.

בְּהֵמָה רַבָּה: 위의 הַרְבֵּה מִשְׁתֵּים־עֶשְׂרֵה רִבּוֹ אָדָם와 더불어 첫번째 관계대명사의 공동 주어 역할

רַבָּה : רַב (많은, many)의 단수 여성형

- רַב처럼 두 글자로 이루어진 단어들도 사실은 원래는 세 글자(즉 רב은 רבב)인 경우가 많다. 이런 경우 이 단어처럼 여성형 어미 ◌ָה가 오게 되면 숨어 있던 마지막 어간의 자음이 이중점으로 나타나게 된다.

- בְּהֵמָה가 여성 명사이기 때문에 여성형 형용사가 사용되었다.

부록

1. 히브리어 빈도수별 단어장(요나서의 단어 목록)

2. 요나서 번역 종합(중요 히브리어 병기)

3. 요나서 해설

4. 등장인물 묘사방법에 대한 이해와 설교

1. 요나서의 단어목록:

빈도수별

총 251단어

요나서 내에서의 중요성과는 상관없이 히브리어를 잘 하기 위해 반드시 외어야 할 중요단어들: *로 표시. 특별히 더 중요한 단어들은 **로 표시.

10번 이상

**וְ 132
접속사
"그리고(and)"

**הַ 78
정관사

**לְ 49
전치사
"~에게"(to)

**אֶל 34
전치사
"~에게"(to)

**מִן 30
전치사
"~으로부터"(from)

**יהוה 26
고유명사
여호와

**אמר 22
동사
"말하다"(to say)

**עַל 22
전치사
"~위에"(on),
"~에게로"(toward)
- 후자의 의미의 경우 앞의 לְ, עַל과 호환 가능
(참고, 1:2와 3:2 비교)

**בְּ 21
전치사
"~안에"(in)

יוֹנָה 18
인명

"요나"
- 보통명사로 "비둘기"란 의미

**אֱלֹהִים 16
명사
"하나님, 신"(God, god)

**אֵת 14
목적격 전치사
"~을"

**גָּדוֹל 14
형용사
"큰, 위대한"(big, great)

**כִּי 13
접속사
"왜냐하면"(because);
목적절을 이끄는 접속사 등등.

**אֲשֶׁר 12
관계대명사

**יָם 12
명사
"바다"(sea)

**היה 10
동사
"있다, …이다"(to be)

9번

**אִישׁ 9
명사
"사람, 남자"(person, man)

**לֹא 9
부정사
"아니"(not)

נִינְוֵה 9
고유명사
"니느웨"(Nineveh)

*רָעָה 9
명사
"악, 재앙"(evil, calamity)

8번

**עִיר 8
명사
"성, 도시"(city)

**קרא 8
동사
"부르다"(to call)

7번

**זֶה 7
지시대명사, 지시형용사
"이(것)"(this)

עָשָׂה 7
동사
"만들다, 행하다"(to make, do)

6번
הלך 6
동사
"걷다, 행하다"(to walk)

ידע 6
동사
"알다"(to know)

מָה 6
의문사
"무엇, 어떻게"(what, how)

קום 6
동사
"일어나다"(to stand up)

5번
אַל 5
부정사
"아니"(not)

אֲנִי 5
주격 인칭대명사
"나"(I)

בוא 5
동사
"오다"(to come)

דָּבָר 5
명사
말, 일, 것(word, thing)

נֶפֶשׁ 5
명사
영, 생명(soul, life)

עַד 5
전치사
"까지"(to)

קִיקָיוֹן 5
명사
"아주까리, 피마자"(caster oil plant)?

שׁוב 5
동사
"돌아오다, [회개하다]"(return, [repent])

4번
*אבד 4
동사
"멸망하다"(to perish)

אַתָּה 4
불변화사
주격 인칭대명사 2인칭 단수
"너"(you)

*חרה 4
동사
“화내다”(to be angry)

טול 4
동사
히필
יָטִיל, הֵטִיל
“던지다”(to throw far, hurl)

**יוֹם 4
명사
“날, 낮”(day)

**ירד 4
동사
“내려가다”(to go down)

מנה 4
동사
칼
“세다”(to count)
<u>**피엘(요나서)**</u>
יְמַנֶּה, מִנָּה
“보내다, 임명하다”(to send, appoint)
개역개정
“예비하다”

**עלה 4
동사
“올라가다”(to go up)

פָּנֶה 4
명사
복수형 **פָּנִים
“얼굴”(face)

תַּרְשִׁישׁ 4
고유명사
“다시스”

3번

**אָדָם 3
명사
“사람”(man)

אֳנִיָּה 3
명사
“배”(ship)

**בְּהֵמָה 3
명사
“짐승”(animal)

**בֵּן 3
명사
“아들”(son)

*ברח 3
동사
“도망하다”(to flee)

*גּוֹרָל 3
명사

"제비"(lot)

דָּג 3
명사
"물고기"(fish)

**הֲ 3
의문사
"?"
– 현대어의 물음표(?)에 해당하는 것으로 간주하면 됨

*חַי 3
명사
"생명"(life)
– 주로 복수형 **חַיִּים이 쓰임

*יַבָּשָׁה 3
명사
"육지"(dry land)

*יטב 3
동사
"선하다, 좋다"(to be good)

*ירא 3
동사
"두려워하다"(to be afraid)

**ישׁב 3
동사
"앉다, 거하다"(to sit, dwell)

**כְּ 3
전치사
"~처럼"(as, like)
– 부정사 연계형과 같이 쓰이면 "~할 때"(when)의 의미가 됨

**לַיְלָה 3
명사
"밤"(night)

**מָוֶת 3
명사
"죽음"(death)
– 연계형은 מוֹת

**מִי 3
의문대명사
"누구"(who)

**נָא 3
불변화사(particle)
"제발"(please)

*נחם 3
동사
니팔
נִחַם, יִנָּחֵם
"후회하다"(to regret)

**נפל 3
동사

"떨어지다"(to fall)

רֹאשׁ 3
명사
"머리"(head)

רַב 3
명사
"우두머리, 선생, 주인"(chief, master, lord)
– 형용사로 "많은"(many)이란 의미로 더 많이 쓰인다.

*שַׂק 3
명사
"삼베"(sack)
– 장례식 등에 입는 "베옷"

*שֶׁם 3
관계대명사
– 앞의 **אֲשֶׁר**와 동일. 주로 시에서 많이 사용

**שָׁלֹשׁ 3
명사
"3"(three)

2번

אָנָּא 2
감탄사
"아, 제발"(oh, please)

***אָנֹכִי 2
주격 인칭대명사 1인칭 단수
"나"(I)

**אַף 2
명사
"코, 화"(face, wrath)
–주로 쌍수 **אַפַּיִם**이 쓰임(콧구멍이 두 개라서)
– 화가 날 때 콧구멍이 씩씩거리는 이미지에서 "화, 진노, 분노"란 의미가 파생된 듯.

**אֶרֶץ 2
명사
"땅"(land)

**דבר 2
동사
피엘형
יְדַבֵּר, דִּבֵּר
"말하다"(to speak)

**דֶּרֶךְ 2
명사
"길"(way)

*הֵיכָל 2
명사
궁전(palace)

**זבח 2
동사
"제사드리다"(to make a sacrifice)

זעק** 2
동사
"부르짖다"(to cry)

חוס 2
동사
"연민을 갖다"(to pity)

חֶסֶד** 2
명사
"신실, 은혜"(faithfulness, grace)

טוֹב** 2
명사(형용사)
"좋은 (것)"(good [thing])

יִרְאָה** 2
명사
"두려움, 경외"(fear)

כסה* 2
동사
피엘
כִּסָּה, יְכַסֶּה
"덮다, 입다"(cover, clothe oneself with)

מַהֲלָךְ 2
명사
"거리"(distance)
- 동사 הלך에서 파생

מַיִם** 2
명사
"물"(water)

מֶלֶךְ** 2
명사
"왕"(king)

מֵעֶה 2
명사
"창자, 내장; 몸통(속)"(bowels, inner parts; belly, [trunk of body])

נגד* 2
동사
히필
הִגִּיד, יַגִּיד*
"말하다"(to say)

נדר* 2
동사
נָדַר, יִדֹּר
"맹세하다, 서원하다"(to make a bow)

נכה* 2
동사
히필
הִכָּה, יַכֶּה
"때리다"(to smite)

נשׂא** 2
동사

"들어올리다"(to lift)

נתן** 2
동사
יִתֵּן ,נָתַן
"주다"(to give)

סבב 2
동사
칼형: סַב, יָסֹב 혹은 יָסֹב
"둘러싸다"(to surround)
피엘형(폴렐형): סֹבֵב, יְסֹבֵב "둘러싸다"(to surround)

סער 2
동사
"흉용하다, 격렬하다, 심하다"(to rage, be violent)

סַעַר 2
명사
"태풍"(gale, heavy windstorm)

עבר** 2
동사
"건너가다"(pass through)

פלל* 2
동사
히트파엘
יִתְפַּלֵּל ,הִתְפַּלֵּל
"기도하다"(to pray)

צֵל 2
명사
"그림자, 그늘"(shadow, shade)

קֹדֶשׁ** 2
명사
"거룩한 것, 성물"(a holy thing)등등

קוֹל** 2
명사
"목소리; 소리"(voice; sound)

ראה** 2
동사
"보다"(to see)

רדם 2
동사
"(깊이) 자다"(to sleep [deeply])

רוּחַ** 2
명사
"영; 바람"(spirit; wind)

שֶׁמֶשׁ** 2
명사
"해"(sun)

שתק 2
동사
"잠잠해지다"(to grow silent) "고요해지다"(to be calm)

1번

אֲדָמָה 1
명사
"땅, 육지"(land)

אַדֶּרֶת 1
명사
"옷, 제복"(robe)
- 옛날 제사장이나 왕 등이 입던 긴 옷

אוּלַי 1
부사
"아마"(perhaps)

אֶחָד 1
숫자
"1"(one)

*אֵי 1
의문사
"어디에"(where)

*אַ֫יִן 1
의문사
"어떻게"(where)
- 바로 위의 אֵי에서 파생된 것으로 간주됨.
- "~이 없다"(there is not…)는 의미를 가진 **אַיִן과 잘 구분할 것

*אַךְ 1
불변화사
"진실로"(surely, indeed)

אֵל 1
명사
"하나님, 신"(God, god)

*אמן 1
동사
히필
יַאֲמִין, הֶאֱמִין
"믿다"(to believe)

אֲמִתַּי 1
고유명사
"아밋대"
- 아마 "나의 진실"이라는 의미

אפף 1
동사
"둘러싸다"(to encompass)

אֵפֶר 1
명사
"흙, 먼지"(soil, dust)
- **עָפָר와 거의 동일한 단어. 이 두 단어는 함께 등장하는 경우가 많음. 자음을 보면 이 두 단어는 거의 동일한 것을 볼 수 있는데 히브리어는 이처럼 철자와 소리가 비슷하면 비슷한 의미를 갖는 경우가 꽤 됨.

*אַרְבַּע 1
숫자
"4"(four)

אָרֵךְ 1
형용사
오직 연계형 אֶרֶךְ
"오랜, 긴"(long)
- אֶרֶךְ אַפַּיִם "화내는데 느린"→ "오래 참으시는"

בֶּטֶן 1
명사
"배"(belly)

בַּיִן 1
전치사로 쓰일 때는 항상 *בֵּין
"…사이에"(between)

בלע 1
동사
"삼키다"(to swallow)

בַּעַד 1
전치사
"뒤에서"(behind)

בָּקָר 1
명사
"가축"(cattle)

בְּרִיַחַ 1
명사
"장대"(bar)

גדל 1
동사
"크다"(to be big)

גַּל 1
명사
"파도"(wave)

גרשׁ 1
동사
"내쫓다"(to drive away)

דָּגָה 1
명사
"물고기"(fish)

דָּם 1
명사
"피"(blood)

הֶבֶל 1
명사
"숨; 헛된 것; 우상"(breath; vanity; idol)
- "우상"이란 의미는 두 번째 의미에서 파생된 것임.

הוּא 1
주격 인칭대명사 3인칭 남성 단수
"그"(he)

הפך 1
동사

“돌다, 뒤집다”(turn)

הַר 1
명사
“산”(mountain)

זֶבַח 1
“제사, 제물”(sacrifice)

זכר 1
동사
“기억하다”(remember)

זעף 1
동사
“격렬하다”(to rage)

זרח 1
동사
“[해가] 뜨다 혹은 빛나다, [어떤 것이] 발생하다”(to come up or shine; come forth)

חֹבֵל 1
명사
“선원”(sailor) (집합명사)

חבשׁ 1
동사
“묶다”(to bind)

חָזְקָה 1
명사
“힘”(strength, force)

חלל 1
동사
히필
יָחֵל, הֵחֵל
“시작하다”(to begin)
- 이 단어는 또한 “부정하게 하다”(to let something be profaned)의 의미로 많이 쓰인다. (제의적 의미)

חָמָס 1
명사
“폭력”(violence)

חַנּוּן 1
형용사
“친절한, 은혜로운”(kind, gracious)

חפץ 1
동사
“기뻐하다; 원하다”(to delight in; be willing)

חָרוֹן 1
명사
“분노”(wrath)

חֲרִישִׁי 1
형용사

"(푹푹) 찌는"(scorching)

חשׁב 1
동사
"생각하다"(to think)

חתר 1
동사
"노를 젓다"(to work one's way by rowing)
- 보통은 "(구멍을) 파다"(dig)란 의미.

טעם 1
동사
"먹다"(to eat)

טַעַם 1
명사
"명령, 지령"(order, decree)

יבשׁ 1
동사
"시들다"(to be dry up, wither)

**יכל 1
동사
"할 수 있다"(can)

יָמִין 1
명사
"오른 쪽"(right side)

**יסף 1
동사
"더하다"(to add up)
"계속해서 ~하다"(continue to do)

יָפוֹ 1
지명
"욥바"

**יצא 1
동사
"나가다"(to go out)

**יָרֵא 1
형용사
"두려워하는"(in fear of)

יְרֵכָה 1
명사
"후면, 먼 쪽[안 쪽]"(rear; far part).

**יֵשׁ 1
불변화사
"~이 있다"(there is)
- 반대말은 "~이 없다"는 의미를 가진

**אַיִן
불변화사
어디에(where)

*יְשׁוּעָה 1
명사

"구원"(salvation)

כֹּל 1
불변화사
"모든 (것)"(all [things])

*כְּלִי 1
명사
"그릇, 물품, 도구"

*כִּסֵּא 1
명사
"의자"(seat, chair)

*כַּף 1
명사
"손바닥, 손"(the hollow of the hand; hand)

לֵבָב 1
명사
"마음"(heart; mind)
- לֵב이라는 철자로 더 많이 등장

לבשׁ 1
동사
"옷을 입다"(to put on, clothe)

לקח 1
동사
"취하다"(take)

מְאוּמָה 1
명사
"(어떤) 것"(something)

מות 1
동사
"죽다"(to die)

מָחֳרָת 1
명사
"다음 날"(the following day)
- מָחָר로부터 파생. "내일, 다음 날"(tomorrow, the next day)

מְלָאכָה 1
명사
"직업, 업무"(business, work)
- "심부름꾼, 천사, 사자" 등의 의미를 가진 מַלְאָךְ도 같은 어원에서 파생됨
- לאךְ "보내다"(to send)가 어원으로 간주됨 (이 단어는 구약성경에서는 나오지 않고 유사언어에서 유추).

מַלָּח 1
명사
"뱃사람"(seaman, sailor)

מַעֲשֶׂה 1
명사
"일, 행위"(work)

מצא** 1
동사
"찾다, 발견하다"(to find)

מְצוֹלָה 1
명사
"깊음"(the deep [sea])

מִשְׁבָּר 1
명사
"파도"(surf, breaking of waves)

נבט* 1
동사
히필
יַבִּיט, הִבִּיט
"보다"(to look)

נֶגֶד* 1
전치사
"~의 앞"(before)

נגע* 1
동사
"치다, 다가가다"(to strike, reach)

נֶדֶר* 1
명사
"서원, 맹세"(vow)

נָהָר** 1
명사
"강, 물줄기"(river, stream)

נצל* 1
동사
히필형

יַצִּיל, הִצִּיל
"구원하다"(save)

נָקִיא* 1
형용사
"흠없는"(blameless)
- **נָקִי**가 원래의 철자법이며 위의 형태는 묵음인 **א**이 추가된 것

סוּף 1
명사
"갈대"(reed)

סֻכָּה 1
명사
"초막"(hut)

סְפִינָה 1
명사
"배"(ship)
- hapax legomenon

עִבְרִי* 1
명사
"히브리인"(Hebrew)

**עוֹד 1
부사
“다시; 또한”(again; also) 등

**עוֹלָם 1
명사
“영원”(eternity)

**עזב 1
동사
“버리다”(abandon)

עטף 1
동사
“약하다”(to be weak)

**עַיִן 1
명사
“눈”(eye)

**עַל-כֵּן 1
접속사
“그러므로”(therefore)

עלף 1
동사
히트파엘
“혼절하게 되다”(to become faint)

**עַם 1
명사
“백성”(people)

**עִם 1
전치사
“~와 함께”(with)

**עמד 1
동사
“서있다”(stand)

עמל 1
동사
“힘쓰다”(to exert oneself)

**ענה 1
동사
“대답하다”(to answer)

*עָשָׂר 1
숫자
“10”(ten)
- 여성형은 עֶשְׂרֵה

עשת 1
동사
히트파엘
“기억하다, 염두에 두다”(recollect, bear in mind)
- hapax legomenon

**עַתָּה 1
부사
“이제”(now)

צֹאן 1**
명사
"양"(sheap)

צוֹם* 1
명사
"금식"(fast)

צָרָה 1
명사
"환란, 걱정"
(distress, anxiety)

קָדִים 1
명사
"동쪽"(the east)

קדם 1
동사
피엘
"앞에 있다"(to be in front)
- 요나서에서는 "먼저 ~을 하다"란 의미로 구약에서 유일하게 사용됨

קֶדֶם* 1
전치사
"앞에, 동쪽"(in front, east)

קָטֹן* 1
형용사
"작은"(small) (어리거나 젊다는 의미)

קיא 1
동사
히필
[**הֵקִיא**], **יָקִיא**
"토하다"(to vomit)

קלל 1
동사
"중요하지 않다, 가볍다"(to be insignificant, little)
- 요나서에서는 히필형 **הֵקַל**, **יָקֵל**이 쓰여서 "가볍게 하다"(to lighten)이란 의미로 사용됨.

קֶצֶב 1
명사
"모양"(shape)
- 동사 **קצב**, "잘라내다"(cut off)에서 파생
- 요나서 2:7에서의 이 단어의 의미는 분명하지 않다. "기초"(foundations) 등이 제시된 뜻이다.
- 2:7의 **קִצְבֵי הָרִים**은 "the extremity (bottoms) of (the) mountains" 정도로 주로 번역된다.

קרב* 1
동사
"접근하다"(to approach)

קְרִיאָה 1
명사
"선포(할 말)"(proclamation)
- hapax legomenon (욘 3:2)

- קרא (외치다, to cry)에서 파생

רבה 1
동사
"많다"(to become many)
- 히필 부정사 절대형인 **הַרְבֵּה**는 "많은, 많이" 등의 의미로 쓰인다(many, much, very much).
- 부정사 절대형은 이처럼 부사 등의 의미로 특화되어 사용되기도 한다.

רִבּוֹא 1
숫자
"10,000, 혹은 막연히 많은 수"(ten thousand, immense number)

רַחוּם 1
형용사
자비로운, 인자한(compassionate)

רֵעַ* 1
명사
"친구"(friend)

רעה* 1
동사
"[동물이,을] 먹이다, 먹다"(to feed, graze)

רעע 1
동사
칼

רַע, יֵרַע
동사
"나쁘다"(to be bad)

שָׂכָר 1
명사
"값, 삯"(wage)

שְׂמֹאל* 1
명사
"왼쪽"(the left side)

שׂמח* 1
동사
"기뻐하다"(to rejoice)

שִׂמְחָה* 1
명사
"기쁨"(joy)

שְׁאוֹל* 1
명사
"스올, 지하세계"(Sheol, underworld)

שׁאל** 1
동사
"묻다"(to ask)

שׁבר* 1
동사
"깨뜨리다"(to break, smash)

שָׁוְא 1
명사
"무가치한 (것)"(worthless [thing])

שׁוע 1
동사
피엘 שִׁוַּע, יְשַׁוַּע
"도움을 청하다"(to call for help)

שַׁחַר 1
명사
"새벽(여명)"(dawn)

שַׁחַת 1
명사
"구덩이, 무덤"(grave)

*שׁכב** 1
동사
"눕다"(lie down)

*שׁלך** 1
동사
히필
הִשְׁלִיךְ, יַשְׁלִיךְ
"던지다"(to throw)

*שׁלם** 1
동사
칼
"온전하다"
피엘
"온전케 하다, 회복시키다, 마치다"
(to make complete, restore, finish, fulfil)

**שָׁם 1
부사
"거기"(there)

**שָׁמַיִם 1
명사
"하늘"(heaven)

** שׁמע 1
동사
"듣다"(to hear)

**שׁמר 1
동사
"지키다"(to keep)
– 피엘형으로는 요나서 2:9에 유일하게 사용되는데 학자들은 "~을 섬기다"라는 의미로 풀이한다. 즉 피엘 분사형(מְשַׁמְּרִים)으로 사용되어 "~을 섬기는 자들"이라는 의미로 풀이된다.

שֵׁנִי 1
숫자
f. **שֵׁנִית**
"둘 째, 두 번째"(second)

שְׁנַיִם 1
숫자
"2, 둘"(two)

שׁתה 1
동사
“마시다”(to drink)

תְּהוֹם 1
명사
“깊음”(the deep)

תּוֹדָה 1
명사
“감사제”(sacrifice of thanksgiving)

תּוֹלַעַת 1
(이형, תּוֹלֵעָה)
명사
“벌레”(worm)

**תַּחַת 1
전치사
“~ 아래”(under)

תְּפִלָּה 1
명사
“기도”(prayer)
– 동사 פלל에서 파생

2. 요나서 번역 종합(중요 히브리어 병기)

제 1 장

1 <그리고>[1] 여호와의 말씀(דבר יהוה)이 아밋대의 아들 요나에게 임하니라
(היה). 이르시되
2 너는 일어나(קום) 저 큰(גדול) 성읍 니느웨로 가서(הלך) (히브리어상으로는
קום + הלך가 문장 서두에 나옴) 그것을 향하여 외치라(קרא).[2] 그 악독(רעה)이
내 앞(לפני: 내 얼굴[פנים]에)에 상달되었음이니라 하시니라
3 <그러나>(원문: ו)[3] 요나가 여호와의 얼굴(פנים)을(מלפני) [피하려고][4] 일어나
(קום) (시작 부분: ויקם יונה, 3:3과 동일)
다시스로 도망하려 하여 욥바로 내려갔더니(ירד) [마침] 다시스로 가는 배를
만난지라. 여호와의 얼굴(פנים)을(מלפני) [피하여] 그들과 함께 다시스로 가
려고 뱃삯{혹은 "배의 값"}을 주고 배에 올랐더라{사역: "배 안으로 내려갔더라
[ירד]"}.
4 여호와(יהוה)[5]께서 큰(גדול) 바람을 바다(ים) 위에 내리시매{사역: "던지시
매"[טול의 히필형: הטיל]} 바다 가운데에 큰(גדול) 폭풍이 일어나 배가 거의 깨
지게 된지라

---

1) 세모 괄호(〈〉)는 원문에는 있는데 번역이 안 된 것이다.

2) קום + הלך + קרא의 세 단어가 이 1:2에 나온다. 이것은 3:2에도 역시 마찬가지다. 관건은 1:3과 3:3에서 이것이 어떻게 작용하느냐 하는 것이다.

3) 히브리어상으로 1:3과 3:3의 시작 부분은 동일하다. 그리고 시작시의 접속사 w는 문맥에 따라 "그리고"(1:3)가 될 수도 있고, "그러나"(3:3)도 될 수 있다. 이러한 이해는 3:3에서 요나의 행동이 "그러나"가 될지(즉 다시 도망칠지), "그리고"가 될지(즉 여호와의 말씀을 들을지)를 그 다음 단어를 확인하기 전까지는 모른다는 점이다. 여기에 이 1:3과 3:3의 상응성의 묘미가 있는 것이다.

4) 네모 괄호([ ])는 원문에는 없는데 한글로 번역하면서 의미상 추가시킨 것이다.

5) 이하의 אלהים과 대비. 선원들은 אלהים → יהוה으로 신 인식의 진화.

5 사공들이 두려워하여(ירא)[6] 각각 자기의 신(אלהים)을 부르고(זעק) 또 배를
가볍게 하려고 그 가운데 물건들을 바다에 던지니라(הטיל) 그러나(ו)[7] 요나는
배 밑층에 내려가서(ירד) 누워 깊이 잠이 든지라(יֵרָדֵם רדם의 니팔, נרדם: ירד
란 단어와 철자 유사. 아마 수사법적으로 의미 강화를 위한 것인듯)
6 선장이 그에게 가서 이르되 자는 자여(נרדם, 니팔 분사) 어찌함이냐 일어나서
(קום) 네 하나님께 구하라(קרא) 혹시(אולי) 하나님이 우리를 생각하사 망하지
아니하게 하시리라(ולא נאבד, 붸로 노베드)[8] 하니라.
7 그들이 서로 이르되(אמר), 자 우리가 제비를 뽑아 이 재앙(רעה)이 누구로 말
미암아(בשלמי,[9] "때문에", 8, 12절) 우리에게 임하였나 알아 보자 하고 곧 제비
를 뽑으니 제비가 요나에게 뽑힌지라
8 [무리가] 그에게 이르되 청하건대(אמר) 이 재앙(רעה)이 누구 때문에(למי
באשר, "말미암아", 7절) 우리에게 임하였는가 말하라. 네 생업이 무엇이며, 네가
어디서 왔으며, 네 나라가 어디며, 어느 민족에 속하였느냐 하니[10]
9 [어순을 강조해서 다시 번역함]
그가 대답하되(אמר, "말하되")
나는(אנוכי) 히브리 사람이라(אָנֹכִי עִבְרִי, 도치법 사용에 주목). 그리고 하늘의
하나님 여호와를 나는(אני) 경외하노라(ירא, 분사 혹은 형용사).

---

6) 사공들, "두려워함"(야라)와 요나, "내려감"(야라드)는 전혀 다른 단어이기는 하지만 소리 및 철자법상으로 상응성이 있다. 또한 "깊이 잠들다"(예라담)라는 단어와도 상응성이 있다. 이러한 유사성은 양자간의 대조성을 강화시켜준다.

7) 이 접속사는 순접이 아닌 역접의 역할을 하고 있다. 이것은 5절의 문장의 어순이 반영하고 있다. 역접의 목적은 사공들과 요나를 대조시키는 것이다.

8) 3:9의 니느웨의 왕도 동일한 표현을 사용한다. 1:6의 사공들의 우두머리인 선장과 니느웨 사람들의 우두머리인 왕은 이 단어를 통해 서로 상응한다.

9) "때문에"란 표현을 나타내기 위해 이런 독특한 어구가 쓰이는 이유는 이것이 1장의 플롯의 핵심적인 사항들 중의 하나이기 때문인듯. 결국은 "요나 때문에"란 것이 1장의 이해에 있어서 결정적인 것이다. 요나는 자기 때문에 이런 일이 일어나는 것에 대해서 완전히 무관심하다. 반면 요나 "때문에" 죽을 위험에 처한 이방선원들은 요나의 생명에 대해서 지대한 배려를 보여준다("요나의 냉담함", Lubeck, 41 등 참조).

10) 이런 일련의 질문들은 당시에 사람들이 상대방의 정체를 파악할 때 관행적이었던가? NASB reference가 언급한 삼상 30:13에서 다윗과 애굽 소년 사이의 대화는 이런 느낌을 준다. 너는 뭐하는 놈이고, 어디 출신이냐 물었을 때 소년은 "애굽 소년이다, 나는. 그리고 아말렉 사람의 종이다"이라고 대답한다.

바다(הים)[11]와 육지(הַיַּבָּשָׁה)를 지으신 [그 분을]
(앞 문장의 도치가 중요하다고 할 경우 이 문장의 도치의 의도는 뭘까? "여호와, 하늘의 하나님"란 문구가 이 문장에서 가장 처음에 나온다. 요나의 말에서 "여호와, 하늘의 하나님"은 어떤 뜻을 가질까? "하늘의 하나님"이 보편적인 통치자 개념을 가진다고 할 경우 이 표현은 이어 나오는 "육지와 바다를 만드신 하나님"과 동격을 이루면서 모든 것의 통치자를 강조하기 위한 것인가? 즉 "하늘의 하나님"은 "육지와 바다를 만드신 하나님"의 도입구로서의 역할을 하는 것인가?)

10 [전체 사역-원문과 어순 등이 너무 다름]
무리가 심히 두려워 하였다(ירא יראה גדולה).
그리고 말하였다.
"왜 이렇게 행하였느냐?"
그[들이 이렇게 물은] 이유는(כי) 이 사람들이
그가 여호와의 앞으로부터(מלפני) 도망하는 줄을 알고 있었기 때문이다.
그[들이 이 점을 알고 있었던] 이유는(כי) 그가 그들에게 [그 점에 대해서 이미] 말한 적이 있었기 때문이다[참고, 과거완료로 해석해야 함].

11 [그리고] 그들이 그에게 물었다(אמר).
우리가 너에게 어떻게 하여야
이 바다가 우리에게 잠잠해지겠느냐(שׁתק)?
그[들이 이렇게 말한] 이유는 그 바다가 그들에게 점점 더 흉용해졌기(סער) 때문이다.

12 그가 그들에게 말했다(אמר).
"나를 들어(נשׂא) 바다에 던지라(טול의 히필형: הטיל).
그리하면 바다가 너희를 위하여 잔잔하리라(שׁתק).
이 큰(גדול) 폭풍이 너희에게 임한 것이 나 때문인(בשׁלי) 줄을 내가 아노라

11) Paul Redditt, *Introduction to the Prophets*, 263에 따르면 하나님이 바다의 통치자이기도 하시다는 생각은 출 14; 창 1:1-2:4a; 사 27:1; 욥 38:8-11 등과 시 139:9-10 등에도 나타나 있다고 한다.

(ידע)”.

13 그러나[원문, ו] 그 사람들은 <배를> 육지(הַיַּבָּשָׁה)로 돌리기 위하여 [힘써] 노
를 저었다. 그러나 그렇게 할 수가 없었다. 왜냐하면 바다가 그들을 향하여 점점
더 흉용해졌기 때문이다.[12]

14 [무리가] 여호와께 부르짖어(קרא אל־יהוה)[13] 이르되(אמר) [사역] “아(אנה,
강한 탄식을 나타내는 감탄사), 여호와(יהוה)[14]여
이 사람의 생명 때문에 우리가 망하지 않게 하소서(אל־נא נאבדה, 알-나 노브
다, 6절과 상응).
무죄한 피를 우리에게 돌리지 마옵소서
여호와여, 왜냐하면 당신은 당신께서 기뻐하는대로 행하시기 때문입니다”.

15 [그리고] 그들이 요나를 들어(נשׂא) 바다에 던지자(הטיל)[15] 바다가 뛰노는 것
이 [곧] 그친지라.

16 그 사람들이 여호와를 크게 두려워하여(ירא יראה גדולה את־יהוה) 여호
와께 제물을 드리고(זבח־זֶבַח) 서원을 하였더라(נדר נדרים).

---

12)) 이 어구도 1장의 점증하는 분위기를 보여줌. 마치 5, 10, 16절의 “두려워하다” 어구와 마찬가지로. 이런 점증하는 내용은 하나님의 의지가 어디 있는지에 대한 sign이 된다. 1장의 등장인물들도 이런 식의 인식을 보여주고 있다. 따라서 “흉용하다”와 “두려워하다”란 어구 등은 서로 시너지 효과를 내는 것으로 이해해야 한다.

13) קרא란 단어도 점점 더 방향성을 더해 간다. “두려워하다”란 단어와 마찬가지로.

14) 이방인들 처음으로 “여호와”란 칭호 사용. “아, 여호와여”는 4:2의 요나와 상응.

15) 이 두 동사의 연속은 12절의 요나의 명령형과 동일하다. 선원들은 요나가 제시한대로 한다.

제 2 장

* 1:17은 히브리어 본문상으로는 2:1이다. 여기에서는 한글성경의 장절을 기본으로 해서 표기하고, 괄호 안에 히브리어 원문의 번호를 표기한다.

17 (2:1) 여호와께서 이미 큰 물고기를 예비하사(**מנה**, 피엘, “보내다, send”, “임
명하다, appoint”) 요나를 삼키게 하셨으므로 요나가 삼일 낮(**שלשה ימים**) 삼일
밤(**שלשה לילות**)을 물고기 뱃속에 있으니라.

1 (2:2) 요나가 물고기 뱃속에서 그의 하나님(**אלהיו**) 여호와(**יהוה**)께 기도하여
(**התפלל**, 히트파엘)

2 (2:3) 이르되(**אמר**)

········· 요나의 시 시작

내가 받는 고난으로 말미암아 여호와(**יהוה**)께 외쳤더니(**קרא**)
그가 내게 대답하셨고
내가 스올의 뱃속에서 부르짖었더니
그가 내 음성을 들으셨나이다

3 (2:4) 당신께서 나를 깊음 속 바다 가운데에 던지셨으므로
큰 물이 나를 둘렀고
당신의 파도와 큰 물결이 다 내 위에 넘쳤나이다

4 (2:5) 내가 말하기를
내가 주의 목전에서 쫓겨났을지라도
다시 당신의 성전을(**אל־היכל קדשך**)[16] 바라보겠다 하였나이다

5 (2:6) 물이 나를 영혼까지 둘렀사오며

---

16) 2:4, 7절 모두 이 “주의 성전을/에”(אל־היכל קדשך)라는 어구로 끝이 남. 이 반복되는 어구들이 이 시의 구조분석에 결정적이라고 생각됨.

깊음이 나를 에워싸고

바다 풀이 내 머리를 감쌌나이다

6 (2:7) 내가 산의 뿌리까지 내려갔사오며

땅이 그 빗장으로 나를 오래도록 막았사오나

나의 하나님(אלהי) 여호와(יהוה)여

당신께서 내 생명을 구덩이에서 건지셨나이다

7 (2:8) 내 영혼이 내 속에서 피곤할 때에

내가 여호와(יהוה)를 생각하였더니(זכר)

내 기도가 당신께,

[곧] 당신의 성전에(אל־היכל קדשך) 이르렀나이다.

8 (2:9) 거짓되고 헛된 것을 숭상하는 모든 자는

자신들(복수!)에게 베푸신 은혜[혹은 자신들의 신의] (은혜 혹은 신의는 חסד)를

버렸사오나

9 (2:10) 나는 감사하는 목소리로 당신께 제사를 드리며(זבח)

내가 서원한(נדר) 것을 당신께 갚겠나이다

구원은 여호와(יהוה)께 속하였나이다(ישועתה ליהוה)

하니라

……… 요나의 시 끝

10 (2:11) 여호와(יהוה)께서 그 물고기에게 말씀하시매

요나를 육지(הַיַּבָּשָׁה)에 토하니라.

제 3 장

1 여호와의 말씀(דבר יהוה)이 두 번째(שנית)로 요나에게 임하니라
이르시되
2 일어나(קום) 저 큰(גדול) 성읍 니느웨로 가서(הלך) (히브리어상으로는 קום +
הלך가 문장 서두에 나옴) 내가 네게 명한 바를 그들에게 선포하라(사역, "외치
라", קרא) 하신지라[17]
3 요나가 여호와의 말씀대로(כדבר יהוה) 일어나서(קום) (시작 부분: ויקם יונה, 1:3과 동일) 니느웨로 가니라(הלך) (히브리어상으로는 קום + הלך가 문장
서두에 나옴)[18]
니느웨는 사흘(שלשת ימים)[19] 동안 걸을 만큼(מהלך) 하나님 앞에 큰 성읍(עיר־גדולה לאלהים)[20]이더라.
4 요나가 그 성읍에 들어가서 하루(יום אחד)[21] 동안(מהלך) 다니며 외쳐(קרא)
이르되(אמר) 사십 일(ארבעים יום)이 지나면 니느웨가 무너지리라(הפך, 니팔)
하였더니
5 니느웨 사람들이 하나님(אלהים)을 믿고 금식을 선포하고 높고 낮은 자를 막

17) 여기에서는 "그 악"이라는 표현이 1:2로부터 빠져 있다. 이것은 1:1-3과 달리 3-4장에서 드러난 하나님의 니느웨를 향한 사랑의 복선일 수가 있다. 이 관찰은 3절의 "하나님께 큰 성"이라는 표현을 통해서 더 강화되는 것으로 생각된다.

18) ויקם יונה וילך. 1:2; 3:2와 달리 "요나"란 단어 없이 바로 동사끼리 연결되지 않는 이유는 1:3과의 관계에서. "요나"란 단어는 그 다음에 이어질 내용이 무엇인가에 대해서 서스펜스 효과가 있는 것으로 생각됨.

19) 참고: 2:1. 니느웨와 큰 물고기는 상응성이 있다.

2:1 큰 물고기	3:2 니느웨
크다 삼일	크다 삼일

20) 히브리어로 이 어구는 여러 가지로 해석될 가능성이 있다(이진섭, 거꾸로 읽는 요나서). 그 중 현재의 문맥에서 의미있는 것은 개역개정판의 번역과 유사하게 "하나님에게 큰 성"이라고 번역될 수도 있고, 개역한글판의 번역처럼 "심히 큰 성"이라고 번역될 수도 있다는 점이다. 그리고 한 가지 더 유의할 점은 이 표현에서 드디어 요나서 1장부터 준비되어 온 "큰"(גדול)이란 형용사가 본래의 의도를 분명하게 가기 시작했다는 것이다.

21) 앞의 "삼일"과 대비. "삼일 동안" 해야 할 일에 대한 반응이 "하루"만에 일어난다.

론하고 굵은 베 옷을 입은지라
6 그 일(דבר)이 니느웨 왕에게 들리매 왕이 보좌에서 일어나(קוּם)[22] 왕복을 벗
고 굵은 베 옷을 입고 재 위에 앉으니라
7 왕과 그의 대신들이 조서를 내려 니느웨에 선포하여 이르되 사람이나 가축
(בהמה),[23] 곧 소 떼나 양 떼나 아무것도 입에 대지 말지니 곧 먹지도 말 것이요
물도 마시지 말 것이며
8 사람이든지 짐승(בהמה)이든지 다 굵은 베 옷을 입을 것이요 힘써 하나님께
부르짖을(קרא אל־אלהים) 것이며 각기 악한(רעה, 형용사) 길과 손으로 행한
강포로부터(מן) 돌이킬(שׁוב) 것이라
9 <그> 하나님(הָאֱלֹהִים)이 뜻을 돌이키시고 돌이키사(יָשׁוּב וְנִחַם הָאֱלֹהִים
[원형, 각각 שׁוב, נחם])[24] 그 진노로부터(מן) 돌이켜서(שׁוב)
우리가 멸망하지 않게(ולא נאבד) 하시지 않을른지
누가 알겠느냐(מי יודע) 한지라
10 <그> 하나님(הָאֱלֹהִים)이 그들이 행한 것 곧 그 악한(רעה, 형용사) 길로부터
(מן) 돌이킨(שׁוב) 그 행위들을 보시고(ראה)
<그> 하나님(הָאֱלֹהִים)이 뜻을 돌이키사(נחם) 그들에게 내리리라고 말씀하신 재
앙(רעה)을 내리지 아니하시니라.

---

22) 이 단어도 요나와의 상응성에 있어서 상관이 있을려나? 일단은 "일어나다"란 단어는 동일. 그러나 이 단어가 너무 흔하기 때문에 해석에 있어서 조심성을 띠어야만 한다.

23) cf. 4:11.

24) 8, 9절은 bwv로 연결된다. 사람의 돌아섬은 하나님의 돌아섬을 가져 온다. (물론 자동 시스템은 아니다)

제 4 장

1 요나가 매우 싫어하고 성내며(וַיֵּרַע אֶל־יוֹנָה רָעָה גְדוֹלָה)
[사역: 그것<즉 니느웨가 용서받은 것]이 요나에게 매우 악을 행하였다<혹은 매
우 악한 것으로 받아들여졌다>[25]]
2 여호와(יהוה)께 기도하여(התפלל) 이르되
"아(אנה), 여호와(יהוה)여 내가 고국에 있을 때에 이러하겠다고 말씀하지 아니
하였나이까?(사역: 이것이 내 말[דְבָרִי][26]이 아니었습니까? [הֲלוֹא זֶה דְבָרִי]) 그
러므로(עַל־כֵּן) 내가 빨리(קדם)[27] 다시스로 도망하였사오니 주께서는 은혜로우
시며 자비로우시며 노하기를 더디하시며 인애가 크시사 뜻을 돌이켜 재앙(רעה)
을 내리지 아니하시는(ונחם על־הרעה) 하나님(אל)이신 줄을 내가 알았음이니
이다(ידע[28]).
3 여호와(יהוה)여 원하건대 이제 내 생명을 거두어 가소서 사는 것보다 죽는 것
이 내게 나음이니이다(יִּ֫חַם יְתוֹם בוֹט יִב) 하니
4 여호와(יהוה)께서 이르시되 네가 성내는 것이 옳으냐(הֲ֫יטַב חָרָה לָךְ) 하시니
라
5 요나가 성읍에서 나가서 그 성읍 동쪽(קדם)에 앉아 거기서 자기를 위하여 초
막을 짓고 그 성읍에 무슨 일이 일어나는가를 보려고(ראה) 그 그늘 아래에 앉았
더라
6 여호와 하나님께서 박넝쿨을 예비하사(מנה, 피엘) 요나를 가리게 하셨으니 이
는 그의 머리를 위하여 그늘이 지게 하며 그의 괴로움(רעה, "악")을 면하게 하려

---

25) 여기에서 이 동사 רעע는 동족어 형용사나 명사(רע//רעע)와 상응한다. "악한 성읍 니느웨"(1:3 등)에게 하나님은 재앙을 내리려고 하셨다.

26) 이 말과 "여호와의 말씀" (דבר יהוה)은 서로 상응하는 것이 아닐까?

27) 이 어근과 연관된 단어들이 4장을 관통한다(2, 5, 8절).

28) 앞의 니느웨 백성들(특히 왕)과의 대비. 참고, ידע 1:7, 10, 12; 3:9; 4:2, 11. 이것들이 다 선원//니느웨 사람들(왕) ⇔ 요나의 대비를 위한 것일까?

하심이었더라 요나가 박넝쿨로 말미암아 크게 기뻐하였더니
7 하나님이 벌레를 예비하사(מנה, 피엘) 이튿날 새벽에 그 박넝쿨을 갉아먹게
(נכה) 하시매 시드니라
8 해가 뜰 때에 하나님이 뜨거운 동풍(קדם)을 예비하셨고(מנה, 피엘) 해는 요나
의 머리에 쪼이매(נכה) 요나가 혼미하여 스스로 죽기를 구하여 이르되 사는 것
보다 죽는 것이 내게 나으니이다(כִּי טוֹב מוֹתִי מֵחַיָּי) 하니라
9 하나님이 요나에게 이르시되 네가 이 박넝쿨로 말미암아 성내는 것이 어찌 옳
으냐(הַהֵיטֵב חָרָה־לְךָ) 하시니 그가 대답하되 내가 성내어 죽기까지 할지라도
옳으니이다(הֵיטֵב חָרָה־לִי עַד־מָוֶת) 하니라
10 여호와께서 이르시되 네(אתה)가 수고도 아니하였고 재배도 아니하였고 하
룻밤에 났다가 하룻밤에 말라 버린(אבד) 이 박넝쿨을 아꼈거든(חוס)
11 <하물며>(원문 ו) 내가(אני)[29] 이 큰(גדול) 성읍 니느웨에는 좌우를 알지(ידע)
못하는 자가 십이만여 명이요 가축도 많이 있나니 어찌 아끼지(חוס) 아니하겠느
냐 하시니라

---

29) 즉 이 절의 시작은 ואני로 시작된다. 접속사 ו는 "그러나"(개역개정, "하물며")로 번역되어 순접(順接, and)이 아니라 역접(逆接, but)의 의미를 갖게 된다.

3. 요나서 해설[1]

요나서의 입문적 사항들

• 요나서는 독특한 책: 일종의 당의정(糖衣錠-설탕 코팅을 한 알약)과 같다.

- 쉬운 문체
- 이솝 우화와 같은 분위기
    - 동물들,
    - 식물들
    - 자연현상
    - 짐승들이 회개에 동참 등등
- 동화적 색채
    - 식물이 하루 만에 엄청나게 자라고,
    - 큰 물고기[고래?]가 사람을 삼켰다가 3일씩이나 뱃속에 두고 있는데도 사람이 아무 일 없고,
    - 바람이 불고 싶은 대로 불거나 그치고

• 이러한 요나서의 당의정과 같은 속성들은 요나서의 수용사(reception history)에 있어서 크게 볼 때 다음의 몇 가지 결과를 가져온 것으로 보인다.

(1) 한 가지는 요나서를 구약성경에서 가장 인기 있는 책으로 만들어주었다. 고대로부터 교회 벽화 등에서 구약의 내용중 가장 인기있는 벽화는 단연코 요나서이다. (심지어는 이슬람 경전인 코란에 가장 많이 인용된 인물이 누구인줄 아는가? 바로 요나이다.)[2]

---

1) 이 요나서 해설의 내용은 예전의 요나서 강의안의 일부를 옮겨 놓은 것으로서 요나서를 이해하는데 있어서 중요한 사항들을 간략히 적어 놓은 것이다. 원래 책의 형태로 기획된 내용이 아니라 다소 불친절함을 양해해 주기를 바란다. 이 요나서 해설서는 최대한 이른 시간에 책의 형태로 출판할 수 있기를 희망한다.

2) 아담: 수라 2:29-37, 7:24-28; 노아: 수라 71; 아브라함: 수라 2:124-134, 14:35-41; 요셉: 수라 12; 모세: 수라 2:49-73, 14:5-8; 욥: 수라 21:83-84, 38:41-44; 사울과 다윗: 수라 2:246-251, 4:163; 요나: 수라 10:99, 21:67-88, 37:139-148.

(2) 다른 한가지는 요나서는 쉬운 책이라는 인식 속에서 가치가 상대적으로 높게 취급되지 못한 느낌이 많다. 우리는 교회 학교의 유치부, 어린이부 시절에는 요나서를 기초로 한 설교를 정말 많이 듣는다. 그러나 성인이 된 후에는 정말 심각하게 요나서를 설교하는 것을 들어본 적이 혹시 있는가?

(3) 요나서의 동식물들의 초자연적이고 이상한 행태들은 현대 시대로 올 수록 요나서의 역사성을 부인하게 만들어 왔다. 현대에 와서 학자들 중에는 요나서의 역사성을 믿는 것은 곧 학문성을 못 갖춘 것으로 평가되는 수가 많다. 내가 볼 때 점점 더 많은 수의 복음주의 학자들도 요나서를 예수님의 비유와 같이 하나의 비유적인 이야기로 취급하는 경우가 많다. 반면에 이러한 경향에 단호하게 맞서는 보수주의자들은 요나서의 내용 보다는 요나서의 역사성을 증명하는데 목숨을 거는 경향이 많은 듯 하다(예, R. K. 해리슨, 구약개론, "요나서"). 내가 볼 때는 이들은 모두 요나서의 껍질에만 관심을 갖고 내용에는 관심을 기울이지 못하는 것 같다. 마치 십자가에 달리신 예수의 진정한 가치는 보지 못한 채 그의 겉옷만을 제비뽑기해서 나눠갖는데 혈안이 된 로마병정들 마냥.

• 그러나 요나서의 이러한 당의정과 같은 속성이 결코 요나서의 내용의 수준 및 신학적 가치를 무시하게 만드는 길로 나아가게 만들어서는 안 된다. 나는 요나서가 아주 중요한 신학적 가치들을 갖고 있다고 생각한다.

- 참고로 성경에 신앙수준별 독서 제한 조항을 둔다면 요나서는 최고 레벨의 성인용 신앙경력자만이 읽을 수 있는 책이 될 것이라고 생각한다. 이 책은 신앙을 가지고 난 후에 하나님에 대한 깊은 확신의 체험도 해보았다가 환멸의 체험도 해보고, 하나님의 여러 가지 속성들(큰 사랑, 큰 진노, 침묵 등등//심판자로서의 하나님-은혜자로서의 하나님)을 두루 경험해보고 난 사람이나 진정으로 깨달을 수 있는 종류의 책이다.

- 요나서는 소위 신앙의 세계에서 한 가락한다고 하는 사람들(예를 들어 선지자와 같은 사람들)이나 겨우 정말 제대로 감상할 수 있는 책이다. 성경의 여러가지

난해한 문제들(신정론, 자유의지-예정론, 하나님의 특수주의와 보편주의)에 대해서 좀 깊이 생각해 본 사람이나 겨우 제대로 읽을 수 있는 책이다.

- 그래서 소위 이 세계에서 좀 안다 싶고, 바둑으로 비유하자면 한 수를 보면 한 판의 바둑 전체가 머리 속으로 그려지는 정도의 사람이라야 겨우 제대로 읽을 수 있는 책이다. 요나서는 바둑 프로기사들의 책이다. 요즘 청소년 아이들의 용어를 쓰자면, 논다 하는 아이들은 소위 "침 좀 뱉어봤다"고 해야 인정을 해준다. 요나서는 신학계에서 그 쯤은 되야 제대로 볼 수 있는 책이다.

• 또한 나는 요나서는 성경에 대한 수준높은 독법들을 갖춘 사람이라야 잘 읽어낼 수 있는 책이라고 생각한다. 요나서는 의외로 아주 섬세한 부분들이 미로처럼 정교하게 잘 갖추어진 책이다. 이 책의 이러한 수사법적인 미묘하고 정교하고 섬세한 코드들을 잘 파악하고 이것들의 유기적 관계들을 파악할 수 있을 때에야 겨우 요나서의 진정한 의미가 우리들에게 다가온다.

• 저작연대에 대한 정보(Salters: 23)

terminus a quo (최고 이른 시기): 여로보암 2세(주전 786-746; 왕하 14:23-25)

terminus ad quem (최종시기): 집회서 49:10에 십이소선지서에 대한 언급이 나옴. 이 책이 십이소선지서를 숭앙하는 분위기를 띠고 있는 것으로 볼 때 이보다 훨씬 이른 시기에 요나서가 존재했을 가능성이 있음(3세기 말).

-역사비평학자들은 요나서의 연대를 최대한 낮추려고 하는 경향이 있다. 그러나 요나서가 열왕기하 14:23-25과 비슷한 시기에 쓰여지지 않았다고 보아야 할 궁극적인 이유도 없다.

요나서의 특징

• 대부분의 선지서는 각 선지자가 전한 하나님의 말씀이 내용의 대부분을 이루고 있다. 물론 선지자의 개인적 경험(사 6장)이나 역사적 사건들(사 36-39)이

없는 것은 아니지만 대체적인 경향은 역시 하나님의 말씀을 그대로 전달하는 것이다. 반면 요나서는 철저히 내러티브 형식을 띠고 있다. 요나가 전한 것으로 기록되어 있는 하나님의 말씀은 딱 다섯 단어였다(히브리어로, "사십일이 지나면 니느웨가 무너지리라", 3:4). 요나가 정말 딱 이 말씀만 선포했는지, 아니면 더 많은 말씀을 전했지만 책의 주안점이 이 것이 아니었기 때문에 이것만 기록으로 남아 있는지는 알 수 없다. 그러나 그 어떤 경우가 됐든 간에 요나서가 요나가 전한 하나님의 말씀 자체에는 별로 큰 관심이 없다는 것만은 확실하다.

• 요나서가 내러티브를 택한 이유는? 다른 선지서들의 경우는 하나님의 메시지가 중심이다. 반면 요나서의 경우는 하나님의 속성이 우선이다. 지금까지의 십이소선지서의 내용는 하나님의 메시지가 중심이었다. 그러나 메시지는 그 메시지를 발송한 사람과 분리해서 다룰 수가 없다. 발송자의 성격을 아는 것이 메시지를 이해하는데 중요하다. 요나서는 바로 이 발송자이신 하나님이 어떤 분이심을 심도있게, 그러나 간접적이고 은근한 방식으로 다룬다. 하나님의 속성은 그 종 선지자와의 상호작용을 통해서 드러난다.

십이소선지서에서의 요나서의 역할

• 우선 요나서는 열방에 대한 태도에 있어서 오바댜서의 "대조본"(對照本, counterfoil)이다.[3] 오바댜서가 유다와 이스라엘의 적이자 모든 악한 이방 나라의 대표자로서의 에돔의 멸망에 대해서 다루고 있다면, 요나서는 가장 악한 이방 나라인 앗수르라도 진정한 회개를 하면 용서를 받을 수 있다는 것을 보여준다(참고, 렘 18:7-10).

- 이런 면에서 오바댜서와 요나서는 모두 암 9:2-3과 관련이 있다. 우선 오바댜서는 암 9:2-3의 하나님의 집요한 추격의 말씀을 오바댜서와 연결시켰다. 오바댜서가 에돔을 멸망시키기 위한 추격을 말씀하고 있다면 요나서는 앗수르를 용

3) T. Collins, *The Mantle of Elijah: The Redaction Criticism of the Prophetical Books* (Sheffield: Sheffield Academic Press, 1993), 72.

서하기 위한 하나님의 추격을 말하고 있다.

참고: 로마서 8:35-39는 오바댜서의 말씀의 반전이다.

- 그러나 무엇보다도 요나서는 요엘서와 관련이 깊다. 요엘서 2:12-17의 회개의 모습을 반영하고 있는 유일한 책은 바로 요나서이다. 그것도 유다와 이스라엘이 아닌 극악무도한 니느웨 사람들에 의해서 그 회개가 이루어진다.

* 금식하며(욜 2:12,15; 욘 3:7)
* "애통하고…울고"(욜 2:12,17)-"굵은 베를 입고…재에 앉음….부르짖음"(욘 3:6-8).
* 마음을 다하여…옷을 찢지 말고 마음을 찢고"(욜 2:12-13)→ "사람이든지 짐승이든지 다 굵은 베를 입을 것이요 힘써 여호와께 부르짖을 것이며 각기 악한 길과 손으로 행한 강포에서 떠날 것이라"(요나서 3:8).
* 장로, 소아, 젖먹는 자, 신랑, 신부까지 동원(욜 2:16)→ 사람, 짐승, 소떼, 양떼가 금식하며, 다 굵은 베를 입음(욘 3:7).

참고

짐승까지 참여함은 뒤에서 언급하듯이 일종의 코메디이다. 그러나 이 것은 십이소선지서의 중요한 주제와도 연관되어 있다. 우리는 호세아-오바댜서에 이르는 동안 땅과 짐승들의 운명 역시 인간의 죄와 심판에 밀접하게 연결되어 있음을 보았다(예: 호 2:12, 18; 욜 1:18-20 등). 그들은 비록 수동적인 존재이나 여전히 인간과 공동운명체이다. 그러므로 그들이 인간의 회개에 함께 동참하는 것은 공동체적으로 적절하다.

- 그러나 두 선지서의 연결점은 다른 그 무엇보다도 출 32-34장의 황금 송아지 사건(특히 32:11-14와 34:6-7)과의 직접적인 연결에 있다. 욜 2:12-17과 욘 3:9-4:2의 용어는 출 32:12,14; 34:6-7의 직접적인 인용이나 마찬가지다.
- 요나서가 요엘서보다 발전한 점은 요엘서는 회개에의 촉구와 회개시의 약속이 있을 뿐 촉구에 대한 응답은 나타나 있지 않다. 그러나 요나서는 회개에 대한 촉구가 없음에도 불구하고, "악한 길과 강포에서" 떠나는 회개(3:8), 옷이 아니라 마음을 찢는 회개가 있다. 그리고 그에 대한 하나님의 즉각적인 용서가 있다. 이런 면에서 요나서는 하나님이 이스라엘에 바라시는 이상적인 회개의 전형을 그리고 있다. 불행하게도 이 이상은 이스라엘이 아닌 가장 극악무도한 이방인에 의해서 이루어진다.
- 요나서는 또한 요엘서 2:32 (히 3:5)의 "누구든지 여호와의 이름을 부르는 자는 구원을 얻으리니"라는 말을 성취한다(3:8).

저자

"아밋대의 아들"(왕하 14:25)

본문의 구조

-1-2//3-4장의 이중적 구조를 이루고 있음(1:1-3//3:1-3의 상응성이 핵심)

I. 바다에서

1. 명령과 도망**(1:1-)**

여호와의 말씀이…요나에게 임하니라.

너는 일어나 저 큰 성읍 니느웨로 가서

요나가 여호와의 낯을 피하려고 일어나…

2. 하나님의 추적**(1:4-16)**

선장: "혹시 하나님이 우리를 생각하사 망하지 않게 하시리라"(6절)

제물을 드리고 서원(16절)

3. 요나의 기도**(1:17-2:10)**

1:17 ⇔ 2:10 **inclusio**

제사를 드리고 서원(2:9)

물고기 준비(**מנה**)

II. 니느웨에서

1. 새로운 명령과 수행**(3:1-4)**

여호와의 말씀이…요나에게 임하니라.
너는 일어나 저 큰 성읍 니느웨로 가서
요나가 여호와의 말씀대로 일어나서(대비)

2. 니느웨의 회개와 하나님의 돌이키심**(3:5-10)**

왕: "하나님이 혹시 뜻을 돌이키시고 그 진노를 그치사 우리로 멸망치 않게 하시리라"(3:9)

3. 요나의 불만과 하나님의 마음의 표현**(4:1-11)**

a. 요나의 반응: 노함(1-4절)

"너의 성냄이 어찌 합당하냐?"

b. 요나의 반응: 집요함(5-9절)

“”너의 성냄이 어찌 합당하냐?”

박 넝쿨, 벌레, 뜨거운 동풍 준비(מנה)

c. 여호와의 마지막 질문(10-11절)

“어찌 합당치 아니하냐?” : 앞의 “합당하냐”를 뒤집어서 “합당치 아니하냐”고 말함으로써 대비를 강조.

- 내용 전체를 이끌어 주는 keywords

קום: 1:2-3,6; 3:2-3,6; גדול: 1:2,4,10,13; 3:2; 4:6; מנה: 1:17; 4:6,7,8; ירד: 1:3(x2),6; 2:6

- קום: 요나는 일어나서 다른 길로 가는데(1:3), 니느웨 왕은 일어나 회개(3:6)

내용분석

- **해결적 플롯(Plot of Resolution)인가, 드러냄의 플롯(Plot of Revelation)인가?**

- 해결적 플롯(Plot of Resolution)의 껍질을 한 드러냄의 플롯(Plot of Revelation)으로 보는 것이 적절하다.

참고

내러티브 이론에서 “해결적 플롯”은 플롯의 주안점이 문제의 해결에 있는 플롯을 가리키는 용어이다. 탐정 소설 같은 것들이 그러하다. 반면 “드러냄의 플롯”은 문제의 해결보다는 어떤 진실의 드러남, 혹은 어떤 등장인물의 진정한 속성의 드러남 등이 플롯의 주안점인 플롯이다.

한 때 화제가 되었던 하일지의 〈경마장 가는 길〉 같은 소설이 그러한데, 동명 제목의 영화도 상당히 인상적이다. 이 작품을 보면 이야기의 시작부터 끝까지 별로 커다란 사건 같은 것은 발생하지 않는다. 그저 그런 찌질하고 조잡한 일들이 스쳐 지나가다가 내용이 끝나 버린다. "해결적 플롯"에만 익숙한 사람들은 당황스럽다. 그러나 "드러냄의 플롯"의 관점에서 보면 이 작품은 이야기의 중심에 있는 이 두 사람의 성품이 이런 자질구래한 사건들을 통해서 드러나는 방식이 굉장히 재미 있다.
내러티브 학자로서 나의 시각에서 볼 때 성경은 해결적 플롯의 시각에서 읽을 수 있는 본문들도 많이 있지만 드러냄의 플롯의 시각에서 읽을 때 그 진수가 드러나는 본문들도 굉장히 많다. 이 요나서와 같은 책이 특히 대표적인 경우라 할 수 있다. 아래 이어지는 내용은 요나서의 등장인물간의 관계에 대한 통찰을 간략하게 요약하고 있다.

• 요나와 이방인들의 대비가 핵심 포인트

- 요나는 하나님께 완고하지만 이방인들은 신에게 순종적이며 훨씬 더 인간미가 있다.

(1) 선원들

-풍랑이 일 때 이방인 선원들은 신을 부르며(1:5),

-요나가 풍랑의 원인인 줄 알아도 될 수 있으면 요나와 함께 살아가려고 한다(1:13).

-결국 요나를 던져야 했을 때도 무고한 자를 죽이는 것이 아니라 "주 여호와께서는 주의 뜻대로 행하심이니이다"라는 말을 한다(1:14)

-여호와께 제물을 드리고 서원을 한다(1:16).

(2) 니느웨 왕과 사람들

-심판의 말씀을 듣자 마자 바로 일어나 베옷을 입고 재를 뒤집어 쓰고 회개(3:6)

-모두 금식, 짐승도 금식하고 베옷 입음(성경의 코메디) (3:7-9)

→ 요나는 이 것을 보고 "악" 소리를 금치 못했을 것.

→ 하나님은 장난기가 심하신 짓궂은 분

(3) 요나

(가) 하나님에 대한 탁월한 지식을 가진 자

- 1:3 "여호와의 낯을 피하려고"

→ 요나가 하나님으로부터 도망하려고 하는 것은 하나님이 니느웨를 심판하려고 하시는 것이 아니라 용서해주려고 하시는 것을 너무나도 잘 알기 때문(4:2).

-요나는 하나님이 바다와 육지를 지으신 분이시므로 그 모든 것의 주관자임을 알고 있었다. 그러므로 그는 자신이 육지에 있든지(즉 이스라엘에 남든지), 다시스로 가기 위해 배를 타고 도망하든지 간에 결국은 하나님의 손길에서 도망할 수 없었으리라는 것을 알고 있었으리라고 생각한다.

- 1:10,12: 풍랑이 자신의 도망 때문임을 알고 있음.

(나) 완고함을 가진 자: 바로 이런 하나님에 대한 지식에도 불구하고 그 하나님의 뜻을 거부하는 것이 요나의 문제

- 하나님의 명령에 순종하지 않고 도망

- 삼일삼야가 지나도록 고기 뱃속에서 버팀(P. N. Benware, *Survey of the OT*: 187)

→ 사실 이 것은 해석의 문제.

→ 또한 이 삼일은 고대 근동 지역에서 하데스로부터 지상으로 돌아오는 기간을 의미하는 것일 수 있다.[4]

---

4) Terence E. Fretheim, *The Message of Jonah: A Theological Commentary* (Minneapolis: Augsburg Publishing House, 1977): 97-98. 이 책에는 수메리아어로 된 "The Descent of Inanna into the Nether World"등의 문헌들을 언급하고 있다. 수메르어 관한 한 세계 최고 수준의 전문가인 조철수 박사의 수메르신화. 서해컬처북스 8 (서울: 서해문집: 2003): 270-298에 이 글이 한국어로 번역되어 있다.

- 니느웨를 향한 하나님의 용서를 보았을 때 심히 싫어하고 노함(4:1)

→ 요나는 하나님이 "은혜로우시며, 자비로우시며, 노하기를 더디하시며, 인애가 크시사 뜻을 돌이켜 재앙을 내리지 아니하시는 하나님이신 줄을"(4:2) 너무도 잘 알고 있다. 그러나 그는 그런 하나님의 자비로우심에 대한 분노를 주체하지 못한다.

- 그 때문에 죽기를 간청하며(4:3,8), 하나님이 "너의 성냄이 어찌 합당하냐"(4:4,9)고 두 번이나 말씀하셔도 인정하려 들지 않음.

- 니느웨 성이 정말 안 망하는지를 보려고 기다림(4:5)

- 그러나 결국 요나서는 하나님이 은혜로우시며, 자비로우시며, 노하기를 더디하시며, 인애가 크신 분"이심을 보여주고자 하는 것이 그 목적이다. 결국 요나는 하나님의 이러한 속성을 나타내주는 소도구이다.

• 요나서가 특별히 흥미로운 점은 하나님의 질문으로 책이 끝이 난다는 것이다. 이 것은 독자를 내용 속으로 끌어들이고, 내용을 깊이 반추해보게 만드는 고도의 수법이다. 화자가 질문을 던질 때 독자는 무의식적으로 대답을 하게 된다. 이 대답을 하는 순간 독자는 요나가 되어 버리며, 요나가 된 자신이 과연 하나님 앞에 바르게 행동한 것인지에 대해서 깊은 반추를 하게 된다.

4. 등장인물 묘사방법에 대한 이해와 설교: 요나서 1:9의 요나의 말을 어떻게 이해할 것인가?

1. 들어가는 말[5]

성경을 읽을 때 독자들의 관심을 가장 많이 끄는 것들 중의 하나는 성경의 인물들의 삶의 역정이다. 성경의 인물들에 대한 설교는 청중들의 적극적인 반응을 이끌어내는데 있어서 아주 효과적이며, 설교자들에게 가장 인기있는 설교 방식들 중의 하나이다.

문제는 성경의 내레이터들이 등장인물을 다루는 방식이 생각보다는 미묘하고 쉽지 않다는 것이다. 그 결과 서사비평 학자의 시각에서 볼 때는 설교자들이 성경의 등장인물들을 어떻게 체계적으로 이해해야 할까 하는 것에 대해서 잘 모르지 않는가 하는 생각을 지울 수가 없다.

일례로 몇 년 전에 나는 우리나라의 꽤 유명한 설교자 한 분이 엘리야에 대한 본문들을 가지고 시리즈로 설교하시는 것을 꽤 오랜 시간에 걸쳐서 들었다. 그 시리즈 설교는 성도들의 삶에 상당히 많은 감화를 끼쳤다. 나 역시 그 분의 설교들을 듣고 소위 은혜란 것을 정말 많이 받았다.

그러나 그 시리즈 설교를 듣는 내내 서사비평 이론가로서 나는 많은 고민을 해야 했다. 왜냐하면 그분의 설교가 교회 청중들에게 얼마나 좋은 영향을 끼쳤는가 하는 것과는 상관없이 그 분이 엘리야란 등장인물에 대해서 말한 내용의 대부분에 대해서 나는 동의할 수가 없었기 때문이다. 그분이 풀어내는 엘리야의 성격 및 심리 이해 등은 성경의 내레이터가 의도한 것과는 전혀 다르다고 판단되는 경우들이 너무나도 많았다.

---

5) 이 논문은 설교한국 3 (2011), 77-114에 게재된 바 있던 논문을 이 강독집의 독자들을 위해 다시 옮겨 실은 것임을 밝힌다.

그럼에도 불구하고 그 분이 엘리야에 대해서 이해한 바에 기초해서 말한 신앙생활의 적용점들만은 너무나도 기가 막히게 그럴 듯 했다. 나는 그분이 성도들의 신앙생활과 관련하여 권면하신 내용들에 대해서는 항상 많은 은혜를 받았다. 그러나 그 적용점들이 잘못된 해석에 기초하고 있다는 것 역시 내게는 너무나도 분명했다. 그 목사님께서 설교에서 말한 그런 삶의 적용점들을 언급하고 싶으셨다면 그 분은 사실 다른 성경 본문들을 설교본문으로 선택하셨어만 했다. 나는 그 분의 엘리야에 대한 설교 시리즈를 듣는 내내 잘못된 해석과 삶에의 훌륭한 적용이 과연 조화를 이룰 수 있는가 하는 문제를 고민해야만 했다.

그 때의 경험에 기초해서 나는 지난 몇 년 동안 성경의 등장인물을 이해하는 방법에 대해서 서사비평 이론에 바탕을 둔 소논문들과 단행본 책들을 써왔다.[6] 그 글들 속에서 나는 성경의 등장인물들에 대한 기본적인 이론틀에 대해서는 이미 상세하게 다룬 바가 있다.

그러므로 현재의 논문에서는 지면관계상 나는 등장인물을 이해하는데 있어서 가장 난감한 요소들 중의 하나인 등장인물의 말에 대해서 다루고자 한다. 지금까지 서사비평에 대한 강의와 소개를 해오면서 나는 목회자들과 신학생들이 성경의 등장인물들의 말을 어떻게 이해해야 하는지를 잘 모르는 경우가 많다는 것을 강하게 느껴왔다. 따라서 이 점에 대해서 체계적으로 다루어주는 것이 그들에게 많은 도움이 되지 않겠느냐 하는 생각을 항상 해왔다. 이 소논문은 그런 고민을 어느 정도 해소하는 차원에서 작성된 것이다.

이어지는 이 소논문의 구성은 다음과 같다. 제 2 항에서 나는 먼저 등장인물들의 말을 서사비평적으로 이해하는 방법에 대해서 소개를 하도록 할 것이다. 이 방법을 나는 등장인물 묘사방식에 대한 서사비평적 이해라는 큰 틀과 연결하여 설명할 것이다. 제 3 항에서 나는 구체적인 예를 들어서 등장인물의 말을 어떻게 이해할 것인가 하는 점을 다루고자 한다. 이 글에서 선택한 예는 요나서 1:9의 "나는 여호와를 경외하는 자로라"는 요나의 말이다. 요나서의 내레이터는

6) 이 글들 중의 상당수는 야곱, 우리와 성정이 같은 사람 (용인: 킹덤북스, 2010)이란 나의 책을 통해 출간되었다.

요나의 이 말이 참이 아니라는 것을 독자들에게 명시적으로 밝히지는 않는다. 그러나 그는 요나서 내러티브의 아주 많은 사항들을 총동원해서 요나의 이 말의 진정성을 와해시킨다. 내레이터가 어떤 식으로 이렇게 하는지를 살펴보는 것은 성경의 등장인물들의 말에 대한 이해에 큰 도움이 되리라고 믿는다.

2. 등장인물의 말에 대한 서사비평적 이해

이 제 2 항에서는 등장인물의 말을 이해하는 서사비평학적인 방식에 대해서 설명을 하고자 한다. 이를 위해서 먼저 등장인물의 묘사방식에 대한 서사비평적 이해를 알 필요가 있으므로 이를 간단하게 먼저 설명한다.

2.1. 등장인물 묘사방법, 특히 등장인물의 말에 대한 서사비평적 이해

내러티브 내에서 등장인물 묘사와 관련한 모든 정보는 내레이터를 통해서 주어지는데, 내레이터가 제공하는 이 정보를 서사비평은 크게 두 가지 범주로 구분한다. 첫 번째 범주는 "직접적 등장인물 묘사방식"이다. 이 기법은 내레이터가 등장인물의 성품 등에 대해서 직접적으로 명시하는 것이다. 이 기법은 "말하기"(telling) 혹은 그와 유사한 용어로 지칭하기도 한다. 두 번째 범주는 "간접적 등장인물 묘사방식"이다. 이 기법은 내레이터가 앞의 기법과는 달리 직접적인 명시를 하지 않고 대신 등장인물의 행동, 옷차림, 말투 등의 간접적인 정보들을 독자에게 제공함으로써 독자들이 스스로 해당 등장인물의 성격을 파악하도록 하는 것이다. 전자의 기법은 내레이터가 명시적으로 등장인물의 성품, 생각, 동기 등에 대한 정보를 제공해주기 때문에 상대적으로 더 선명하다. 반면에 후자의 기법의 경우에는 내레이터는 정보의 제공자일 뿐 그 정보를 취합하고 분석하고 이해하는 것은 독자에게 달린 일이므로 상대적으로 명료성이 떨어진다. 그러나 독자의 적극적인 참여를 유도하기 때문에 더 흥미로운 기법이다.

간접적 등장인물 묘사방식과 관련하여 한 가지 유념해야 할 점은 독자의 능동적인 참여가 곧 독자의 자율성을 의미하는 것은 아니라는 점이다. 서사비평적으로 볼 때 독자의 임무는 내레이터가 그 정보를 통해서 등장인물에 대해서 어떤 정보를 전달하고자 했는지를 제대로 파악하는 것이지 내레이터로부터 독립해서 독자적으로 해석을 창출하는 것이 아니다.[7]

등장인물에 대한 이러한 직접적이고, 간접적인 묘사방식을 이해하는 것은 대체로 그렇게 어렵지는 않다. 그러나 내레이터가 사용하는 이러한 묘사방식 등을 종합해서 성경의 특정한 등장인물을 이해하고자 할 때 꼭 유념해야 할 사항은 과연 이러한 묘사들이 등장인물의 성품이나 성격과 관련하여 어느 정도나 확실한 정보를 제공해주느냐 하는 것이다.

이와 관련하여 올터(Alter)는 세 개 정도의 부류로 나누어서 설명을 한다.[8] 첫 째, 확실성의 정도가 가장 낮은 것은 외모나 행동 등의 사항들이다. 이러한 정보들은 비록 등장인물의 어떤 면에 대한 정보를 제공해 주기는 하지만 독자에게 상당히 많은 추론의 여지를 남겨준다.

둘 째, 확실성의 정도가 중간 정도에 해당하는 것은 등장인물 자신이 직접 다른 사람을 향하여 한 말이나 다른 등장인물들이 그에 대하여 한 말이다. 이것은 앞의 부류의 정보들보다는 확실성의 정도가 높기는 하다.

그러나 이 말들이 결코 모든 경우에 다 진실을 말해주는 것은 아니라는

---

7) 이 두 가지 묘사방식에 대한 상세한 해설, 유의사항들과 더불어 구체적인 성경의 예들은 나의 책, 야곱 우리와 성정이 같은 사람의 제 1 장을 참고하라. 이 이론에 대한 추가적인 참고문헌 목록은 다음과 같다. 이 목록의 배열은 출판연도순을 기준으로 하였다. Seymour Chatman, *Story and Discourse: Narrative Structure in Fiction and Film* (Ithaca: Cornell University Press, 1978), 107-138; James Garvey, "Characterization in Narrative", *Poetics* 7 (1978), 63-78; Shlomoth Rimmon-Kenan, *Narrative Fiction: Contemporary Poetics* (London: Routledge, 1983), 59-70; Adele Berlin, *Poetics and Interpretation of Biblical Narrative* (Sheffield: Almond Press, 1983), 23-42; Meir Sternberg, *The Poetics of Biblical Narrative: Ideological Literature and the Drama of Reading* (Bloomington: Indiana University Press, 1985), *passim.*; Robie Macauley and George Lanning, *Technique in Fiction* (New York: St. Martin's Press, 1987), 85-128; S. Bar-Efrat, *Narrative Art in the Bible* (JSOTS 70; Sheffield: Almond, 1989), 47-92; Mark Allan Powell, *What is Narrative Criticism?* (New Testament Guides to Biblical Scholarship; Minnepolis: Fortress Press, 1990), 51-67; Jean Louis Ska, *"Our Fathers Have Told Us": Introduction to the Analysis of Hebrew Narrative* (Rome: Editrice Pontificio Istituto Biblico, 1990), 83-94; D. F. Tolmie, *Narratology and Biblical Narratives: A Practical Guide* (San Francisco: International Scholars Publications, 1999), 39-62; Daniel Marguerat and Yvan Bourquin, *How to Read Bible Stories* (London: SCM Press, 1999), 58-76.

8) Robert Alter, *The Art of Biblical Narrative* (New York: Basic Books, 1981), 116-17. Sternberg, *The Poetics of Biblical Narrative*, 475-481 역시 이 확실성의 문제를 논의하고 있다.

것을 앞에서 살펴 보았다. 많은 경우 등장인물들의 말은 진실 그 자체가 아니라 단지 상황의 반영일 수가 있다. 등장인물의 말은 때로는 "열린 창이 아니라 닫힌 셔터일 수 있다".[9]

셋 째, 등장인물의 독백은 그가 다른 사람들을 향하여 한 말보다는 더 확실한 정보를 제공해 줄 수 있다. 그러나 이 경우에도 독자들은 그 등장인물이 왜 그런 말을 했는지에 대한 동기를 여전히 추측해야만 하는 경우들이 있다.

마지막으로 확실성의 정도가 가장 큰 것은 등장인물의 태도, 감정, 성격, 동기 등에 대한 내레이터의 진술들이다. 대체로 내레이터의 이러한 진술들은 분명한 사실로 인식해도 된다. 그러나 때로는 해당 상황에서의 등장인물의 태도, 감정, 성격 등에 대해 내레이터가 그냥 있는 그대로의 내용을 독자들에게 전달해 줄 뿐 그 정보의 배후에 깔린 등장인물의 성격적이고 심리적인 동기나 원인 등은 독자가 곱씹어 보아야 할 수수께끼로 남겨두는 경우들이 간혹 있다.

이처럼 등장인물의 묘사와 관련된 다양한 정보들은 확실성의 정도에 있어서 차이가 있다. 따라서 독자는 내레이터가 제공해주는 이러한 다양하고, 확실성의 정도에 있어서 차이가 나는 정보들을 취합해서 정말 내레이터가 해당 등장인물이 어떤 존재라고 말하고 싶어하는 지를 파악해야만 한다. 독자는 오직 능동적으로, 그러나 적절한 방식으로 이 정보들을 평가하고 종합함으로써만 내러티브 속의 등장인물의 실체에 다가갈 수가 있다.[10]

이처럼 등장인물에 대한 내레이터의 묘사들은 때에 따라 상당한 모호성을 띨 수 있다. 그 중에서 특별히 이 논문에서 다루고자 하는 사항은 등장인물의 말의 옳고 그름을 어떻게 이해하느냐 하는 것이다. 그 중에서도 등장인물이 스스로에 대한 평가를 하는 경우나 다른 등장인물에 대한 평가를 하는 경우 그 평가의 말의 옳고 그름을 어떻게 이해하느냐 하는 것이다.

---

9) Alter, *Art of Biblical Narrative*, 117.

10) 결국 등장인물에 대한 제대로 된 이해에 도달했느냐 하는 문제는 내러티브 속의 정보들 사이에 얼마나 많은 내적 일관성을 확보하느냐에 달린 문제이다. 이러한 독서 과정에서의 정보의 취합 과정의 문제에 대한 논의는 Rimmon-Kenan, *Narrative Fiction*, 117-129을 보라.

이 문제를 서사비평은 내레이터의 차원이란 개념을 가지고 해결한다. 내러티브의 내레이터는 차원의 가장 상위부터 말하자면 내러티브외적 내레이터(extradiegetic narrator), 내러티브내적 내레이터(intradiegetic narrator), 내러티브하부 내레이터(hypodiegetic narrator) 등으로 구분할 수 있다.[11]

내러티브외적 내레이터(extradiegetic narrator)는 상식적으로 흔히 우리가 내레이터가 부르는 종류의 내레이터다. 이 내레이터는 내러티브의 안으로 들어오지 않고, 내러티브의 위에서 내러티브 속의 이야기를 들려준다. 내러티브내적 내레이터(intradiegetic narrator)는 내러티브 속의 등장인물들 중의 하나이다. 그도 역시 내러티브 속에서 이야기를 들려주는 등의 역할을 함으로써 자기 내러티브의 내레이터 역할을 할 수가 있다. 내러티브하부 내레이터(hypodiegetic narrator)는 내러티브내적 내레이터의 내러티브 속에 등장하는 등장인물이다. 이 등장인물 역시 이야기를 다른 등장인물 등에게 들려주는 등의 역할을 통해서 내레이터로서 기능할 수가 있다.[12] 이 각각의 차원의 내레이터의 구분을 이해하는 가장 좋은 예들 중의 하나는 아라비안나이트이다. 이 저작에서 내러티브외적 내레이터는 저작의 본문 내러티브를 이끌고 가는 내레이터이다. 아라비안나이트 속에서 세헤라자데라는 여자 등장인물은 신혼 첫날밤에 자기 신부를 죽이는 포악한 왕을 달래기 위해 천일일 밤 동안 계속해서 이야기를 한다. 세헤라자데가 바로 내러티브내적 내레이터이다. 세헤라자데의 이야기 속의 중요한 인물들 중의 하나인 신밧드는 자신의 항해 이야기를 사람들에게 들려준다. 이 신밧드가 바로 내러티브하부 내레이터이다.

내레이터의 차원 구분에서 중요한 것은 각 내레이터의 신뢰성이다. 성

---

11) 이러한 구분은 Gerard Genette, *Narrative Discourse: An Essay in Method* (Ithaca: Cornell University Press, 1980), 227-231의 이론에 기초하고 있다. 이러한 내레이터의 차원에 대한 간명한 설명은 Rimmon-Kenan, *Narrative Fiction*, 94-95를 참고하라.

12) 차원에 따른 내레이터의 구분은 여기에서 계속 더 진행될 수도 있다. 즉 내레이터하부-하부 내레이터(hypo-hypodiegetic narrator) 등에 대해서도 이야기할 수 있는 것이다. Rimmon-Kenan, *Narrative Fiction*, 94-95를 보라. 그러나 중요한 것은 차원의 개념을 이해하는 것이지 어디까지 내레이터의 차원 구분을 계속 진행할 수 있느냐 하는 것이 아니다.

경 내러티브의 경우[13] 내러티브외적 내레이터는 그 전지성으로 인해서 절대적인 신뢰성을 갖는다.[14] 반면 내러티브내적 내레이터로서의 등장인물들의 말은 상대적이다. 그의 말의 신뢰성 여부는 내러티브외적 내레이터의 그 말에 대한 평가나 내러티브 내의 기타 정보들, 즉 내러티브 속의 신뢰성있는 등장인물들의 말과 같은 정보들과의 관련성 속에서 파악되어야만 한다.

욥기 1-2장의 예를 들어 보자. 이 본문에서 욥기 1:8; 2:3의 하나님의 욥에 대한 평가, 즉 "그와 같이 순전하고 정직하여 하나님을 경외하며 악에서 떠난 자"라는 평가는 참이다. 하나님의 이 말씀은 욥기 1:1의 내러티브외적 내레이터의 말을 통해서 확증되기 때문이다.[15] 반면 1:11의 사단의 말, 즉 "이제 주의 손을 펴서 그의 모든 소유물을 치소서. 그리하시면 정녕 대면하여 주를 욕하리이다"라는 말은 거짓이다. 내러티브외적 내레이터가 "이 모든 일에 욥이 범죄하지 아니하고 하나님을 향하여 어리석게 원망하지 아니하니라"고 말한 것과 충돌하기 때문이다.

---

13) 일반 내러티브 속에서도 물론 내러티브외적 내레이터는 전지적 시점을 가질 수가 있다. 이에 대한 논의는 Rimmon-Kenan, *Narrative Fiction*, 95-96을 참고하라.

14) 물론 위에서 설명한 것처럼 내레이터의 진술은 때로는 내레이터의 숨은 의도에 의해서 모호성을 띠거나 총체적 진실의 일부만을 보여줌으로써 총체적 진실과 충돌하는 것처럼 보일 때도 있다. 이에 대해서는 Meir Sternberg, *The Poetics of Biblical Narrative: Ideological Literature and the Drama of Reading* (Bloomington: Indiana University Press, 1985), 230-263을 참고하라. 그러나 이런 점들이 이 내러티브외적 내레이터의 신뢰성을 침해하지는 않는다.

15) 내레이터 이외에 기본적으로 말의 권위가 확정되어 있는 존재로 하나님을 들 수 있을 것이다. 내러티브 이론적으로는 하나님도 역시 등장인물(character)들 중의 하나이다. 그러나 성경 내러티브는 다른 등장인물들과 달리 하나님은 항상 전지전능한 존재로 묘사하고 있다. 그리고 하나님의 이런 속성은 세속적 내러티브나 이방의 내러티브들에는 존재하지 않는 문제를 야기한다. 그것은 곧 내레이터와 하나님 사이의 권위의 관계 문제이다. 결론적으로 말하자면 성경에서 양자는 항상 조화를 이루며, 내레이터는 항상 하나님의 권위에 대해서 신경을 쓴다. 이 문제에 관한 탁월한 논의는 Sternberg, *The Poetics of Biblical Narrative*을 보라. 이 주제는 이 책의 가장 중요한 논의사항들 중 하나이다. 그 중에서도 특히 153-159쪽을 보는 것이 도움이 될 것이다. Simon Bar-Efrat, *Narrative Art in the Bible*, 54는 등장인물의 성격 묘사와 관련하여 이 문제를 다루고 있다. 신약의 마가복음의 본문에 국한해서 다루고 있기는 하지만 내레이터와 하나님 사이의 관계 및 협력에 대해서는 Robert M. Fowler, *Let the Reader Understand* (Minneapolis: Fortress Press, 1991), 131-134도 많은 좋은 통찰을 제공해주고 있다. 또한 이 문제를 이해하기 위해서는 내레이터 역시 내러티브 내의 모든 정보에 대해서 전지성을 갖고 있다는 것을 이해하는 것이 중요하다. 이에 대해서는 데이빗 로즈, 조안나 듀이, 도널드 미키, 이야기 마가 (서울: 이레서원, 2003), 111-122; Chulhyun Park, "From Mount Sinai to the Tabernacle: A Reading of Exodus 24:12-40:38 as a Case of Intercalated Double Plot" (Ph. diss.; University of Gloucestershire, 2002), 33-38 등을 참고하도록 하라.

등장인물의 자기 자신 혹은 다른 등장인물에 대한 평가의 말과 관련하여 또 한 가지 중요한 점은 이 평가의 말이 그 등장인물에 의해 의도되지 않은 기능을 할 수 있다는 점이다. 즉 그 등장인물이 자기 자신의 성격과 관련하여 어떤 말을 했을 때 그가 말한 바와 정반대의 그의 내면을 누설할 수가 있다. 또한 그가 다른 등장인물의 성격에 대해서 평가의 말을 했을 때 그 말이 오히려 그 말을 한 등장인물의 성품을 드러내줄 수가 있다. 위의 욥기 1-2장에서 예를 찾아보면 1:9에서 사단은 "욥이 어찌 까닭 없이 하나님을 경외하리이까"라고 말한다. 이 말은 2:3의 하나님의 말씀을 통해서 그 정당성이 와해될 뿐만 아니라 사단의 성품의 한 단면을 드러내주게 된다. "그와 같이...하나님을 경외하[는]...자가 세상에 없느니라. 네가 나를 격동하여 까닭없이 그를 치게 하였어도 그가 오히려 자기의 순전을 굳게 지켰느니라"고 말씀하신다. 여기에서 사단의 말과 하나님의 말씀을 연결시켜주는 키워드는 "경외하다"라는 단어와 "까닭없이"(חנם)라는 단어이다. 사단이 욥이 "까닭없이" 하나님을 경외할리 없다고 말한 반면에 하나님은 사단이 그런 말을 통해서 "까닭없이" 하나님을 충동하여 욥을 치게 하였다고 말씀하신다.

사단의 말은 하나님의 말씀을 통해 정당성을 상실한다. 이 예에서 보듯이 등장인물의 말은 항상 내레이터나 다른 등장인물의 말, 혹은 내러티브 내의 기타 다른 정보들에 비추어서 평가되어야만 한다. 이런 이론적인 토대들을 가지고 나는 이 소논문에서 요나서 1:9의 요나의 말 중 "나는 여호와를 경외하는 자로라"는 그의 말을 어떻게 이해할 것인지를 살펴볼 것이다.

2.2. 등장인물 사이의 유비

내레이터의 등장인물 묘사방식과 요나서 1:9의 요나의 말을 이해하는데 있어서 중요한 또 한 가지 사항은 등장인물들 사이의 유비이다. 유비는 여러 가지 직접적, 간접적 묘사들을 결합하여 등장인물들 사이의 유사성이나 대조성을 부각시키는 묘사방법이다.[16] 해당 등장인물들 사이에 유사성이 중점적으로 부각되는 경우 이를 긍정적 유비(positive analogy)라고 하고, 대조성이 중점적으로 부각되는 경우 부정적 유비(negative analogy)라고 한다.[17] 예를 들어 창세기 25-27장에서 에서는 자기 아버지 이삭과는 식탐을 갖고 있다는 점, 그리고 그 식탐으로 인해 야곱이나 리브가에게 속임을 당한다는 측면에서는 긍정적 유비를 이루고 있고, 자기 동생 야곱과는 기본적인 성품에 있어서도 차이가 날 뿐만 아니라 장자권이나 축복권을 대하는 태도에 있어서도 확연하게 부정적 유비를 이룬다(창 25:27-34; 창 27장).[18]

3. 실제적인 예: 요나서 1:9의 요나의 말을 어떻게 이해할 것인가?

위에서 설명한 이론을 이제 구체적인 본문에 적용해보도록 하자. 여기에서 나는 요나서 1:9의 요나의 말, "나는 히브리 사람이요 바다와 육지를 지으신 하늘의 하나님 여호와를 경외하는 자로라"는 말 중 "나는…여호와를 경외하는 자로라"하는 말을 어떻게 이해해야 하는지에 대한 문제를 다루고자 한다. 과연 그의 말은 그 자체로 사실에 부합하는가, 아니면 그의 말에 대해서 내레이터는 전혀 다른

16) 유비가 단순히 두 등장인물간의 간단한 상응관계의 정도가 아니라 내러티브의 상당 분량을 차지하게 될 때 "내러티브 유비"(narrative analogy)라고 부른다. 이것은 R. Alter, "A Literary Approach to the Bible", *Commentary* 60 (1975), 70-77; "Biblical Narrative", *Commentary* 61 (1976): 61-67; *The Art of Narrative* (New York: BasicBooks, 1981) 등의 일련의 글들을 통해서 제시한 개념으로서 이후의 여러 학자들에 의해 구약의 여러 본문에 적용되었다. Peter D Miscall, "The Jacob and Joseph Stories as Analogies", *JSOT* 6 (1978): 28-40; Robert P. Gordon, "David's Rise and Saul's Demise: Narrative Analogy in 1 Samuel 24-26," *TB* 31 (1980): 37-64 등을 보라. 또한 나의 글, "삼상 24-26의 더블 플롯과 등장인물의 묘사기법"과 "야누스적인 인간 발람과 이스라엘의 운명(민 22-25장)"을 보라. 이 두 글은 나의 책, 야곱 우리와 성정이 같은 사람, 313-400에 실려 있다. 불행히도 이 가능성이 많은 개념은 최근에 와서는 많이 활용되는 것 같지 않다. 하지만 성경의 등장인물들을 이해하는데 있어서 이론적으로 가장 유용한 개념들 중의 하나라고 생각된다.

17) 이 용어는 Richard Levin, *The Multiple Plot in English Renaissance Drama* (Chicago and London: The University of Chicago Press, 1971)에서 빌려 온 것이다. M. Sternberg, *The Poetics of Biblical Narrative*는 비록 이 용어들을 사용하고 있지는 않지만 이러한 긍정적 유비 및 부정적 유비에 대한 많은 예들을 책의 곳곳에서 보여주고 있다.

18) 이러한 양자 사이의 유비는 나의 책, 야곱 우리와 성정이 같은 사람, 121-165 [특히 138-141]에 아주 자세하게 다루어져 있다.

식의 이해를 갖고 있는가? 이 문제를 살펴보는데 있어서 나는 1:9의 요나의 말을 포함하고 있고, 또 내레이터가 요나와 이방선원들간의 부정적 유비를 중점적으로 제시하고 있는 1:4-16를 중심으로 해서 살펴볼 것이다. 그러나 때로는 양자간의 유비가 이 해당 본문을 넘어서는 경우도 가끔 있기 때문에 부득이하게 필요한 경우는 이 직접적 문맥을 넘어서는 구절들도 언급하기도 할 것이다.

3.1. 요나서 4:1-16의 선행 문맥(1:1-3)에 대한 고찰

요나서 1:4-16에 대한 제대로 된 이해를 위해서는 요나서 전체의 맥락을 이해하는 것이 필수적이다. 그러나 현재 글의 지면 관계상 모든 내용을 다 상세하게 다루는 것은 불가능하다. 그러므로 1:4-16에 가장 가까울 뿐만 아니라 이 단락을 이해하는데 있어서 가장 중요하기도 한 1:1-3의 내용을 중심으로 해서 살펴보기로 한다.

1:1-3에서 내레이터는 크게 두 가지 사항을 언급하고 있다. 첫 째, 1:2에서 하나님은 니느웨에 심판을 선언하라는 명령을 주셨다. 둘 째, 1:3은 이 명령을 들은 요나가 니느웨로 향하는 대신 다시스라는 곳으로 도망하는 내용을 담고 있다.

1:3의 도망과 관련하여 중요한 것은 4:2의 정보이다. 이 구절에서 요나는 "아아, 여호와여,[19] 내가 고국에 있을 때에 이러하겠다고 말씀하지 아니하였나이까. 그러므로 내가 빨리 다시스로 도망하였사오니 주께서는 은혜로우시며 자비로우시며 노하기를 더디하시며 인애가 크시사 뜻을 돌이켜 재앙을 내리지 아니하시는 하나님이신 줄을 내가 알았음이니다"라고 말한다. 즉 1:2절의 하나님의 명령과 1:3의 요나의 도망 사이에는 시간의 틈이 개입되어 있다.[20] 요나는 하나

---

19) 히브리어 원문을 직역하면 그냥 "여호와여"가 아니라 "아아, 여호와여"(אָנָּה)이다. "아아"로 번역한 감탄사는 두 개의 감탄사가 합쳐진 것으로서 상당히 강한 어조를 나타낸다. 이 어구는 뒤에 다시 다룰 때 좀 더 자세하게 설명하기로 한다.

20) 이처럼 내레이터가 실제 사건의 연대기적인 순서를 내러티브 속에서 뒤트는 것을 가리켜 "시간의 불일치"(anachrony)라고 한다. 이 개념에 대해서는 Genette, Narrative Discourse, *Narrative Discourse: An Essay in Method* (Ithaca: Cornell University Press, 1980), 33-85; Rimmon-Kenan, *Narrative Fiction*, 46-51 등을 보라. 이것은 역사학에서 말하는 "시대착오적 표현"(anachronism)과는 전혀 다른 개념이다.

님의 말씀을 듣자마자 도망간 것이 아니다. 그는 하나님의 자비로운 성품을 고려해 볼 때 하나님의 명령 속에 숨겨진 하나님의 진짜 의도는 니느웨에 대한 심판이 아님을 꿰뚫고 하나님이 니느웨에 재앙을 내리실 의도가 없다는 점을 항의했던 것이다. 이런 점에서 볼 때 1:3의 요나의 도망은 단순한 불순종의 도망이 아니라 신학적 도망이라고 볼 수 있다.[21]

1:1-3에서 또 한 가지 중요한 점은 요나가 여호와의 낯을 피해 다시스로 도망하려고 한 것에 대한 이해이다. 도망의 목적지로 지명된 다시스는 구약성경에서 총 30번 이상 나온다. 문제는 이 다시스가 정확하게 같은 곳을 가리키는 것이 아닐 가능성이 높다는 점이다.[22] 성경의 여러 구절들을 참고할 때 다시스는 일반적으로는 욥바의 서쪽에 위치한 지중해의 어느 지역을 의미할 수도 있지만 아라비아 반도의 남쪽 방향에 위치한 장소를 의미하는 것이 분명한 경우들도 있다(시 72:10; 겔 38:13 등). 게다가 어원상 "제련소" 등을 의미할 수 있는 다시스란 이름이 원래는 어느 특정한 장소의 이름이자 고유명사가 아닐 수도 있다.[23] 마치 "새로운 도시"(a new town)란 의미를 가진 셈어에서 파생된 카르타고란 지명이 지중해 주변의 여러 지역에서 발견되듯이 다시스란 이름 역시 광석의 생산지들에 부여되던 이름일 수가 있다.

아마 요나서에서 다시스는 지리상의 어느 특정한 곳을 의미한다기 보다는 그것의 유형론적인 의미(a typological meaning)[24]가 더 중요할 가능성이 높다. 알렌(Allen)이 지적한 바와 같이 이 곳은 "니느웨와는 세상의 반대편인 곳이다. 이곳은 구약의 *ultima Thule*,[25] 즉 여호와께서 자신을 계시하지 않으신 곳, '나의

---

21) T. E. Fretheim, *The Message of Jonah* (Minneapolis: Augsburg Publishing House, 1971), 85를 보라. "요나의 문제는 불신앙이 아니다. 그를 불순종으로 내모는 것은 신학적 입장이다".

22) 다시스에 대한 고고학적, 지리학적 문제에 대해서는 David Baker, "Tarshish (Place)", in David Freedman (ed.), Anchor Bible Dictionary (vol. 6, New York: Doubleday, 1992), 331-333을 참고하라.

23) 이 견해는 W. F. Albright, "The Role of the Canaanites in the History of Civilization", in G. E. Wright (ed.), *The Bible in the Ancient Near East* (Garden City: Doubleday, 1961), 328-362를 보라.

24) 이것은 장소적 배경이 갖는 역사적, 지리적 의미가 아니라 그 배경의 상징적인 의미를 가리킨다.

25) 이 용어는 고대의 지리학자들이 생각하기에 인간이 거주할 수 있는 세계 중 가장 북쪽의 지역을 가리키는 용어이다. 알렌(Allen)은 다시스가 유형론적 의미상 요나가 생각할 수 있는 가장 먼 곳이라는 의미에서 이 용어를 사용하고 있다.

명성을 듣지도 못하고 나의 영광을 보지도 못한'(사 66:19) 곳이다".[26]

그러면 마지막으로 "여호와의 낯을 피한다"는 표현은 무슨 의미일까? 이 표현이 통상적인 이해와 같이 정말 요나가 하나님의 손아귀로부터 벗어날 수 있다고 믿었음을 나타내는 것일 가능성은 별로 없다. 왜냐하면 요나 자신이 1:9에서 하나님을 창조주로서 보편성을 가지신 분으로 이해했으며, 요나서 자체가 하나님에 대해서 이방 민족 니느웨의 운명을 좌지우지할 수 있는 분이심을 전제로 하고 있기 때문이다. 따라서 이 어구의 의미는 통상적인 이해와는 달리 뭔가 다른 의미를 가지고 있을 가능성이 높다.

이 표현에 대해서 알렉산더(T. D. Alexander)는 이 단어를 "여호와 앞에 서다"(왕상 17:1; 18:15; 렘 15:19)란 개념과 연결해서 이해해야 한다고 지적한다.[27] 그에 따르면 이 표현은 "여호와를 섬긴다"(being in the service of the Lord)는 의미를 갖고 있다. 그러므로 "여호와로부터 도망한다"는 표현은 하나님을 섬기기를 원치 않는다는 것을 나타내는 것이다. 그러므로 요나는 자신이 하나님으로부터 도망갈 수 있다고 생각하고 있는 것이 아니다. 그는 단지 자신의 의사표시가 하나님에게 수용되지 않자 자신의 마음을 이런 방식으로 표현하는 것이다.[28]

정리를 하도록 하자. 1:1-3에서 요나는 니느웨를 쳐서 외치라는 명령을 하나님으로부터 받았다. 그러나 그는 4:2에서 밝히고 있듯이 하나님과 신학적인 논쟁을 벌였다. 그리고는 하나님의 낯을 피해 다시스로 신학적인 도망을 하려고 하고 있다. 그 도망의 성격이 어떤 것인가 하는 것과는 별개로 그는 자신이 이해하고 있는 하나님의 뜻을 따르려고 하지 않는다. 그의 이런 태도가 그의 신앙고

---

26) Leslie C. Allen, *The Books of Joel, Obadiah, Jonah, and Micah* (NICOT; Grand Rapids: Eerdmans, 1976), 204-205. 이사야 66:19는 '나의 명성을 듣지도 못하고 나의 영광을 보지도 못한' 곳을 나열하는 중에 뿔(Pul), 룻(Lud), 두발(Tubal), 야완(Javan), 먼 섬들과 더불어 다시스를 언급하고 있다. 추가적으로 알렉산더(T. D. Alexander)는 앗수르의 엣살하돈(Esarhaddon)의 비문에서 다시스는 앗수르로부터 가장 먼 곳이라는 의미로 사용되고 있다는 점을 지적한다(*Obadiah, Jonah, Micah* [TOTC 23a; Leicester: IVP, 1988], 100).

27) Alexander, *Obadiah, Jonah, Micah*, 101.

28) Fretheim, *The Message of Jonah*, 81도 역시 이와 비슷한 견해를 피력하고 있다.

백적인 진술인 1:9, 그리고 1:4-16의 이방인들과 그 사이의 부정적 유비의 플롯 상의 선행 문맥이다.

3.2. 요나서 1:4-16을 중심으로 해서 본 요나의 이해

이제 요나서 1:9의 요나의 진술, 즉 "나는…여호와를 경외하는 자로라"는 진술을 어떻게 이해할 것인지에 대해서 요나서 1:4-16의 이방선원들과 요나 사이의 부정적 유비를 중심으로 해서 살펴보도록 하자. 양자간의 부정적 유비는 등장인물에 대한 직접적 묘사와 간접적 묘사로 구분해서 다루고자 한다.

3.2.1. 등장인물의 직접적 묘사와 대조적 유비

이 단원에서는 나는 등장인물에 대한 직접적 묘사를 다루고자 한다. 위에서 이론적으로 살펴본 것처럼 직접적 묘사는 내레이터(즉 내러티브외적 내레이터)가 할 수도 있고, 등장인물(내러티브내적 내레이터)이 할 수도 있다.[29] 내레이터가 특정 등장인물에 대한 직접적 묘사를 하는 경우 그 진술은 내러티브 내에서 진리성과 권위를 갖는다. 반면 등장인물이 자기 혹은 다른 등장인물에 대해서 직접적 묘사를 하는 경우 그 묘사는 참일 수도 있고, 거짓일 수도 있다. 그것의 진위 여부는 그 진술에 대한 내레이터의 직접적이거나 간접적인 동의 여부에 따라 평가되어야만 한다.

요나서 1:4-16에는 직접적 묘사가 네 번에 걸쳐서 나온다. 1:9에서 요나는 자신에 대해서 진술하면서 "나는 히브리 사람이요 바다와 육지를 지으신 하늘의 하나님 여호와를 경외하는 자로라"고 진술한다. 그의 이 진술은 등장인물인 요나의 자신에 대한 직접적 묘사에 해당한다. 다른 한 편 1:5, 10, 16절에서 내레이터는 이방 선원들의 심리에 대해서 세 번에 걸쳐서 직접적 묘사를 한다. 이렇게 1:4-16에는 중심 등장인물인 요나의 자신에 대한 직접적 묘사 한 번과 내레

29) 위에서 설명을 했기 때문에 나는 이하에서 그냥 편하게 내레이터와 등장인물이라는 표현을 좀 현학적인 표현들인 내러티브외적 내레이터와 내러티브내적 내레이터라는 용어 대신에 사용할 것이다. 이 점에 대해 독자들에게 혼동이 없기를 바란다.

이터의 이방 선원들이란 등장인물 집단에 대한 직접적 묘사 세 번이 나온다.

이 직접적 묘사와 관련하여 흥미로운 점은 이 묘사들이 전부 ירא라는 어근과 연결되어 있다는 점이다.[30] 흥미로운 점은 이 네 번의 묘사가 요나서에서 이 어근이 사용된 경우들의 전부라는 점이다. 요나서의 다른 어떤 곳에서도 이 어근은 다시 사용되지 않는다. 이런 점에서 볼 때 1:4-16에서 내레이터가 주고자 하는 메시지의 핵심은 이 어근과 관련되어 있지 않나 생각된다. 이 점은 앞으로의 논의를 통해서 좀 더 분명하게 드러나게 될 것이다.

그러면 먼저 등장인물의 자기 자신에 대한 직접적 묘사에 해당하는 1:9를 살펴보도록 하자. 요나는 자신이 "여호와를 경외하는 자로라"고 진술한다. 그의 이 진술이 참인가 아닌가 하는 문제를 다루도록 하자.

이 문제를 제대로 이해하기 위해서는 먼저 요나의 말의 진실을 두 개 차원으로 나눌 필요가 있다. 첫 번째 차원은 요나의 내면 속의 진실이다. 즉 요나 스스로가 생각하기에 과연 자신이 하나님을 정말 경외하고 있다고 믿는가 하는 차원이다. 이와 관련해서 중요한 본문은 2:8이다. "거짓되고 헛된 것을 숭상하는 모든 자는 자기에게 베푸신 은혜를 버렸사오나"라는 문장에서 "자기에게 베푸신 은혜"라고 번역된 히브리어 원어는 하스담(חסדם)이다. 이 어구는 헤세드(חסד)란 단어에 3인칭 남성 복수 소유격 인칭대명사가 붙은 것이다. 이 어구를 그대로 직역하면 "그들의 사랑" 혹은 "그들의 신실함"이 될 것이다.[31]

---

30) 1:9의 요나의 자기 묘사에 사용된 이 어근은 형용사일 수도 있고, 칼 분사일 수도 있다. Ludwig Köhler and Walter Baumgartener, *The Hebrew and Aramaic Lexicon of the Old Testament* (Leiden: Brill, 2000) (이하에서는 *HALOT*로 표기할 것임)는 이것을 형용사로 분류한다. 반면 Norman H. Snaith, Notes on the Hebrew Text of the Book of Jonah (London: The Epworth Press, 1945), 18은 칼 분사 능동형이라고 주장한다. Phyllis L. Trible, "Studies in the Book of Jonah" (Ph. D. diss.; Columbia University, 1963), 24; Hans Walter Wolff, *Obadiah and Jonah* (Minneapolis: Augsburg Publishing House, 1986), 107; W. Dennis Tucker Jr., *Jonah: A Handbook on the Hebrew Text* (Waco: Baylor University Press, 2006), 32 등도 역시 동사라는 견해를 지지한다. 1:5, 10, 16에 사용된 어휘는 전부 논란의 여지 없이 동사이다.

31) 헤세드는 일차적으로 "[관계에서 있어서의] 신실함"이라는 개념이 우선이다. 그러나 이 "신실함"은 상황에 따라서 "은혜", "사랑", "자비" 등의 파생적인 개념으로도 이해될 수 있다. 이에 대해서는 D. A. Baer and R. P. Gordon, "חסד", in Willem A. VanGemeren, *New International Dictionary of Old Testament and Exegesis* (Vol 2; Grand Rapids: Zonvervan, 1997), 211-218 등을 보라.

나는 헤세드를 "신실함"으로 번역하는 것이 문맥상 좀 더 적절하다고 생각하지만 궁극적으로는 "사랑"으로 이해할 것인지 "신실함"으로 이해할 것인지는 큰 틀에서는 요나의 심리 이해에 큰 영향을 주지 않는다고 생각한다.[32] 반면에 "그들의"라는 소유격 인칭대명사를 어떻게 이해할 것인지는 본문의 이해에 있어서 결정적인 영향을 미친다. 즉 "그들의"가 헤세드의 주격적인 의미를 갖느냐, 목적격적인 의미를 갖느냐가 관건인 것이다. 문맥을 고려하지 않을 때에는 원론적으로는 목적격인 의미도 가능할 수 있다. 예를 들어 개역개정판은 "자기에게 베푸신 은혜"라는 과도한 의역 속에 이것이 목적격적인 것임을 분명히 했다. 하지만 이러한 목적격적인 이해의 문제는 헤세드의 주체를 독자가 채워넣어야 한다는 점이다. 그러나 이 주체로 통상적으로 간주되는 하나님이 문맥상 정말 주체가 될 수 있느냐 하는 것이 문제이다.[33] 트리블(Trible)이 지적하고 있듯이 9절의 "그러나 나는"이라는 표현은 8절의 내용과 9절의 내용 사이에는 대조가 핵심 사항임을 보여준다. 그러면 8절과 9절의 대조되는 사항은 무엇인가? 우선 "나"와 "헛된 신을 숭상하는 자들"이 대조된다. 또한 "그들의 헤세드"와 자신이 자기 신인 하나님께 서원과 제사를 드리는 것이 대조된다. 그렇다면 문맥상 헤세드는 바로 "신에게 보여야 할 신실" 정도로 이해하는 것이 더 적절할 것이다. 이런 면에서 "그들의"란 소유격 인칭대명사는 주격적인 의미를 갖는 것으로 이해하는 것이 더 나아 보인다. 이런 해석을 받아들일 경우 1:9의 "나는…여호와를 경외하는 자로라"는 요나의 말은 최소한 요나의 자기 자신에 대한 인식에 대한 표명, 즉 내적 진실이라는 측면에서는 의심할 필요가 없다.

---

32) 헤세드를 "신실함"으로 이해할 때 이 구절에서 요나는 헛된 신을 섬기는 이방 사람들이 자기 신들에게 "신실함"을 지키지 않는 사람들이라고 비방하고 있는 것이다. 요나의 이런 지적은 10절에서 자신은 자기 하나님에게 서원과 제사를 드리는 사람이라고 자랑하고 있는 것과 선명한 대조를 이룬다. 요나는 다른 신앙을 가진 자들을 조롱함과 아울러 자신의 신앙에 대한 자부심을 표현하고 있는 것이다. 헤세드를 "신실함"으로 이해하고 있는 성경역본들은 Nova Vulgata, NASB, NJB, NRSV, TOB (Traduction Œcuménique de la Bible) 등이다.

33) 이런 난점은 이 구절의 시리아 역본에서도 감지된다. 이 구절의 헤세드의 소유자를 이 역본은 "그들의"에서 "당신[즉 여호와]의"로 바꾼다. 그러나 이것은 결국은 "그들의"란 소유격 인칭대명사가 문맥에 안 어울린다는 이해를 바탕에 깔고 있음을 보여주는 것이다. 이에 대해서는 Trible, "Studies in the Book of Jonah" (Ph. D. diss.; Columbia University, 1963), 39을 보라.

그러나 그가 생각하는 자신에 대한 내적 진실이 내레이터가 생각하는 진실과 부합하느냐 하는 측면에서 따진다면 문제는 달라질 수 있다. 하지만 내레이터가 이 문제에 대해서 어떤 판단을 하고 있는지에 대해서는 직접적인 표명을 하고 있지 않기 때문에 이 문제는 결국 다른 증거들을 다 살펴볼 때에만 말하는 것이 가능해진다. 그러므로 이제 다른 정보들을 살펴보도록 하자.

요나서 1:4-16에는 구약의 통상적인 경향대로 등장인물에 대한 내레이터의 직접적인 묘사가 상대적으로 적게 나온다. 그럼에도 불구하고 등장인물의 심리에 대한 직접적인 언급이 세 번 나오는데 이 세 번은 다 이방선원들에게 국한되어 사용된다. 이 직접적 묘사는 5, 10, 16절에 나오는데 모두 **ירא**라는 어휘를 사용하고 있다.

그 첫 번째는 5절에 나온다. 내레이터는 이방 선원들이 하나님이 던진 폭풍으로 야기된 위험으로 인해 "두려워했다"(야레, **ירא**)[34]고 언급하고 있다. 나중에 나올 10, 16절의 언급과 달리 이 언급은 구문도 간단하고, 내용도 극히 단순하다. 선원들은 폭풍 앞에서 당연히 보일 수 있는 반응, 즉 "두려워함"의 반응을 보이고 있다.

선원들의 심리에 대한 내레이터의 두번째 직접적 묘사는 10절에 나온다. 내레이터는 이방선원들이 "심히 두려워했다"(야레 이르아 그돌라, **ירא יראה גדולה**)고 언급하고 있다.

이 10절의 문구는 다음의 몇 가지 점에서 앞의 5절의 표현으로부터 발전을 보인다. 첫 째, 이 10절은 5절과 비교해서 두려움의 정도가 강화된 것을 나타내주고 있다. 히브리어 동사에 동족목적어가 추가되는 경우 동사의 의미를 강화해주는 역할을 한다. 이러한 의미의 강화는 동족목적어에 "크다"(가돌, **גדול**)라는 형용사가 추가된 것을 통해 더욱 강화된다. 이런 점에서 개역한글판이나 개역개정판의 번역은 원문의 강도를 충분히 반영하고 있지 않다. 최소한 "아주 심하

34) 이 논문에는 나는 히브리어를 인용할 때 어휘의 문법적 활용이 결정적으로 중요한 것이 아닌 한 어휘의 기본형을 사용할 것이다.

게 두려워했다" 정도로 번역해야 할 것이다. 이런 강력한 표현을 통해서 내레이터는 10절에서 선원들의 두려움이 5절과는 비교할 수 없을 정도로 커졌음을 표현하고 있다.

둘 째, 선원들의 두려움은 이제 폭풍을 당했을 때 보일 수 있는 통상적인 반응이 아니라 구체적인 이유를 가진 두려움이다. 그들의 두려움이 "아주 심하게" 커진 이유는 내레이터의 이 직접적 묘사에 이어지는 두 개의 이유절(키, כִּי)을 통해서 설명된다.[35] 히브리어 본문상으로 첫 번째 이유절이 담고 있는 내용은 이 사람들이 요나가 하나님으로부터 도망하고 있다는 사실을 알고 있었다는 점 때문이다. 이 점에 대한 인지가 중요한 것은 이들이 4-9절의 내용을 통하여 자신들에게 닥친 불행이 요나의 도망과 인과관계가 있다는 것을 인식하게 되었기 때문이다.

그러면 이들은 요나가 여호와의 낯을 피하려고 도망 중이라는 사실을 어떻게 알게 되었는가? 이 의문에 대한 대답을 두 번째 이유절이 제공해준다.[36] 이 이유절에 따르면 요나는 앞의 어느 순간에선가 자신이 여호와의 낯으로부터 도망하고 있다는 사실을 선원들에게 말했던 것이다.[37]

---

35) 개역한글판이나 개역개정판의 번역은 아쉽기 그지 없다. 왜냐하면 10절에서 문장의 순서는 수사학적으로 아주 중요하다. 이 10절의 히브리어 본문을 어순을 살리면서 설명적 내용을 보충해서 사역해보자면 다음과 같다. "그러자 그 사람들이 아주 심히 두려워 하였다. 그리고 말하였다. '왜 이렇게 행하였느냐?' 그[들이 이렇게 물은] 이유는(כִּי) 이 사람들이 그가 여호와의 앞으로부터 도망하는 줄을 알고 있었기 때문이다. 그[들이 이 점을 알고 있었던] 이유는(כִּי) 그가 그들에게 [그 점에 대해서 이미] 말한 적이 있었기 때문이다[참고, 과거완료로 해석해야 함]". 이처럼 원문은 이방선원들의 심리묘사에 대한 언급으로부터 시작해서 그러한 심리상태의 직접적인 근거, 그리고 그 직접적인 근거의 순서로 진행된다. 내레이터는 표면적인 현상으로부터 시작해서 점점 더 심층적인 원인으로 거슬러 올라가고 있는 것이다. 그러나 한글 성경들의 번역은 이러한 순서를 완전히 무시함으로써 원문이 가지고 있는 수사학적인 요소를 완전히 제거해버리고 있다.

36) 이 두 번째 이유절을 현대의 대부분의 성경 역본들은 과거완료를 살려서 번역하고 있다. 이 점은 특히 시제적인 측면에서 명시적인 인도유러피언 언어로 된 성경번역본들에서 두드러지게 나타난다. 이 절을 과거완료로 번역해야 하는 것에 대한 자세한 논의는 Snaith, *Notes on the Hebrew Text*, 19; Albert Kamp, *Inner Worls: A Cognitive Linguistic Approach to the Book of Jonah* (Leiden: Brill Academic Publishers, 2004), 95-97을 보라.

37) 내레이터가 내러티브 속에서 사건들을 원래의 정상적인 시간의 흐름(이것을 "스토리 타임"[story time]이라고 부른다)을 따라서 언급하지 않고, 순서를 바꿔서 제시하는 것("이것을 "디스코스 타임"[discourse time]이라고 한다)을 시간의 불일치(anachrony)라고 한다. 이 시간의 불일치는 내러티브 현재보다 앞서서 일어난 사건을 나중에 가서야 언급하는 소급제시(analepsis)와 내러티브 현재보다 미래에 일어날 사건을 미리 언급하는 것을 사전제시(prolepsis)가 있다. 이에 대한 자세한 설명은 Gennette, *Narrative Discourse*, 33-85; Mark Allan Powell, *What is Narrative Criticism?* 37-38을 보라.

그러면 과연 어느 시점에서 요나가 선원들에게 이런 이야기를 했는가 하는 것은 본문에 나와 있지 않기 때문에 정하기가 쉽지가 않다.[38] 그러나 문맥상 요나가 선원들에게 이 말을 했을 가능성이 있는 유일한 기회는 그가 배를 탄 직후, 1:3절 내의 어느 시기가 될 것이다. 왜냐하면 1:4 이하에서는 하나님께서 폭풍을 내리신 것의 결과로 일련의 사건들이 급박하고 치열한 긴장 속에서 10절 이전의 상황까지 요나가 자신의 이야기를 할 기회가 없었을 것이기 때문이다.

이방선원들의 심리묘사에 대한 세번째 언급은 이들과 관련된 에피소드의 마지막 구절인 16절에 나온다. 내레이터는 그들이 "여호와를 크게 두려워하였다"(ייראו יראה גדול את־יהוה)고 직접적으로 묘사하는데 이 묘사는 다음의 몇 가지 점에서 중요성을 갖는다.

첫 째, 이 문장은 앞의 10절에 "여호와를"이라는 문구를 추가하고 있다. 이들의 두려움은 뚜렷한 대상, 즉 "여호와"란 대상을 향한 것이다. 이러한 이들의 두려움은 5, 10절을 거치면서 발전하는 과정을 겪었다. 5절에서는 이들은 자신들에게 닥친 폭풍에 대하여 통상적인 두려움을 가졌다. 6-9절의 상황을 통하여 이들은 자신들이 겪는 폭풍이 통상적인 폭풍이 아니라 목적성을 가진 것임을 알고 "아주 크게 두려워하였다". 그러나 앞으로 간접적 묘사를 통하여 살펴보게 될 것처럼 다시 11-15절의 상황을 통하여 그들은 여호와한 하나님(9절)이 뚜렷한 의지를 가지고 있을 뿐만 아니라 상황을 완전히 통제하고 계심을 파악하자 드디어 그들의 두려움은 구체적으로 "여호와"란 하나님에 대한 두려움으로 진화하였다.[39] 이런 면에서 볼 때 이 16절의 "두려워하다"란 단어는 "경외하다"라고 번

38) 이 문제의 중요성을 주석가들은 대체로 간과하고 있다. 그들은 이 이유절을 과거완료로 이해해야 한다는 것에 대해서는 거의 다 동의하지만 요나 내러티브 내에서 정확히 어느 시점에서 그가 이런 말을 했겠느냐 하는 문제는 다루지 않는다.

39) 요나서의 이해에 중요한 요소들 중의 하나는 요나서의 신명(神名)의 사용 문제이다. 불행히도 요나서의 해석자들은 이 문제를 움베르토 카수토(Umberto Cassuto)가 오경의 신명의 문제를 풀기 위해 사용한 해법에 근거하여 이 문제를 풀려고 함으로써 미궁에 빠졌다. 이런 식의 해결의 시도는 Jonathan Magonet, *Form and Meaning: Studies in Literary Techniques in the Book of Jonah* (Sheffield: The Almond Press, 1983), 33-38 등을 보라. 나는 이 문제는 서사비평적으로 말해서 등장인물의 신지식(神知識)의 정도에 따른 것으로 설명해야 한다고 생각한다. 즉 전지성을 가진 내레이터와 신지식이 많은 요나의 경우에는 신명은 항상 여호와가 사용된다.

역하는 것이 더 적절하다고 생각될 정도이다.

두 번째, “여호와”란 칭호는 아주 중요하다. 이미 14절에서 이방선원들은 “아, 여호와여”라고[40] 부름으로써 자신들이 현재 상대하고 있는 신이 누구인지를 분명하게 인식하고 있음을 보여주었다. 16절에서 내레이터는 그들이 “여호와”를 심히 두려워하였다고 밝힘으로써 그들의 인식이 정확함을 확증해주고 있다.

세 번째, 이방선원들에 대한 이 세 번째 직접적 묘사는 앞의 5, 10절과 함께 고려해볼 때 이들의 여호와에 대한 신지식의 발전과정을 보여주고 있다. 이들은 5절에서는 폭풍에 막연한 두려움으로 대응했다. 그러나 6-9절의 일련의 과정을 거치면서 폭풍이 어떤 목적성을 갖고 있다는 것을 인식한 후에는 더 큰 두려움으로 발전했다. 그리고는 11-15절의 과정을 경험하면서 폭풍과 여호와의 관계에 대한 뚜렷한 인식을 갖게 되었다. 그 결과 그들은 “여호와”란 신에 대한 분명한 두려움, 곧 경외감에 필적하는 두려움을 갖게 되었다. 결국 그들은 여호와란 신을 야레하게 된 것이다.

지금까지 살펴본 1:4-16의 직접적 묘사는 결국 요나와 이방 선원들 간의 부정적 유비를 만들어낸다. 1:9의 요나의 자기 자신에 대한 직접적 묘사, 즉 “나는 여호와를 경외하는(야레, ירא) 자로라”는 말과 내레이터의 이방선원들에 대한 직접적 묘사, “그들이 여호와를 심히 두려워하였더라(야레, ירא)”는 말의 대비를 독자들은 놓칠 수가 없는 것이다.

3.2.2. 등장인물의 간접적 묘사와 대조적 유비

위에서 언급한 바와 같이 등장인물에 대한 간접적 묘사의 첫 번째 범주는 등장인

그러나 이방인들의 경우에는 기본적으로 엘로힘이 사용된다. 이들이 신에 대해서 깨달아나가는 과정은 “엘로힘”, “하엘로힘”(그 하나님), “여호와”의 단계로 발전한다. 중간의 “하엘로힘”은 앞의 “엘로힘”을 특정해서 지칭할 때 사용되기도 한다. 이에 대해서는 다음 기회에 논문을 통해 제시하고자 한다.

40) 여기에서 감탄사 “아아”(안나, אנה)는 아주 중요하다. Ludwig Köhler and Walter Baumgartener, *The Hebrew and Aramaic Lexicon of the Old Testament* (Leiden: Brill, 2000)이 제시하고 있듯이 이 감탄사는 두 개의 단어가 결합된 것으로서 상당히 강한 감정의 토로를 나타내는 것일 가능성이 높다.

물의 성격을 반영하는 간접적 요소들, 즉 외모, 개인적인 소품들, 이름, 말투, 동작, 몸짓, 버릇, 습성 등을 통한 묘사이다. 요나서 1:4-16에서 내레이터는 이 요소들을 사용하여 등장인물들의 성격과 내면을 묘사해주며, 또 이 정보들을 요나와 이방 선원들 사이의 대조에 활용하고 있다.

그럼 요나와 이방 선원들간의 간접적 묘사를 통한 유비의 예를 몇 가지 살펴보도록 하자. 첫 번째로 살펴볼 구절은 4-5절이다. 이 본문은 4절에서 여호와께서 바다 위에 "큰" 바람을 "던지셔서"(사역)[41] 바다에 "큰" 폭풍이 일어나게 하신 것에 대한 선원들과 요나의 대응을 대비시키고 있다.

우선 선원들의 반응을 살펴보도록 하자. 5절 전반절은 이들의 반응을 세 가지로 기록하고 있다. 이 중 첫 번째의 사항인 선원들의 "두려워하는" 반응은 내레이터의 직접적 묘사에 해당한다는 것을 위에서 다루었으므로 여기에서는 따로 언급하지 않겠다. 나머지 두 가지 반응은 선원들의 행동을 나타내는 것으로써 내레이터의 간접적 묘사에 해당한다. 선원들은 각자 자기의 신(엘로힘, אלהים)에게 부르짖고, 배를 가볍게 만들기 위해 물건들을 바다에 "던진다"(툴[טול]의 히필형). 특히 하나님께서 4절에서 바람을 "던지신"(툴[טול]의 히필형) 것에 대한 반응으로 선원들이 물건을 "던지는" 반응을 하는 것이 흥미롭다. 내레이터는 이처럼 이방 선원들에 대한 세 가지 묘사, 즉 하나의 직접적 묘사와 두 개의 간접적 묘사를 통해 선원들이 자신들에게 닥친 상황에 대응해서 할 수 있는 모든 것을 하고 있음을 보여주고 있다. 선원들은 주어진 상황에 대해 적극적으로

41) 이 번역은 히브리어 툴(טול)이라는 동사의 히필형을 번역한 것이다. 이 단어는 요나서에서 오직 1:4-16에만 총 4번이 나온다(1:4, 5, 12, 15). 이런 점에서 이 단어는 이 4-16의 핵심어(keyword)들 중의 하나이다. 개역개정판 등에서는 이 중요한 어휘를 오직 4절에서만 "내리다"라고 번역하고 나머지 경우들은 "던지다"라고 번역함으로써 내레이터가 제공한 중요한 정보를 무효화시켜버리고 있다. 왜냐하면 4절의 하나님의 던짐은 선원들과 요나의 반응과 상응하기 때문이다. 본문상으로 볼 때 하나님의 던짐(4절)은 즉각적으로는 물건들을 던짐(5절)을 유발하지만 궁극적으로는 요나를 던질 것(12, 15절)을 요청한다. 하나님의 던짐은 요나를 던짐을 통해서만 그 의도가 충족되기 때문이다. 이런 점에서 볼 때 하나님의 던짐은 목적성을 가진 던짐이다. 이 목적이 충족될 때까지 하나님의 던짐은 계속 본문 속에 폭풍과 바다의 흉용함을 일으킨다. 오직 하나님께서 원래 바람을 던지셨을 때 의도하셨던 목적, 즉 요나의 던져짐이 충족되었을 때에야 하나님의 던짐이 촉발한 소동은 잠잠해진다.

대처하는 사람들이다.

5절 하반절은 이와 대조되는 요나의 모습을 묘사하고 있다. 내레이터가 양자 사이의 대조를 의도하고 있다는 점은 히브리어 원문의 구문론적인 특징을 통해 반영되어 있다. 히브리어의 통상적인 어순은 "접속사+동사+주어"인데, 이 5절 하반절은 "접속사+주어+동사"의 순으로 되어 있다. 이처럼 주어와 동사의 어순이 도치되는 것의 기능 중의 하나는 그 앞 문장의 주어와 도치 문장의 주어 사이를 대비시키기 위한 것이다.[42] 개역개정판의 "그러나 요나는"이라는 번역은 이 점을 잘 포착하고 있다.

이 5절에서 이방 선원들과 대비되어 요나의 행동에 대한 간접적인 묘사는 다음과 같다. 우선 그는 배의 가장 깊숙한 곳[43]으로 "내려간다"(ירד). 이 "내려가다"란 동사는 이미 요나의 움직임과 관련하여 1:3에서 두 번이나 사용된 바가 있다.[44] 하나님으로부터 멀어지기 위해 점점 더 "내려가는" 요나는 배에서 자신이 내려갈 수 있는 가장 먼 곳까지 내려간다. 둘 째, 그는 누워서 깊은 잠을 잔다. 히브리어로는 "눕다"라는 단어 자체만으로도 잠을 잔다는 의미를 가질 수 있다(창 19:4; 28:11; 신 7:7; 삼상 3:5; 잠 6:22). 그런데 이 구절에서는 잠을 잔다는 의미를 더 확고하게 하기 위해 "깊은 잠을 자다"(라담, רדם의 니팔형)라는 동사를 추가한다.

흥미로운 것은 라담이라는 단어이다. 이 단어는 5절에서 니팔 미완료형으로 사용되고 있는데 그 결과 "내려가다"(야라드)란 동사와 비슷한 모양새를 띠게 되었다는 것이다(예라담, ירדם). 요나서 내레이터가 이런 드문 동사를 사용한 이유는 아마 요나가 하나님으로부터 점점 더 멀어지려고 한다는 의지를 반영하

42) Bill T. Arnold and John H. Choi, *A Guide to Biblical Hebrew Syntax* (Cambridge: Cambridge University Press, 2003), 92-93; Ronald J. Williams, *Williams' Hebrew Syntax* (3rd Ed.; Rev. and Exp. by John C. Beckman; Toronto: University of Toronto Press, 2007), 203 등을 보라.

43) 히브리어 단어 예레카(ירכה)의 의미가 바로 이것이다.

44) 3절에서 이 동사가 두 번째 사용된 것은 바로 "배에 올랐더라"란 표현에서이다. 아쉽게도 개역개정판은 "내려가다"란 동사를 정반대의 뜻을 가진 단어인 "올라가다"란 단어로 번역해버림으로써 이 "내려가다"란 동사가 보여주는 요나의 움직임의 특색을 지워버리고 있다.

고 있는 것으로 생각해 볼 수 있다.

또한 이 단어는 성경 히브리어에서 아주 깊은 잠을 나타내는데 사용된다. 예를 들어 이 단어는 사사기 4:21에서 시스라가 잠든 것을 묘사할 때 사용되는데, 그는 헤벨이 그의 관자놀이에 말뚝을 박아 넣는데도 모르고 죽음을 당했다. 이 단어에서 파생된 명사인 타르데마(תרדמה)는 창 2:15; 삼상 26:12; 욥 33:15; 사 29:10 등에 사용되고 있다. 마고넷(Magonet)은 이 단어가 두 가지 뚜렷하게 구별되는 의미, 즉 (1) 계시와 관련된 깊은 잠(욥 4:13; 33:15; 단 8:18); (2) 죽음에 가까운 깊은 잠(삿 4:21; 시 76:7)를 갖고 있다고 주장한다. 요나의 잠은 계시와 관련되는 것으로 보이지는 않으므로 마고네트(Magonet)는 이 잠을 요나의 "죽었으면 하는 바람"을 보여주는 첫 번째 암시를 보여준다고 주장한다.[45] 나는 1:5의 요나의 잠이 정말 요나의 "죽었으면 하는 바람"을 나타낸다고는 생각되지 않는다. 그러나 어느 경우가 됐든지 이 단어가 깊은 잠을 나타낸다는 점에는 의문의 여지가 없다.

이렇게 볼 때 4-5절은 내레이터는 요나와 이방선원들을 대조적으로 묘사하고 있는 것으로 생각된다. 이방선원들은 여호와 하나님께서 취하신 행동("던지다")에 대해서 자신들이 할 수 있는 방식으로 최대한 반응한다. 그들은 주어진 상황에 반응성이 높은 자들이다. 반면에 요나는 5절의 마지막 단어가 보여주고 있듯이 하나님과 자연과 선원들의 무수히 많은 움직임 속에서 완전히 동작을 멈춤으로써 상황에 대한 철저한 비반응성을 보여주고 있다. 이처럼 4-5절은 선원들과 요나 사이의 완전한 대조를 극명하게 보여주고 있다.

4-5절의 이러한 양자의 대조의 연장선에 있는 것은 6절이다. 이 6절은 앞의 두 절의 대조를 이어간다. 이 연결고리로 작용하는 것은 이방 선원의 우두머리인 선장이 요나에게 거는 첫 번째 표현이다. 그는 "자는 자여, 어찜이냐"라고 말하는데, 여기에서 "자는 자"(니르담, נרדם)라는 표현은 5절 마지막에서 요나의 자는 모습을 묘사할 때 사용된 라담(רדם)이란 동사의 니팔 분사형이다.

45) Magonet, *Form and Meaning*, 68.

이 단어로 요나를 지칭한 다음에 선장은 "일어나 네 하나님께 외치라"(קום + קרא의 조합)고 요구한다. 공교롭게도 선장의 이 말에 사용된 두 개의 동사는 1:2의 하나님의 말씀을 상기시킨다. 하나님은 요나에게 "일어나…외치라" (קום + קרא의 조합, 중간에 הלך란 단어가 사용됨)고 말씀하셨다. 선장의 말과 하나님의 명령의 상응성은 요나의 불순종에 대한 내레이터 차원의 간접적인 묘사의 일환이다. 내레이터는 요나가 해야 할 사역을 하지 않고 엉뚱한 곳을 향하여 가는 것에 대해서 이방인 선장의 말을 통해서 간접적으로 비판하고 있는 것이다. 이방인인 선장의 입장에서는 당면한 상황에서 당연히 해야 할 일, 곧 자지 말고 일어나 이 상황의 타개를 위해 자기의 신에게 외쳐야 하는 일을 하지 않는 요나를 책망하고 있는 것이지만 그의 이 말은 요나가 정말 해야 하는데 하지 않고 있는 일, 즉 니느웨로 가서 하나님의 말씀을 외쳐야 하는 일에 대한 하나님의 명령을 상기시키고 있는 것이다. 이런 면에서 다시 한 번 내레이터는 처한 상황에서 적극적으로 자신들이 할 일을 하는 이방선원 및 선장과 그렇지 않는 요나를 대조시키고 있다.

선장의 말에서 1장의 이방인들과 요나를 대비시키는 또 하나의 요소는 "네 하나님께"(엘 엘로헤카, אל־אלהיך)라는 표현이다. 이 표현은 5절의 "각각 자기의 신을"(엘 엘로하이브, אל־אלהיו)라는 표현과 대비된다. (우리 말과 달리 히브리어로는 이 두 표현이 딱 자음 하나만 차이가 난다는 점을 주목하라!) 이방인들은 자신들이 처한 상황 속에서 적극적으로 자신들의 신들을 향하여 부르짖는다. 반면에 요나는 이방인인 선장이 "네 하나님께" 부르짖으라는 요구를 하도록 움직이지 않는다. 그는 물고기가 그를 삼키고 난 이후에 가서야 부르짖는다 (2:2). 이런 면에서 이 6절의 선장의 말은 5절에서 보았던 이방 선원들과 요나의 대조를 강화시킨다.

7-8절의 내용은 제비뽑기를 통해서 재앙의 원인을 찾는 내용을 담고 있는데, 여기에서 보이는 선원들의 모습은 상황에 적극적으로 대응하는 앞 구절들의 그들의 모습과 일관성이 있다. 그들의 그런 노력의 결과는 앞의 직접적 묘사

에서 살펴보았듯이 요나가 1:9에서 어떻게 스스로를 인식하고 있는지를 고백하는 장면으로 이어진다. 그는 자신이 여호와를 경외하는 자임을 주장한다.

10절은 앞에서 살펴 본 1:9의 요나의 자신에 대한 직접적 묘사, 즉 "나는 여호와를 경외하는 자로다"라는 진술과 몇 가지 충돌되는 점들을 담고 있다는 점에서 중요하다. 첫 째, 이방선원들의 두려움에 대한 내레이터의 직접적 묘사는 9절의 요나의 자기에 대한 묘사와 충돌한다. 둘 째, 10절의 나머지 부분의 내용, 즉 요나가 자신이 여호와로부터 도망하고 있다는 것을 선원들에게 말했다는 정보 역시 9절의 요나의 자기 진술과 충돌한다. 어떻게 여호와를 경외하는 자가 여호와의 낯을 피해 도망할 수가 있겠는가?

이어지는 11절 이하에서 16절까지의 내용에서 내레이터는 일차적으로는 이방선원들에 대한 간접적인 묘사에 집중한다. 그리고 이 간접적인 묘사에 일조하는 것은 11, 13, 15절의 바다의 상태에 대한 언급이다. 이 바다의 상태는 선원들이 여호와란 하나님에 대해서 구체적으로 알아나가는 과정에서 그들을 가르치는 보조자료의 역할을 한다.

10절에서 요나의 대답을 듣고 심한 두려움을 보여주었던 그들은 11절의 서두에서 바로 "우리가 너를 어떻게 하여야 바다가 우리를 위하여 잔잔하겠느냐"고 묻는다. 7-10절의 흐름을 통해서 폭풍으로 인해 자신들의 생명이 위협을 받는 것의 원인이 요나라는 것은 이미 밝혀졌다. 그래서 이들은 자신들이 요나를 어떻게 해야 이 상황으로부터 벗어날 수 있는지를 묻는다. 이들의 이런 점은 4절 이하에서 익히 보아온 이들의 태도, 즉 상황에 직면해서 자신들이 할 수 있는 일을 하고자 하는 적극적인 태도와 잘 상응한다.

11절 마지막의 바다의 묘사는 그들이 이런 적극성을 보이는 이유로 언급된다(접속사 키, כִּי). 바다는 이들이 자신들의 목숨을 구하기 위해 취해야 할 조치를 하지 않고 머뭇거릴 여유를 주지 않으려는 듯 점점 더 흉용해지고 있다. 한글 성경의 번역에서도 잘 반영되어 있듯이 내레이터는 바다의 상태가 점점 더 악화되고 있는 중임을 진행형을 써서 표현하고 있다. 이런 상황에서 당연히 이방선원들은 요나에게 다급하게 자신들이 해야 할 일을 묻지 않을 수 없었을 것이다.

선원들의 이런 다급한 질문에 대한 요나의 대답은 12절에 나온다. "나를 들어 바다에 던지라. 그리하면 바다가 너희를 위하여 잔잔하리라. 너희가 이 큰 폭풍을 만난 것이 나의 연고인줄을 내가 아노라".

어쩌면 이 12절 역시 내레이터가 요나의 성품에 대한 간접적 묘사를 제공하기 위해 사용하고 있는 것일 수 있다. "내가 아노라"는 요나의 말처럼 요나는 상황을 훤히 꿰뚫어보고 있다. 또한 이 12절에서 그가 안다고 주장하는 사항은 실제로 15절의 내레이터의 진술이 증명하듯이 사실로 확인되었다. 그의 말대로 이 선원들이 당면한 문제의 해결은 자신이 바다로 들어가면 끝나는 것이다.

그렇다면 그가 바다에 들어가는 가장 간단한 방법은 무엇일까? 그가 바다에 스스로 뛰어내리는 것과 이방 선원들이 굳이 그를 들어 바다에 던지는 것 중에서 어느 것이 더 간단할까? 당연히 전자가 더 간단하다. 그러나 그는 그렇게 하지 않는다. 궁극적으로는 나중의 3-4장에서 드러나듯이 요나는 이방인들의 안녕에는 별로 관심이 없다. 그러므로 그는 자신이 바다에 들어가면 상황이 종료될 것이라는 말을 할 뿐 자신이 직접 바다로 뛰어듦으로써 이방선원들을 위태한 상황에서 벗어나게 해주려는 태도는 취하지 않는다.

이런 요나의 모습은 이어지는 13절의 이방선원들의 모습과 대조된다. 놀랍게도 이방선원들은 요나를 바다에 던져 죽이는 길을 택하지 않는다.[46] 대신 이들은 요나를 던지지 않고도 이 상황을 벗어날 수 있도록 육지를 향해 열심히 노를 젓는다.[47] 이런 간접적인 묘사 방식을 통해서 내레이터는 자기 때문에 위험에 처한 선원들의 안위에 무심한 요나와 자기들을 위험에 빠뜨린 그의 목숨을 지켜주고자 하는 박애 정신을 보여주는 이방선원들을 대비시킨다.

---

46) 14절의 "이 사람의 생명 까닭에 우리를 멸망시키지 마옵소서. 무죄한 피를 우리에게 돌리지 마옵소서"라는 이들의 말을 고려할 때 이들은 자신들이 요나를 바다로 던질 때 그가 죽게 될 것이라고 생각했음이 분명하다.

47) 이 당시의 지구의 모습에 대한 지식과 항해기술의 한계로 인해 뱃사람들은 항상 육지를 시야에서 벗어나게 하지 않은 채로 항해를 했다. 따라서 이 요나서 1장의 상황과 같은 위험에 직면했을 때 이들은 육지로 돌아가고자 했다. John H. Walton, "Jonah", in John H. Walton (ed.), *Zondervan Illustrated Bible Backgrounds Commentary* (Vol. 5; Grand Rapids: Zondervan, 2009), 106을 참고하라.

이 대목에서 다시 한 번 바다는 여호와의 뜻을 나타내는 도구가 된다. 그들이 노력하면 할수록 바다는 점점 더 흉용해진다. 요나의 목숨을 지키면서 육지로 탈출하고자 하는 그들의 뜻이 여호와의 뜻과 충돌된다는 점이 이것을 통해 분명해졌다.

그 결과 14절에서 이방선원들은 여호와께 부르짖는다. 이 14절의 내레이터의 진술 및 기도의 내용은 여러 가지 중요한 점들을 담고 있는데, 이 점들은 다시 한 번 요나와 이방선원들을 연결시키고 대조시킨다. 첫 째, 이방선원들이 여호와께 부르짖었다는 내레이터의 진술은 6절에서 선장이 요나에게 요구했던 사항, 곧 "네 하나님께 부르짖으라"는 말을 상기시킨다. 여호와는 지금까지는 요나의 하나님이었다. 6절에서 선장이 요나에게 "네 하나님께 구하라"고 요구했을 때 그 말은 여호와께 기도하라는 의미였다. 그러나 요나는 그렇게 하지 않았다. 그런데 이제 14절에서 이방선원들은 각자 자기의 신(5절)이 아니라 여호와 하나님께 부르짖는다. 요나가 했어야 할 일을 이방선원들이 한다. 이런 점에서 요나와 이방선원들은 대조를 이룬다.

둘 째, 이방선원들은 "아아, 여호와여"라는 말고 기도의 서두를 연다. 이 탄식어린 서두는 요나와 연결점을 만들어줄 뿐만 아니라 그와 대조점도 만들어준다. 요나서 전체에서 이 표현은 오직 두 번, 즉 이 1:14와 4:2에만 나온다. 두 등장인물들 사이의 여러 가지 다른 유비점들을 고려할 때 이 어구 역시 요나와 이방선원들을 연결시킴과 더불어 대조시키고 있음에 틀림없다.

세 번째, 이들은 점점 격렬해지는 바다의 상태를 통해 파악한 하나님의 뜻을 따라 요나를 바다에 던지면서 그 근거로 "여호와여, 당신은 당신이 기뻐하시는 대로 행하시나이다"[사역]라는 언급을 한다. 13절에서 이들은 요나를 어떻게든 살려보려고 했다. 그러나 바다의 심각한 상황으로 표현되는 하나님의 뜻을 통해 이것이 여호와의 뜻이 아님을 경험했다. 그래서 이들은 요나를 바다에 던지는 것이 바로 여호와의 뜻이라는 것을 인정하고, 여호와는 당신의 기뻐하시는 뜻대로 행하시는 분이시라는 고백을 한 것이다.

이런 선원들의 고백은 4:2의 요나의 말과 상충된다. 이 구절에서 요나는 1:14의 선원들과 마찬가지로 "아아, 여호와여"란 말로 시작한다. 그러나 그가 이어서 밝히는 내용은 선원들과는 정반대이다. 그는 하나님의 뜻과 하나님의 성품에 대해서 "안다"고 자부한다. 1:12의 "내가 아노라"는 요나의 다른 말을 참고할 때 요나는 여호와 하나님과 그 분의 뜻에 대해서 안다는 확신이 있는 사람임을 알 수 있다. 그러나 그는 그 하나님의 뜻과 자신의 뜻이 상충될 때 도망했음을 4:2에서 밝히고 있다. 그런 면에서 그는 1:14의 동일한 어구로 시작하는 이방선원들과 대조된다. 선원들은 요나를 살리기 위한 자신들의 노력을 하나님의 뜻에 굴복하여 포기한 반면에 요나는 니느웨를 살리고자 하는 하나님의 뜻에 반대하고 있기 때문이다.

4:2를 통해 드러난 요나의 태도는 그 주변 문맥을 통해서 더욱 분명해진다. 4:1에서 내레이터는 요나가 자신의 뜻에 반하여 니느웨가 용서받는 것을 본 후의 모습에 대해서 이렇게 언급한다. "그것이 요나에게 아주 심히 악하게 [여겨졌다].[48] 그리고 그가 분노하였다"(사역). 4:1의 전반절의 문구는 보통 개역한글판 성경처럼 "요나가 심히 싫어하였다" 정도로 번역한다. 그러나 본문의 히브리어는 분명히 훨씬 더 강렬한 의미, 즉 니느웨를 향한 하나님의 용서에 대한 요나의 가치판단이 담겨진 말이다. 4:1의 생략된 첫 주어인 "그것"은 분명히 3:10의 내용을 받는 것이다. 요나는 하나님이 니느웨를 용서하신 것을 아주 심히 잘못된 것으로 받아들였다.

하나님의 뜻을 받아들이지 못하는 이런 요나의 태도는 4:3, 8의 "사는 것이 죽는 것보다 내게 나음이니이다"라는 말과 4:9의 "내가 성내어 죽기까지 할지라도 합당하니이다"라는 말 속에 표현되어 있다. 요나서가 4:9의 요나의 말에 이어지는 4:10-11의 하나님의 말씀으로 끝이 난다는 점을 고려할 때 최소한 요나

48) 이 번역에 대한 논의는 Wolff, *Obadiah and Jonah*, 165를 보라. 이 문구가 너무 강렬하기 때문인지는 몰라도 대부분의 성경번역은 이 문장을 유화시켜서 번역하고 있다. 그러나 해석자들의 이런 과도한 개입은 히브리어 원문이 가진 강렬한 힘을 심하게 약화시켜버린다는 점에서 안타깝기 그지없다.

서 내에서는 요나는 하나님의 뜻에 동의하지 않는다.[49]

마지막으로 내레이터는 1:14의 이방선원들의 마지막 말을 2:9의 "구원은 여호와께 속한 것입니다"(에수아타 라도나이, ישועתה ליהוה) [사역]란 말과 대조되도록 의도했을 수 있다. 이 대조는 어휘 등을 통한 선명한 연결을 보여주는 위의 사항들만큼 분명하지는 않다. 그러나 요나서 전체를 통해 내레이터가 지속적으로 요나와 이방선원들의 대조를 의도하고 있다는 점을 고려할 때 이 두 말 사이의 대조 역시 눈에 들어온다. 앞에서도 살펴 본 바와 같이 이방선원들은 요나를 살리고자 했으나 결국 하나님의 뜻에 순종한다. 반면 요나는 "구원은 여호와께 속한 것이다", 즉 구원의 주권은 여호와의 것이라는 신앙고백을 하면서도 정작 3-4장의 모습에서 보듯이 니느웨 사람들의 구원의 문제에 있어서 하나님의 뜻에 굴복하려들지 않는다. 이런 점에서 2:9의 그의 말은 그의 이율배반적인 모습을 잘 보여준다. 그리고 이런 이율배반적인 모습은 자신들의 생각에 반하는 하나님의 뜻에 결국은 순종하는 이방선원들의 모습과 대조를 이룬다.

1:15절은 1:4-16의 플롯을 이해하는데 있어서 중요하다. 이방선원들이 드디어 요나를 들어 바다에 던지자 바다가 곧 잠잠해진다. 바다의 상태는 다시 한 번 1:4-16의 모든 현상이 4절에서 하나님께서 폭풍을 바다에 던지시면서 서서히 드러난 여호와 하나님의 뜻에 따라 이루어졌음을 증명해준다. 요나를 바다에 던지자 바다가 곧 그친 것은 지금까지 일어난 모든 일이 요나가 언급한 바대로 하나님의 뜻에 따른 것이며, 여호와는 이 모든 상황을 완전히 통제하고 계심이 더 이상 의심할 수 없을 정도로 분명해졌다.

15절을 통해 깨닫게 된 이런 인식은 1:4-16의 마지막 절인 16절에서 이방선원들이 "여호와를 아주 심히 두려워하였다"는 문구로 귀결된다. 4절부터 시

49) 물론 이것은 요나서의 내러티브 전략일 수 있다. 4:10-11에서 하나님께서 말씀하셨을 때 요나가 해야 할 대답을 독자가 하도록 의도되어 있을 가능성이 높다. 이 경우 내레이터는 독자가 요나서 내에서 요나가 결코 하지 않았던 대답, 즉 하나님의 뜻에 자신을 복종시키는 대답을 채워넣기를 의도했을 수 있다. 많은 주석가들이 요나서와 관련하여 이런 통찰을 제시했다. Phyllis Trible, "The Book of Jonah", in *The New Interpreter's Bible* (Vol. VII; Nashville: Abingdon Press, 1996), 525-526등을 보라.

작된 이방선원들의 여호와 체험은 우여곡절 끝에 드디어 종착역에 도달한다. 처음 폭풍이 불 때 이들은 각자 자기의 하나님에게 기도를 했다(5절). 그러나 이제까지 벌어진 모든 일들을 통해 여호와를 체험하고 나자 그들은 드디어 "여호와"란 이름을 가진 신을 진정으로 두려워하게 되었다.

나는 4-16절을 통해 선원들이 서서히 여호와를 알아가는 과정을 고려할 때, 그리고 14절에서 분명히 "여호와"란 이름을 부르고 그 여호와께 "당신은 당신이 기뻐하시는 대로 행하시나이다"(사역)라는 신앙고백적인 표현을 했을 때 최소한 이 구절에서만큼은 야레(ירא)라는 키워드를 "경외하다"로 번역해야 하는 것이 아닌가 하는 생각을 한다. 4-16절에서 선원들은 막연한 "두려움"(5절)에서 조금 더 구체화된 깨달음이 있는 "두려움"(10절)으로 발전했다가 마지막에는 단순한 두려움의 차원을 넘어서서 분명한 경험에 기초한 신앙적인 "경외"(16절)의 상태로 진화한 것으로 생각된다.[50]

이런 "여호와를 아주 심히 두려워하는" 선원들의 모습은 여호와께 제물을 드리고 서원을 하는" 것으로 연결된다. 그들은 자신들이 경험하고 느낀 것에 대해서 제사와 서원으로 반응을 하는 것이다.

중요한 것은 이 1:4-16의 마지막 진술이 다시 한 번 요나와 이방선원들 간의 대조를 만든다는 것이다. 이방선원들이 제사를 드리고 서원을 하는 것은 2장의 요나의 물고기 뱃속에서의 기도의 마지막 부분과 상응한다. 요나는 "나는 감사하는 목소리로 주께 제사를 드리며 나의 서원을 주께 갚겠나이다"라고 기도했다. 1:16과 2:9의 제사와 서원에 해당하는 단어들은 정확하게 일치한다.

앞에서도 살펴본 바와 같이 요나의 이 2:9의 기도의 말은 2:8의 그의 이방인에 대한 멸시의 말과 연결되어 있다. 그는 이방인들은 신을 향해서 갖춰야 할 헤세드를 갖지 못한 자들이지만 자신은 그런 헤세드를 갖추고 있다는 차원에서 2:9의 서원과 제사에 대한 언급을 하고 있는 것이다.

50) 물론 나는 이방선원들이 완전히 여호와의 종교로 개종했다는 주장을 하는 것은 아니다. 이런 주장은 요나서 본문을 통해서 확인할 수 있는 범위를 넘어서는 것이다. 나는 단지 4-16절이 이방선원들의 신 지식의 성장과정을 보여주는 것이라는 점을 말하고자 하는 것이다.

그러나 내레이터는 이 2:9의 요나의 말을 1:16의 이방선원들의 서원 및 제사드림에 대한 언급과 연결시켜 읽도록 함으로써 요나의 말의 정당성을 와해시킨다. 이방선원들은 신을 섬김에 있어서 요나의 조롱을 받아야 할 사람들이 아닌 것이다. 이들은 1:16 전반절에서 내레이터가 말하고 있듯이 여호와를 심히 크게 두려워하는, 혹은 경외하는 사람들인 것이다.

3.3. 정리

지금까지 제 3 항에서 나는 요나서 1:9의 요나의 자기정체성에 대한 언급, 즉 "나는 여호와를 경외하는 자로라"는 언급을 어떻게 이해할 것인가 하는 문제를 서사비평에 기초한 등장인물 묘사방법과 등장인물간의 유비라는 방법을 통해서 살펴보았다. 요나와 이방선원들간의 유비 속에 등장인물의 직접적 묘사와 간접적 묘사들을 종합해 볼 때 내레이터는 여호와를 진정으로 경외하는 사람들은 요나가 아니라 이방선원들임을 말해주고자 하는 것으로 생각된다. 왜냐하면 내레이터는 1:9의 요나의 자기인식의 말을 지지해주는 대신에 이방선원들이야말로 여호와를 두려워하는, 혹은 경외하는 자임을 선언(16절)할 뿐만 아니라 이 선언을 여러 가지 간접적 묘사들을 통해서 증명하고 있기 때문이다.

4. 나가는 말

이 소논문에서 나는 성경의 등장인물을 어떻게 이해할 것인가 하는 문제를 다루었다. 그 중에서도 특히 미묘하고 어려운 문제인 등장인물의 말의 진정성 여부를 어떻게 해야 할까 하는 문제를 요나서 1:9의 요나의 자기정체성에 대한 진술을 예로 삼아 다루었다. 본문 안에서 요나와 이방선원들 사이에 형성되어 있는 유비관계, 그리고 그 유비와 관련된 많은 직접적이고 간접적인 등장인물 묘사 기법들을 종합해 볼 때 요나의 자기정체성에 대한 진술은 그 자신이 생각하기에는 참일지는 몰라도 내레이터는 그것을 인정하지 않음을 보았다. 이 소논문을 통해서 설교자들이 성경의 내레이터들의 등장인물 묘사방식에 대한 흥미를 갖고 좀 더 깊고 체계적인 이론을 배우고자 하는 동기를 부여해 주기를 바란다.